LISA BODELL

POR QUÉ LO simple GANA

LID

MADRID | CIUDAD DE MÉXICO | BUENOS AIRES | BOGOTÁ
LONDRES | SHANGHÁI

LID EDITORIAL

A member of:
BPR
businesspublishersroundtable.com

Traducido por María Mercedes Correa, con el título *Simple,* para Planeta Colombia.
Título original: *Why Simply Wins* de Routledge Talylor&Francis Group.

Editorial Almuzara S.L.
Parque Logístico de Córdoba, Ctra. Palma del Río, Km 4, Oficina 3
14005 Córdoba
www.almuzaralibros.com
www.LIDeditorial.com

EAN-ISBN13: 978-84-10221-51-2
Directora editorial: Laura Madrigal
Editora de mesa: Paloma Albarracín
Maquetación: Miguel Andréu
Diseño de portada: Juan Ramón Batista
Impresión: Cofás, S.A.
Depósito legal: CO-524-2025

Impreso en España / Printed in Spain

Primera edición: marzo de 2025

Te escuchamos. Escríbenos con tus sugerencias, dudas, errores que veas o lo que tú quieras. Te contestaremos, seguro: *info@lidbusinessmedia.com*

Índice

Agradecimientos

Para mí, la ironía de escribir un libro sobre la simplicidad es que ha sido una de las tareas más complejas que he realizado. Con tanta investigación y tantos ángulos por explorar, era evidente que responder las preguntas sobre el tema, incluso las más básicas, no sería nada fácil. Desde un comienzo observé que había gran cantidad de información sobre el concepto de la complejidad, pero poquísimo sobre la simplificación en sí misma. De hecho, había una confusión tremenda en torno a la definición exacta de la simplicidad.

El asunto se perfilaba bastante... complicado.

Seré totalmente sincera: ni siquiera estaba muy segura de querer escribir otro libro. Mis editores, clientes y amigos me preguntaban cuándo iba a hacerlo, y yo siempre les respondía —me da risa confesarlo— que estaba muy ocupada. En realidad, les había dicho a mi marido y amigos más cercanos que me amarraran las manos si mencionaba siquiera la posibilidad de volver a hacerlo, pues el trabajo que implica es enorme y, además, toma mucho tiempo, algo que no me sobraba. Sin embargo, una vez asumí el compromiso, me entregué a la misión de cumplir con la fecha de publicación y, 18 meses después, heme aquí.

No escribo libros para hacer más interesante mi *currículum vítae* ni para obtener fama. Lo hago para resolver un problema. Detesto tener problemas, y me gusta deshacerme de ellos tan pronto como sea posible. Como soy la dueña de mi propio negocio, los problemas de trabajo y los personales suelen ir de la mano (como sin duda, creo, le ocurre hoy en día a usted, estimado lector). Admito que cuando me veo enfrentada a un problema, este me consume (y mi esposo puede confirmarlo). No puedo fijarme en nada más, me pongo en modo investigador (de tal forma que no puedo atender nada distinto) para ver cómo puedo resolverlo. Últimamente, tenía la sensación de que todo se estaba volviendo más complicado para mí, para mis clientes y para todas las personas que me rodeaban. Como era obvio, quería averiguar cuál era la causa. Me decía: «¿No somos acaso adultos competentes, que tomamos decisiones racionales y sabemos cuáles son nuestras prioridades?». Y la respuesta era: «Pues... no». A lo cual podría añadir: «A propósito, ¿en qué momento se volvió todo tan complicado?».

Asistía a eventos deportivos de mis hijos; participaba (mientras hacia otras cosas) en conferencias telefónicas eternas, que se demoraban 45 minutos más de lo necesario (siempre); iba de un evento escolar a una obligación adquirida voluntariamente, cumpliendo plazos urgentes para algún cliente. En lugar de sentirme como una superheroína, porque «lo estaba haciendo todo», me preguntaba: «¿Es necesario todo esto? ¿Cómo puede uno vivir tan ocupado y, sin embargo, no experimentar una sensación de satisfacción, sino un simple alivio de tener una cosa menos por hacer?».

Desde luego, hay maneras inteligentes de poner a raya la complejidad en nuestra vida. Algunas son sencillas y otras requieren mayor valor y concentración. Aprendí mucho en el proceso de elaboración de este libro, y simplifiqué mi vida por el camino. Aprendí que el arte de la sustracción puede ser más poderoso y liberador que la cultura omnipresente del «más es mejor» en la que vivimos. Si nos deshacemos de tareas tediosas, del trabajo sin sentido y de las obligaciones sociales innecesarias, podemos concentrarnos en lo que de verdad importa. Hay que saber cuándo estamos haciendo buen uso del tiempo y cuándo no.

Durante la escritura de este libro, hice un buen uso del tiempo, recolecté los aportes de muchas personas inteligentes, sin las cuales todavía estaría compitiendo por la medalla de oro a la perpetuación de la complejidad y por la medalla de plata a la incapacidad para salir de mis propios líos. En primer lugar, debo agradecer a un grupo específico de clientes, socios y amigos que me ayudaron en mi camino de erradicar la complejidad. Estas personas compartieron conmigo, sin dudarlo un segundo, trucos, consejos y experiencias. Entre esas personas están: Adam Grant, Alexandra Yaghoobi, Amy Ikonich, Andrew Malkin, AJ Pape, Andy Gurnett, Ayuko Mueller, Urs Mueller, Bill O'Leary, Blair Faulstich, Bob Reinheimer, Camille Mirshokrai, Carter Busse, Cheryl Sorenson, Daphe Carmeli, Elaine Bowers Coventry, Eric Lowenstein, Erin Seuffert, Heiner Koppermann, Howard Prager, Irene Etzkorn, James Kelleher, John Young, Jyot Chada, Linda Samios, Louis Carter, Madlyn Del Monte, Marisa Ricciardi, Maurice Boland, Mayuri Ghosh, Judy Brown, Pam Norley, Debra Clary, Sally Lechin, Paul Sloane, Barbara Price, Joe Re, Renita Kalhorn, Robert Clauser, Patty Nusser, Michael Bungay Stanier, Ruthie Garelik, Garry Golden, Renee Anderson, Steven Bain, Todd Press, Rowena Rothman y Nancy Singer.

A continuación, quisiera agradecer a mis colegas, que me brindaron muchas horas de su tiempo para dar forma a mis ideas y estimularme. Para comenzar, agradezco enormemente a mi equipo de Nueva York, del que hacen parte Katherine Grant y Trevor Roten, quienes leyeron muchos borradores de los capítulos, participaron en la lluvia de ideas sobre varias herramientas de simplificación y leyeron documentos hasta agotar los ojos. Un millón de gracias. Luego viene el dúo creativo estrella de Tré Miller Rodríguez y Katie Webb. Tré, haces magia con la palabra escrita. Eres una profesional en el arte de refinar mi pensamiento y, en convertir las herramientas de simplificación en algo poderoso, útil y divertido. ¡Katie, tú eres una diosa del diseño! Tu dedicación y tus incontables fines de semana dedicados a hacer que todo se viera y funcionara bien han sido invaluables. También debo dar las gracias a mis queridos amigos Robert Clauser y Patty Nusser, quienes me acompañaron con su humor, su apoyo y su vino a lo largo de todo el proceso.

Como dato interesante, siempre me consideré una buena escritora. Mis ideas creativas, mis apuntes ocurrentes y mi humor sarcástico muchas veces evitan que los lectores se fijen en el uso que hago de palabras coloquiales y en mis ocasionales errores de gramática. Sin embargo, los coloquialismos y los errores gramaticales no son muy buenos a la hora de escribir libros, lo cual me lleva a agradecer a mis maravillosos escritores. Hay dos personas en particular cuya inteligencia y uso elocuente del inglés, además de su genuino interés por la simplificación, hicieron que este libro fuera... ¡excelente! En primer lugar, Seth Schulman, gracias. Siempre me empujaste a producir reflexiones frescas, para no terminar escribiendo otro aburrido libro de gerencia. Nunca dejaste de indagar para hacerme recordar historias personales, cuando ya me parecía que no tenía nada más para dar. Me hacías agudas preguntas y me planteabas inteligentes ideas sobre la manera de presentar mis puntos de vista. En segundo lugar, debo agradecer a Marc Dunkleman. Tu capacidad para tomar mis cientos de páginas de pensamiento caótico (mis investigaciones y mis notas) y convertirlas en un material inteligible es un arte. Agradezco tus frases breves y que van al grano, tus lúcidos resúmenes y tu eliminación de los lugares comunes.

Finalmente, quisiera agradecer a mi marido, Brian. No hay ninguna retroalimentación que me estimule, me ilumine (¡y me frustre!) tanto como la que él me da. Tal vez los lectores se preguntarán por qué. La razón es que, en un breve párrafo, Brian puede expresar un pensamiento que yo solo llego a estructurar después de haber escrito muchas páginas llenas de digresiones. Además, sus aportes siempre son directos, honestos y brillantes. Con el poco tiempo libre del que dispone, él lograba sumar nuevas perspectivas al tema. Dado que los dos tenemos trabajos y formaciones muy diferentes (yo soy la creativa y él es empresario en tecnología financiera), era interesante incluir la perspectiva crítica de Brian frente a la mía. Estoy segura de que los lectores lo agradecerán: yo, sin duda, lo agradezco. Soy muy afortunada de contar con su presencia en mi vida. Muchas gracias, Brian.

Si este libro puede ayudarle a usted a simplificar su trabajo, o su vida, y le permite dedicarse a las cosas que de verdad importan, siento que habré hecho un buen uso del tiempo.

Introducción

Son las ocho de la mañana y Mike McCall va camino a la oficina. Está a punto de ingresar a la autopista llena de automóviles, y piensa en lo frustrante que se ha vuelto su trabajo. Y no es porque deba trabajar muchas horas: como vicepresidente de gestión de producto de una compañía multinacional de tecnología, está acostumbrado al trabajo duro. Lo que le molesta es la sensación de no avanzar. Todas las mañanas llega al trabajo con la esperanza de progresar, pero al cabo de diez horas de labor intensa se va con la impresión de no haber logrado nada.

Veamos un ejemplo concreto. Durante más de una semana, Mike ha llegado temprano al trabajo con la mira puesta en una tarea ineludible de su agenda: desarrollar una estrategia de producto a largo plazo que cumpla con las metas de crecimiento para su unidad de negocios. Los resultados del negocio no han sido tan buenos como se esperaba y fue necesario cambiar de planes. Su unidad no ha generado el nivel de ventas previsto y la gerencia debe encontrar de inmediato nuevos canales de crecimiento. Mike fue contratado para idear planes estratégicos, pues esa era el área donde podía agregar valor. En palabras de su jefe, dado el aumento de la competencia en los mercados, Mike debe «pensar en grande y pensar hacia el futuro». Sin embargo, a pesar de sus esfuerzos, Mike se siente enredado en una maraña de tareas innecesarias o exageradamente complicadas. En una semana, no logró avanzar nada en el área de la estrategia.

Ayer a Mike se le fue la mayor parte del tiempo en reuniones improductivas. Tras cinco minutos de reunión, comprendió que su presencia allí era injustificada. Su colega había invitado a cierta cantidad de personas con el fin de darles información actualizada sobre un proyecto, cuando era perfectamente posible suministrar esas actualizaciones a través de un correo electrónico, lo cual les habría ahorrado tiempo. Más tarde, en una reunión clave sobre una nueva tecnología que su unidad estaba implementando, el gerente líder del proyecto tardó casi dos horas en dar información para que todos estuvieran al mismo nivel (la agenda de la reunión no era muy clara, así es que sus colegas no habían podido prepararse bien). Cuando la reunión comenzó a extenderse, muchas personas se tuvieron que ir y el grupo tuvo que disolverse antes de determinar los cronogramas y las siguientes etapas.

Durante las pausas de diez minutos que había entre una reunión y otra, Mike trató de responder la interminable lista de correos electrónicos que tenía en la bandeja de entrada. Dado que a él le reportan directamente profesionales ubicados en los cinco continentes, recibía correos a todas horas del día y de la noche. Aquella mañana tenía setenta correos sin abrir, que le habían enviado desde la noche anterior. En el transcurso del día le entraron ciento y tantos más: peticiones de clientes y del equipo de apoyo al producto; actualizaciones y solicitudes de ventas, marketing y finanzas; diversos anuncios de recursos humanos y del equipo ejecutivos, y por último, una infinidad de correos marcados con la sigla PSI (para su información).

Tras revisar la lista y determinar cuáles mensajes eran de verdad urgentes (y no que simplemente tuvieran el letrero «urgente») y cuáles podían esperar, comenzó a responder los que requerían más atención. Sabía que podría leer varios de ellos en la tarde, durante las conferencias telefónicas. Hacer diversas tareas al mismo tiempo se había convertido en una práctica habitual. Por eso, no es de sorprender que la mitad de los participantes de esas llamadas pidan a quien habla que repita lo que acaba de decir: en realidad no escuchan, porque están tratando de adelantar trabajo en otras áreas.

A la hora del almuerzo, Jim, un colega de Mike, le dijo que, debido a las recientes proyecciones negativas de las ventas, los altos directivos estaban pidiendo una reducción en los gastos de desarrollo para varios de los productos próximos a lanzarse. Debían presentar nuevas cifras dentro de tres días. Mike sacó la programación de producción más reciente y escribió correos electrónicos a sus empleados directos, para obtener información que le permitiera determinar dónde debían hacerse los recortes. Por sí solo no podía reunir las cifras pertinentes, debía pedir la participación de diversos colegas que trabajaban en zonas horarias diferentes. Los que vivían en Europa y Medio Oriente ya se habían ido de la oficina, así que debía llamarlos a sus casas. Los asiáticos pronto iniciarían actividades, y así, pronto verían su correo electrónico.

Al cabo de dos horas de actividad, Mike compiló la información que pudo. Luego llamó a Jonathan, el líder de desarrollo de su producto, para ponerlo al corriente. Mike sabía que Jonathan se mostraría reacio frente a cualquier recorte, pues el nuevo lanzamiento ya estaba muy avanzado. Estaba agotado de tener que ser reactivo en sus acciones. Deseaba pensar en los costos de una manera más exhaustiva (con estrategias alternas y con opciones de precios), pero no había tiempo. Trabajó la mayor parte de la tarde en la obtención de las nuevas cifras. Al final del día, recibió un correo de Recursos Humanos donde se enteraba de una actualización relacionada con las políticas de contratación. Mike ya había recibido la aprobación para contratar a tres nuevos gerentes para su equipo, pero la nueva política lo obligaba a enviar un nuevo formulario de solicitud, en el que debía aportar nueva información antes de pasar a hacer una oferta concreta al candidato. El día anterior, Mike había terminado de entrevistar a un excelente profesional y tenía pensado hacerle una oferta de inmediato, pues sabía que el candidato había recibido otras ofertas atractivas. Ahora, si Mike no se apresuraba a enviar el nuevo formulario para obtener la aprobación —una vez más—, corría el riesgo de que al final de la semana el entrevistado aceptara la otra oferta, lo que haría necesario empezar nuevamente todo el proceso. Mike tardó una hora rellenando el formulario y lo envió al departamento requerido. Ya eran más de las seis de la tarde. A esa hora se despidió de sus colegas y se fue a su casa.

No obstante, todavía le quedaba trabajo por hacer. En la noche, cuando sus hijos ya se habían ido a dormir, respondió más correos, muchos provenían de Asia. Se quedó despierto hasta tarde ajustando las cifras que habían pedido los altos directivos y haciendo una tarea personal muy importante y engorrosa: corregir un error en una factura del seguro de salud, para lo cual tuvo que pasar media hora con un asesor de servicio al cliente que le ayudó a solucionar el problema. Revisó también sus más recientes estados financieros, que siempre encontraba confusos y complicados. Fue un día muy largo, pero también muy habitual.

Todo eso ocurrió ayer. Hoy, mientras Mike se acerca a la autopista, otra vez de camino al trabajo, siente un mayor nivel de frustración. Nunca tiene tiempo para la planeación estratégica, ni a tempranas horas de la mañana ni tarde en la noche. Su idea al tomar este trabajo era desempeñarse en proyectos de alto perfil y desarrollar aplicaciones de tecnología de punta. Suponía que no solo iría a diseñar estrategias, sino que participaría en la concepción y la gestación de ideas con los equipos de marketing y de investigación y desarrollo, para crear productos mejores y más innovadores. La realidad es que la mayor parte de sus esfuerzos se ven entorpecidos por la forma ineficiente como se trabajaba en su organización. Son demasiadas estructuras, demasiados sistemas desactualizados, demasiados formatos complejos para recursos humanos, TIC y contabilidad. ¿Por qué es tan difícil trabajar de manera eficiente en equipo? ¿Por qué las reuniones y los correos electrónicos no pueden ser más cortos, más simples y menos abundantes?

Mike suspira. El tráfico es tan denso que puede darse por bien servido si su vehículo avanza a diez kilómetros por hora. Mira las luces rojas del automóvil de adelante y piensa que lo mismo ocurre con su trabajo: ansía poder ir más rápido y no puede. Ansía «pensar en grande y pensar en el futuro», pero se ve obligado a avanzar lentamente y permanecer en su carril. Piensa en acelerar, pero debe pisar el freno. Se siente maniatado.

¿Quién lo ata? ¿Qué lo ata?

Todo.

Las páginas de *Por qué lo simple gana* ayudan a los líderes y a sus equipos a superar esos sentimientos de frustración y futilidad que se derivan del trabajo improductivo del mundo corporativo actual. Es posible que el relato de Mike les suene ligeramente conocido a algunas personas, y muy conocido a otras. Casi todos queremos hacer un trabajo significativo, que de verdad importe, pero quedamos paralizados en el intento. Continuamente nos esforzamos por hacer las cosas de maneras diferentes, buscamos simplificar nuestro trabajo, sacar las tareas inútiles de nuestra programación, acortar nuestras listas de tareas pendientes, pero no logramos avanzar.

En los capítulos que siguen, el lector encontrará conceptos, ejercicios y herramientas para crear culturas corporativas en las que el trabajo valioso, esencial y lleno de sentido es la norma y no la excepción. La complejidad está matando la capacidad de las compañías para innovar y adaptarse, mientras que la simplicidad se está convirtiendo en la ventaja competitiva de la era actual. Si las compañías y los individuos aprenden a eliminar lo redundante, a comunicarse con claridad y a hacer de la simplificación un hábito, sin duda empezarán a reconocer cuáles actividades constituyen una pérdida de tiempo y cuáles crean valor duradero. Al ver que el trabajo de poco valor desaparece, los individuos se sentirán menos abrumados, más empoderados y con mayor capacidad para pasar el día haciendo labores importantes.

Espero, en último término, poder convencer al lector de que la simplicidad no se limita a una serie de acciones posibles: es toda una mentalidad. Con demasiada frecuencia asumimos una mentalidad de lo complejo sin siquiera percatarnos de ello. A pesar de nuestras buenas intenciones, valoramos aquello que suma y no aquello que resta. Creemos que *más* —obtener más por nuestros bienes y servicios, ofrecer más, construir más, crear más— es mejor para nosotros, nuestros colegas, nuestros clientes y nuestros accionistas. Sin embargo, con mucha frecuencia ocurre lo contrario: *más* puede ser paralizante, agobiante e insatisfactorio. Creemos que añadir más solucionará nuestros problemas, pero lo que hacemos es crear un monstruo. Para mejorar nuestro trabajo tenemos que desechar la mentalidad del *más* y pasar a una mentalidad que ponga énfasis en actividades significativas. Eliminar elementos de nuestro trabajo nos permite concentrarnos y alcanzar nuestras metas con mayor rapidez y eficacia.

Un argumento que podría plantearse es que la complejidad a la que usted y sus colegas deben hacer frente es sistémica, está fuera de su control. ¿Cuánto hay de cierto en esta aseveración? No es equivocado afirmar que una parte de la complejidad se debe a factores externos tales como los requerimientos regulatorios y las políticas corporativas. Sin embargo, una parte considerable de la complejidad es creada por usted mismo, de manera no intencional. Usted puede eliminar la complejidad y crear oportunidades para labores más significativas, comenzando por los aspectos de su trabajo que puede controlar. Esa simplificación la podemos llevar a cabo nosotros mismo, de manera relativamente sencilla, a un costo no muy alto.

Una de las razones por las que fallamos a la hora de simplificar nuestro trabajo es que no sabemos por dónde empezar. ¿Qué se debe simplificar primero? ¿Qué se debe hacer exactamente? No me sorprende que tanta gente esté perpleja frente al tema: en efecto, es muy poca la literatura sobre la simplificación y la manera de llevarla a cabo. Por supuesto que existen procesos que les han ayudado a las compañías a eliminar el desperdicio. Tenemos, por ejemplo, el Lean Six Sigma, una metodología que muchas organizaciones —especialmente de manufactura— han utilizado para mejorar el trabajo en equipo y el desempeño organizacional, mediante una eliminación sistemática del desperdicio. Otra opción es Agile, una metodología que suele usarse en el desarrollo de software, que pone el énfasis en mejoras rápidas, graduales e iterativas, efectuadas en entregas escalonadas o *sprints*. Dentro del sistema Agile se llevan a cabo reuniones conocidas como *scrums*, para mejorar el uso y ayudarles a los equipos a gestionar el cambio.

Si usted busca simplificar procesos amplios, de gran alcance y de alta complejidad, estas opciones son recomendables. Sin embargo, no pasa lo mismo si las áreas de trabajo no son tan vastas. Por ejemplo, ¿qué hacer si no se dispone de presupuesto para cambiar las metodologías establecidas y entrenar a los equipos en su implementación? ¿Qué ocurre si usted necesita un mejoramiento continuo de los hábitos generales de trabajo?

Aunque son útiles, las herramientas como Lean Six Sigma se basan en la noción de que un proceso formal siempre es la manera más eficiente de obtener resultados. Lo que ocurre es que en algunas áreas de simplificación básicas pero sencillas (como reuniones, correos electrónicos, informes o conferencias telefónicas) no se necesitan procesos de multiniveles. De hecho, aplicar un proceso muy riguroso cuando lo que se busca es simplificar estas áreas puede complicar más las cosas, en lugar de simplificarlas. Cuando el propósito es avanzar, las compañías y los individuos necesitan herramientas simples para erradicar el trabajo redundante o innecesario que los asfixia, es decir, herramientas cuya implementación no requiera de un programa de doce pasos o de muchas semanas, y que no exija dominar un complejo manual de entrenamiento o hacer un curso de certificación.

Me di a la tarea de buscar herramientas de ese tipo y no encontré ninguna. Entonces, decidí crearlas. Estas herramientas cumplen diversas funciones: le ayudarán a hacer conciencia de sus problemas con la complejidad; le permitirán identificar áreas que se deben simplificar y priorizar los ítems sobre los que debe trabajar; le ayudarán a ejecutar la simplificación y le indicarán cómo hacer de la simplicidad un hábito. En síntesis, le permitirán liberarse de la trampa de la complejidad y trabajar en lo importante.

En la primera parte, haré un análisis del problema de la complejidad. Para ello, explicaré de dónde proviene y haré énfasis en aquello que se pierde de vista, que es trabajar en lo importante. En la segunda parte, ofrezco herramientas y consejos tanto a los altos ejecutivos como a los gerentes jóvenes que buscan maneras de simplificar su trabajo. Para concluir, relato el inspirador caso de una organización altamente regulada que emprendió un camino de simplificación y, al cabo de ires y venires, logró hacer unos cambios muy benéficos.

Las habilidades de simplificación no son muy utilizadas, pero vale la pena cultivarlas y ponerlas en práctica. Hacerlo es, incluso, una necesidad. En esta era de complejidad, la simplicidad tiene un potencial enorme para agregar valor y para ayudarnos a salir de la mediocridad y la autocomplacencia. Al simplificar nuestras organizaciones, las volvemos más dinámicas, innovadoras y rentables. Y, por si fuera poco, las transformamos en lugares donde los trabajadores se sienten más satisfechos y productivos. Podemos redefinir el trabajo y alejarnos de las normas y los procesos tradicionales que ya cumplieron su ciclo y que, hoy por hoy, nos impiden avanzar. Podemos hacer de nuestros lugares de trabajo un espacio donde primen la civilidad y el respeto al tiempo y los esfuerzos del otro, de tal manera que no se desperdicien.

En muchos sentidos, la simplificación es el camino adecuado, tanto para nuestros clientes como para nosotros y nuestros colegas. Dicho de otra forma, la complejidad es una propuesta perdedora: gana la simplicidad. En este libro usted aprenderá a hacer de la simplicidad su aliada para el éxito.

1. El nacimiento del monstruo

«La vida es muy simple, pero nosotros
insistimos en complicarla»
—Confucio[1]

Tenemos a nuestra disposición un recurso muy valioso, más trascendental que cualquier otra cosa. Me refiero al tiempo. Una hora perdida hoy es una hora perdida para siempre.

Dado el enorme valor del tiempo, sería lógico que tanto los individuos como las organizaciones fuéramos más conscientes de su uso. Sin embargo, lo despilfarramos.

Deténgase a pensar un instante y haga un recuento de las cosas que debe hacer hoy: todas las reuniones, todos los correos electrónicos, todas las llamadas, todos los formularios y procesos burocráticos que requieren su atención. Imagine que pudiera dedicar su día de trabajo a la labor que quisiera. ¿Qué haría? Tal vez, optaría por hacer cosas que realmente importan. Resolvería grandes problemas, idearía estrategias para superar a la competencia o participaría en procesos de creación para concebir la siguiente innovación de la compañía.

Imagine esa sensación de satisfacción que siente cuando pone la cabeza en la almohada y piensa en todas las oportunidades que logró maximizar para aprender algo nuevo y hacer una contribución real y discernible en su trabajo. Compare esa satisfacción con lo que usted realmente experimenta al finalizar la jornada. Tal vez tenga la sensación de que ha pasado la mayor parte del día empantanado, patinando; que está abrumado de trabajo, pero lucha todo el tiempo por tratar de hacer cosas importantes; que hace malabares con mil bolas al tiempo, pero no logra tener el impacto que desea, y supone que el trabajo ordinario (¿podríamos llamarlo mecánico, sin sentido?) que le consume la mayor parte del día desaparecerá como por arte de magia.

1. Siempre ocupado

En el pasado reciente, cuando uno le preguntaba a alguien cómo estaba, la respuesta solía ser: «¡Muy bien!». Luego, la moda era decir: «Bien». Hoy en día, la respuesta estándar es: «¡Ocupado!». Nuestro deporte favorito es hablar de lo muy ocupados que estamos. Competimos para ver cuál es la persona más ocupada de la conversación. Ante la frase: «Estoy muy ocupado», otra persona replica: «Dímelo a mí. Tuve un día espantoso. Me pasé todo el tiempo en reuniones y apagando incendios». Y otra remata: «Eso no es nada. Yo tuve una conferencia telefónica a las siete de la mañana, y luego...».

Nos consumen las tareas tediosas, desagradecidas —y, en ocasiones, urgentes— que llamamos *trabajo ordinario*, que debemos terminar antes de poder salir de la oficina. Se trata de labores que nos estresan, nos frustran, nos agotan y consumen nuestro valioso tiempo: oficios que nos impiden hacer el trabajo que de verdad es importante. En una encuesta realizada por Gallup se encontró que miles de empleados afirmaban estar tan ocupados que no tenían tiempo para actividades significativas, como el pensamiento creativo, que no tenían mayores oportunidades de hacer el trabajo que realmente disfrutaban y que no lograban «alcanzar un nivel que tuviera real significado» en su trabajo[2].

¿Por qué dedicamos tanto tiempo al trabajo ordinario? Una causa sobresale entre todas las demás: la complejidad. En todos los aspectos posibles, el trabajo se ha vuelto más complicado. Para llevar a cabo la labor más elemental, debemos pasar por una maraña de obstáculos. No tenemos más remedio que asistir a interminables reuniones, responder a montones de solicitudes de programación de citas, escribir infinidad de correos electrónicos y rellenar a toda velocidad diversos tipos de formatos de instrucciones regulatorias, y todo ello debido a que las reglas, los procesos y los procedimientos son demasiado complejos. De esta manera, nuestros equipos y nuestras organizaciones se vuelven menos productivos, menos creativos, menos innovadores, menos competitivos y exitosos. Entre tanto, cada uno de nosotros, como individuos, nos sentimos culpables por no darle a cada desafío la atención que merece, y nos frustra ver que nuestro potencial para hacer un aporte más importante es dilapidado día a día.

2. La tecnología: una ventaja ambigua

En la vida contemporánea tenemos una fuente de complejidad bastante obvia: la tecnología. Los avances tecnológicos fueron concebidos para hacernos más eficientes, y esta afirmación es válida en muchos sentidos. Sin embargo, debemos pagar un precio bastante alto por estos avances. Sin darnos cuenta, nos hemos convertido en máquinas de mandar correos electrónicos. Nos sentimos obligados a responder enseguida a la persona que nos comunicó su reacción frente a las últimas cifras provenientes de China o de Europa. En consecuencia, terminamos escribiendo un mayor número de correos electrónicos, cuyas respuestas exigen nuevas comunicaciones. No afirmo que las comunicaciones electrónicas sean perjudiciales en sí mismas: lo que ocurre es que la facilidad para transmitir hasta las ideas más triviales mediante correos electrónicos nos lleva a tomar la decisión de usar ese medio con excesiva frecuencia.

Por lo tanto, pasamos gran parte del día escribiendo correos electrónicos por todo y para todo, aunque no sea lo más conveniente. La inmediatez de esta comunicación crea un círculo vicioso en el que nos deshacemos de la tarea pendiente de nuestra bandeja de entrada y la ponemos en la del otro, que la pone en el nuestro, etc. La posibilidad de compartir más información en correos electrónicos grupales nos lleva, en efecto, a compartir esa información, aunque a la mayoría de las personas que reciben el correo les resulte inútil. Según el McKinsey Global Institute, pasamos más de una cuarta parte de nuestro tiempo —el equivalente de treinta horas a la semana— leyendo y contestando correos electrónicos[3]. El tiempo que pasaban John y Bert Jacobs, cofundadores de la compañía de prendas de vestir Life is Good, respondiendo correos electrónicos era aún mayor. Estos empresarios contaron que cuando su compañía llegó a tener 250 empleados, se vieron inundados por una avalancha de correos electrónicos. «Era aterradora la cantidad de tiempo que pasábamos revisando correos. Por la noche, nos íbamos a la cama con una sensación de culpabilidad e incomodidad porque no podíamos avanzar. Cuantos más correos respondíamos, más seguían llegando»[4], dijo Walters.

Ahora bien, los correos electrónicos son tan solo una parte del problema. El hecho de que podamos tener videoconferencias significa que, en efecto, hacemos uso de ellas, aunque sea un exceso. El hecho de que podamos hablar, escribir mensajes de texto, caminar y comer simultáneamente significa que, en efecto, hablamos usando el auricular con manos libres, mientras escribimos mensajes de texto a nuestros hijos y vamos caminando hacia una reunión (e, incluso, revisamos el Facebook) no sin atragantarnos con el almuerzo. Bob Moore, director de una compañía de software subsidiaria de Emerson Electric Company, observó que en las reuniones de dos horas el 80 % de los asistentes pasaban un tiempo considerable con la mirada clavada en sus teléfonos[5]. Investigadores de Bain & Company descubrieron que, si se combinan todas las formas mediante las cuales los ejecutivos pueden recibir comunicaciones (llamadas telefónicas, correos electrónicos, mensajes de texto, etc.), el número promedio de mensajes que recibe un ejecutivo al año ha pasado de 1000, en la década de 1970, a más de 30 000 hoy en día[6].

El *multitasking* (hacer varias tareas al mismo tiempo) nos da la sensación de ser muy activos o, por lo menos, nos hace creer que logramos ejecutar más acciones que si las realizáramos en orden sucesivo, una tras otra. No obstante, al final del día uno se pregunta si sus esfuerzos frenéticos por hacerlo todo le impidieron dedicarse de manera profunda a aquello que es realmente importante. Estudios recientes han demostrado que somos menos eficientes cuando nos dedicamos al *multitasking* que cuando nos concentramos en cada tarea, la una después de la otra[7].

Las complejidades que crea la tecnología van más allá de la falta de concentración. Por causa de los aparatos móviles, ahora estamos disponibles en cualquier momento y en cualquier lugar. En el pasado cuando apagábamos la luz al salir de la oficina y nos íbamos a casa en la noche o, incluso, cuando salíamos un rato a almorzar, las preocupaciones de la oficina quedaban atrás. Ahora, con las tabletas, los teléfonos inteligentes y el Bluetooth, el trabajo siempre está accesible para nosotros y nosotros para el trabajo. Las fronteras claras entre el trabajo y la vida personal, que hacían soportables incluso los empleos más tediosos, ya no existen: ahora el jefe puede enviarnos preguntas rápidas —y esperar una respuesta inmediata—, aunque estemos disfrutando de una cena el domingo en la noche o estemos viendo una película después de haber acostado a los niños.

La tecnología ha invadido nuestro tiempo libre, y ningún lugar es seguro. Una reciente investigación de Accenture descubrió que un 87 % de las personas que ven películas, u otras programaciones prolongadas en televisión, lo hacen mirando simultáneamente otro aparato[8]. Ya no dedicamos el mismo tiempo a las cosas que realmente importan: en casa, ayudar a los hijos con sus tareas o cenar todos en familia; en el trabajo, pensar en formas que permitan sacar partido de la siguiente gran oportunidad estratégica. Ahora debemos interrumpir nuestras actividades para hacer muchas tareas pequeñas, como incluir nuevas cifras para el informe de mañana, en caso de que se necesiten, o cambiar la reunión de mañana y reprogramarla para las horas de la tarde, pues Julio decidió no tomar el vuelo nocturno y estará en la oficina antes de mediodía. No hay barreras que nos permitan poner a raya ese frenesí. Los beneficios de la tecnología se diluyen. En lugar de eliminar las tareas tediosas, la tecnología ha terminado por eliminar el tiempo para hacer cosas importantes. La vida parece estar llena de procesos estresantes que aumentan la complejidad.

3. Solicitudes de reunión a granel

Los efectos de la tecnología producen un fenómeno llamado *complejidad no intencional*. El propósito no es que la tecnología se convierta en un lastre, pero los efectos secundarios de esta son evidentes. Ahora bien, la complejidad no intencional va más allá de la tecnología. Por ejemplo, pasamos demasiado tiempo en reuniones que son el equivalente a las calorías vacías en la alimentación. Aceptamos participar en esas reuniones una y otra vez, e incluso, de vez en cuando, nosotros las convocamos, y de este modo sacrificamos tiempo que podríamos invertir en actividades más valiosas. Al respecto, Elizabeth Grace Saunders, autora de *How to Invest Your Time Like Money,* afirma: «Hemos adoptado una respuesta universal automática a todos los problemas que surgen en el trabajo: 'Hagamos una reunión'. ¿No sabemos qué hacer con un proyecto? Hagamos una reunión. ¿Queremos compartir algunas ideas? Hagamos una reunión. ¿Estamos teniendo dificultades para emprender ciertas acciones? Hagamos una reunión[9]».

En el 2013, la compañía de análisis organizacional VoloMetrix estudió cómo empleaban su tiempo 7 600 empleados de Seagate. Los investigadores descubrieron algo impactante: había empleados de Seagate que perdían veinte horas a la semana en reuniones[10]. Seagate no era la única compañía donde se presentaba este patrón. Gracias a un estudio colaborativo sobre 17 compañías adelantado por VoloMetrix y Bain, un gerente de nivel medio, asediado por el estrés, pudo comprender que estaba desperdiciando, más o menos, ocho horas a la semana en reuniones innecesarias y cuatro leyendo y respondiendo correos que eran, a la larga, totalmente superfluos para su cargo en la compañía. Dadas las demás actividades que le consumían tiempo, este gerente solo podía dedicar ocho horas a la semana a sus responsabilidades principales[11].

Los investigadores de Bain descubrieron que de las 47 horas a la semana que un gerente de nivel medio o un empleado de atención al público trabaja a la semana, 21 se dedican a reuniones con cuatro o más participantes y 11 a los correos electrónicos y otras formas de comunicación digital. Si hacemos cuentas, eso significa que quedan menos de 15 horas para dedicarse a todo lo demás. Si restamos el tiempo improductivo entre cada reunión y las otras obligaciones, llegamos a una conclusión sorprendente: «Un gerente promedio cuenta con menos de seis horas y media a la semana de trabajo ininterrumpido para hacer su trabajo[12]». Esa cifra equivale a menos de un día a la semana.

Usted podría argüir que siempre hemos sacrificado un tiempo valioso para asistir a reuniones inútiles. Es posible. El asunto es que, según las evidencias, el problema está empeorando. Una encuesta llevada a cabo por Clarizen y Harris encontró que el trabajador estadounidense promedio pierde cerca de 9 horas a la semana «proyectando reuniones de actualización», bien sea que utilice el tiempo preparándose para ellas o asistiendo a la reunión misma. Es un aumento del 14 % respecto a la cifra de cuatro años atrás[13].

Investigadores de Wharton, en la Universidad de Virginia, descubrieron que «a lo largo de las dos últimas décadas, el tiempo que invierten los gerentes y los empleados en actividades colaborativas ha aumentado en un 50 % o más[14]».

El panorama en las grandes compañías es el peor. Bain & Company lleva un registro, desde el 2008, de la forma como emplean su tiempo los gerentes. El resultado que arrojó la investigación es que la proporción del día que pasa cada gerente en reuniones ha aumentado anualmente en un 15 %. Cuanto más alto es el nivel del gerente, más tiempo gasta en reuniones. Esa misma investigación descubrió que los líderes de muchas organizaciones pasan el 40 % de su tiempo en reuniones con tres o más de sus colegas[15].

Si se quiere comprender el impacto de estas cifras, conviene dar una mirada más atenta a lo que ocurre en organizaciones específicas por causa de estas reuniones. Bain hizo el análisis de una gran compañía y computó el número de horas perdidas en relación con una sola reunión periódica del comité ejecutivo, a la que asistían once directores de unidad. Dado que los directores de unidad se preparaban para la reunión consultando a sus propios asesores séniores en el marco de otra reunión, y dado que esos asesores séniores, a su vez, se preparaban para dicha reunión con el director de unidad mediante una reunión con sus subordinados, la reunión semanal del comité ejecutivo en realidad generaba 130 reuniones en toda la compañía. Eso quiere decir que la compañía pagaba 300 horas al año, o sea, el equivalente de 15 millones de dólares, para la realización de esas reuniones[16].

Con esto no pretendo decir que las compañías deben abstenerse de hacer reuniones ni que las reuniones de planeamiento estratégico carecen de mérito. Los empleados deben compartir ideas, tanto de forma electrónica como en persona. Los estudios han demostrado que los ejecutivos quieren pasar cerca de una tercera parte de su tiempo planificando sus estrategias corporativas; es decir, 80 días en un año de 240 días laborales[17]. No obstante, si esas reuniones, esas llamadas y esos correos electrónicos se usan para tratar de desenredar las complicaciones, en lugar de poner la energía en los retos del futuro, su efectividad será muy limitada y no contribuirán a llevar a la compañía por el camino correcto. El doctor Bill Starbuck, un científico del área organizacional que pasó parte de su carrera estudiando el planeamiento organizacional, descubrió que las compañías que hacen mucho énfasis en la planificación a largo plazo no obtienen mejores resultados que aquellas que lo hacen en menor proporción. La diferencia no radica en la cantidad de horas dedicadas a la planificación, sino en la manera como esta se lleva a cabo[18].

4. No morir en el intento

Aparte de la tecnología y las reuniones, otra fuente de complejidad no intencional es nuestro deseo lógico de resolver los problemas en el trabajo. Buscamos evitar un peligro, minimizar un riesgo o hacer frente a un desafío y, por esta razón, añadimos un proceso o un nuevo nivel de burocracia que parece razonable a primera vista. Sin embargo, en poco tiempo surge un nuevo problema, peligro o riesgo, y creamos otro proceso para atender ese asunto. Y luego otro. Y otro. Sin darnos cuenta, nuestra intención de mejorar las cosas nos lleva a crear un monstruo.

Uno de mis clientes me contó una historia que él llamaba la *ley de la lavandería*. Los ejecutivos de una gran firma de servicios financieros descubrieron que algunos de sus consultores llevaban la ropa de otros miembros de la familia a la lavandería del hotel cuando estaban en sus viajes de negocios. Estos consultores se aprovechaban así de los servicios que pagaba la compañía.

Los ejecutivos no sabían cuántos consultores abusaban de la buena voluntad de la compañía, pero nadie suponía que fuera más del 2 o 3 %. Aun así, los ejecutivos decidieron tomar medidas drásticas. Impusieron un límite en el número de camisas que los empleados y los consultores podían mandar a lavar y restringieron el privilegio a los gerentes de alto nivel que hacían viajes largos. A primera vista, la medida tiene lógica.

Esta regulación redujo los costos que la compañía debía pagar por los servicios de lavandería de los hoteles, pero también generó algunos problemas que nadie había previsto. Los consultores y los empleados que debían hacer viajes largos —algunos debían ir a Asia durante varias semanas—tuvieron que ponerse camisas sucias al final de cada viaje o pagar la lavandería de su propio bolsillo. El 95 % o más de los consultores y empleados que no habían hecho nada malo tuvieron que prestar más atención a la hora de empacar las maletas, gastar más tiempo contando las camisas y preocuparse por el número permitido de lavadas. Esta medida complicó más sus vidas, y todo por las faltas de unos pocos.

Estas historias son muy comunes en el mundo corporativo. Lo sorprendente no es que los ejecutivos de la compañía hayan implementado la ley de la lavandería, pues su preocupación era legítima, lo que llama la atención es por qué lo hicieron cuando eran tan pocas las personas que estaban cometiendo la falta. En este caso, y tal vez en otros similares, los costos no previstos de una solución son exagerados respecto a los beneficios. Eran muy pocos los empleados que estaban abusando del privilegio, pero la eliminación de este les hizo más difícil la vida a todos los demás. Las víctimas de una complicación bien intencionada pero innecesaria fueron las personas que cumplían las normas.

5. Evaluaciones de desempeño que no sirven

Un ejemplo clásico de la manera como las organizaciones, sin darse cuenta, hacen la vida más compleja cuando su intención es resolver un problema legítimo lo constituyen las evaluaciones de desempeño. En un comienzo las evaluaciones cumplían con su objetivo, al punto de que las compañías de todos los sectores empezaron a aplicarlas. Sin embargo, ahora que los departamentos de recursos humanos están más orientados a la información, los sistemas para evaluar la contribución de los empleados dejaron de ser simples y se convirtieron en una maraña que busca dar cuenta de competencias especializadas y generales, tanto cualitativas como cuantitativas: el nivel de ventas y ganancias, la amabilidad, la disposición a trabajar en equipo, la actitud, la apertura, y demás, y demás y demás.

Esto significa que los gerentes deben considerar un mayor número de elementos, tienen más preguntas y respuestas por escribir y más papeleo para enviar a recursos humanos. Entre tanto, el empleado promedio no logra hacer uso de la evaluación del jefe para mejorar su desempeño laboral. ¿Qué puede hacer María si quiere mejorar el puntaje obtenido con el algoritmo que usan en la compañía? ¿Poner más énfasis en el trabajo en equipo? ¿Hacer más notoria su presencia en las reuniones? ¿Seguir mejor las instrucciones recibidas? ¿Tomar más la iniciativa? Todos estos aspectos se entrecruzan y el empleado queda confundido, frustrado y desmoralizado. Las investigaciones han demostrado que nueve de diez compañías llevan a cabo evaluaciones de desempeño, pero menos de la mitad las considera efectivas. La conclusión de Samuel Culbert, profesor de gestión en UCLA, es la siguiente: «Las evaluaciones de desempeño son fraudulentas, falsas y deshonestas. En segundo lugar, son una indicación de una mala gestión[19]». En efecto, un análisis a 607 estudios, independientes los unos de los otros, sobre el impacto de las evaluaciones de desempeño demostró que por lo menos en tres de cada diez casos el desempeño de los empleados empeora[20].

Aun cuando las evaluaciones de desempeño no hacen ningún daño, por lo general, hacen perder tiempo. Aubrey Daniels, un legendario psicólogo clínico y experto en gestión de desempeño, menciona un estudio realizado por la Society for Human Resource Management, donde se señala de qué forma el sistema se ha convertido en un desastre. El resultado principal de este estudio es que el 90 % de las evaluaciones de desempeño son un fracaso[21]. Peor aún, al premiar a los trabajadores que son, sobre todo, buenos para seguir reglas, se desestimula a los empleados a los que les apasiona mejorar su desempeño. John Hagel III, quien codirige una sección de investigación en Deloitte, afirma que la pasión es una cualidad rara y muy valiosa dentro de las empresas, que se encuentra tan solo en el 12 % de los empleados de los Estados Unidos. Sin embargo, «los trabajadores apasionados no suelen ceñirse a las reglas[22]». Una vez más, vemos cómo la complejidad no intencional se convierte en un obstáculo para trabajar de manera significativa.

6. La cortina de hierro

Tal como lo sugiere el ejemplo de las evaluaciones de desempeño, buena parte de la complejidad surge porque es más fácil construir sobre lo que ya ha sido considerado útil que reemplazar los sistemas existentes por algo más simple.

De esta forma, no escogemos la complejidad. No nos preguntamos si queremos la complejidad. En lugar de eso, nos preguntamos cuál es la manera más sencilla de llevar a cabo determinada tarea o cuál es la forma más eficiente para hacer ahora mismo lo que debemos hacer. Si no sacamos tiempo en el momento para hacer lo que realmente importa, estaremos abriendo las puertas a la complejidad. Si optamos siempre por añadir nuevas capas a los métodos que ya existen, estaremos llevando la complejidad a niveles insospechados.

Hace algunas décadas, cuando el cambio no era tan constante, los costos de la complejidad no eran tan altos. No vivíamos buscando un nuevo mercado para conquistar. No vivíamos asustados pensando que un competidor crearía una tecnología que nos dejaría muy golpeados. No teníamos que pensar en modificar todo constantemente por causa de los cambios en el mercado. Hoy en día vivimos en una inquietud perpetua. En un mundo donde el cambio es omnipresente, resulta cada vez más tentador —y destructivo— añadir más cosas a lo existente, sin eliminar lo que no sirve. ¿Quién tiene el tiempo para pensar de manera audaz cómo simplificar? Todos estamos tratando de mantener el ritmo.

7. Ahogados en formalidades administrativas

Hemos mencionado las fuentes de complejidad que creamos nosotros mismos, pero la complejidad también es producto de fuerzas externas. Todos hemos esperado en la sala de espera del médico, porque este se ha retrasado. ¿Por qué? Quizá porque tomó mucho tiempo la consulta de un paciente mayor. Sin embargo, lo más probable es que la demora se debió a que tuvo que rellenar unos papeles inútiles relacionados con las regulaciones gubernamentales o las formalidades administrativas de la industria aseguradora.

Las regulaciones son el origen de buena parte de las complicaciones en diversas áreas: desde la salud hasta las finanzas, pasando por la producción y los servicios. Hace algunos años Deloitte Australia descubrió que uno de cada once trabajadores de la industria minera tenía un empleo relacionado con el cumplimiento de las regulaciones. Por otro lado, un banco reportó que los costos relacionados con el cumplimiento de las regulaciones se habían triplicado durante los últimos tres años, pues los reguladores estaban exigiendo todo tipo de informes nuevos. En un solo año el banco tuvo que entregar más de 3000 informes que ocupaban 80 000 páginas[23].

Uno de los sectores más golpeados por las regulaciones en los últimos años ha sido el bancario, pero la verdad es que las trabas administrativas han crecido en todos los sectores productivos. La

National Association of Manufacturers (NAM) analizó los costos de las regulaciones federales en los Estados Unidos y encontró información alarmante: cada año las empresas deben pagar, por concepto de formalidades administrativas, más de 2000 millones de dólares, el equivalente a 20 000 dólares por cada trabajador y 233 000 dólares por cada compañía estadounidense promedio. Nada más el cumplimiento de las regulaciones fiscales cuesta 160 000 millones de dólares[24]. «Es una situación alarmante, porque significa que más de una tercera parte de los ingresos de los negocios va para costos de cumplimiento de regulaciones», explicó el presidente de NAM, Jay Timmons, al conocer la información[25]. En un estudio de la Universidad de Vanderbilt se determinó que las instituciones de educación superior gastan cerca de 27 000 millones de dólares al año en asuntos relacionados con el cumplimiento de las regulaciones federales, lo cual representa el 11 % de los gastos[26]. Podría pensarse que la tecnología reduce la carga creada por las nuevas y más amplias regulaciones. Tal vez los algoritmos o las bases de datos podrían producir automáticamente la información requerida por los gerentes, de tal manera que los negocios obtuvieran sin demora lo necesario para continuar con sus actividades. Sin embargo, a juzgar por la cantidad de tiempo y dinero que gastan las empresas en el cumplimiento de las regulaciones, la vida se ha vuelto más complicada, no menos, incluso teniendo a nuestra disposición una gran cantidad de herramientas tecnológicas. Hoy en día es mucho mayor la carga que implica el cumplimiento de las regulaciones.

El panorama sería diferente si los empleados encargados del cumplimiento pudieran manejar esta carga. Sencillamente, las compañías tendrían que invertir un poco más en el tamaño de sus departamentos de cumplimiento y los trabajadores ordinarios se mantendrían en lo suyo. Pero no es eso lo que ha ocurrido. Las regulaciones llegan con sus tentáculos a todos los departamentos y todos los procesos. Todos deben estar conscientes de las regulaciones, saber qué es importante, qué se puede hacer y qué no, cuáles registros se deben preservar y por cuánto tiempo, cómo se han transformado las regulaciones a lo largo del último año, cómo exigen los burócratas que se escriban los informes, cuándo se deben enviar, quién debe firmarlos y de qué manera se informará a la compañía sobre aquello que se debe mejorar.

Es un hecho innegable que a la gente no le gusta ir al trabajo a hacer labores tediosas. No es emocionante pasar el día llenando formularios o reportando posibles violaciones a las regulaciones. La gente va al trabajo porque quiere participar en la misión de la compañía y porque quiere añadir valor. A todos les gusta saber que el esfuerzo que hacen y el tiempo que invierten contribuyen al avance y van en la dirección correcta. Para la mayoría de las personas la complejidad creada por las regulaciones es, en el mejor de los casos, un impedimento, y en el peor, una razón para darse por vencidas e irse a casa.

8. Una tendencia global

Por si no basta con todas estas fuentes de complejidad, mencionaré ahora la naturaleza globalizada de los negocios, que también contribuye al problema. Un cliente me explicó que debía manejar un equipo de personas ubicadas en siete puntos diferentes del planeta. Era muy difícil mantener alineados a todos esos colaboradores, aun en las mejores circunstancias. Las conferencias telefónicas tenían que ocurrir en siete husos horarios diferentes. Los memorandos y las directrices tenían que ser más exhaustivas, pues no era posible personalizar la información para cada empleado ni se la podía compartir en persona.

Las compañías y las líneas de producto se han globalizado, lo que ha hecho que las estructuras jerárquicas que les dan sustento se hayan vuelto más intrincadas. Hoy en día las responsabilidades y mandatos de las diferentes áreas y secciones se traslapan, ya se trate de marketing, ventas, tecnologías de la información, servicio al cliente, finanzas o recursos humanos. Muchas veces no es claro quién debe asumir el liderazgo en un proyecto ni a quién debe dársele reconocimiento por los éxitos. Tampoco hay mucha claridad sobre quién tiene la autoridad para tomar las decisiones finales. Si todo un equipo interdisciplinario ha trabajado de manera colaborativa en un nuevo proyecto, ¿quién firma? ¿Un solo jefe de departamento? ¿Dos? ¿Qué ocurre si dos jefes de departamento no logran ponerse de acuerdo?

Con demasiada frecuencia, la falta de una clara estructura jerárquica lleva no solo a la confusión, sino a algo peor: a una cultura del consenso. Nadie puede moverse a menos que todo el mundo haya firmado, lo cual significa que las cosas se hacen menos rápido, y algunas ni siquiera se hacen.

9. La posibilidad de empeorar

Dadas todas las fuerzas que contribuyen a la complejidad, cabe preguntarse por la amplitud del problema. La respuesta no es ambigua: la situación es grave.

Cada día se envían y reciben más de 100 000 mil millones de correos electrónicos, pero menos del 14 % son realmente importantes[27]. Más aún, un estudio encontró que cuatro de cada cinco interacciones empresariales o bien no requieren una acción de seguimiento o bien no producen consecuencias serias si los participantes de la interacción no hacen nada[28].

El dato es diciente: si se hubiera producido algún conocimiento, alguien habría adelantado una acción al respecto. Un estudio de McKinsey Global Institute encontró que los gerentes de algunas compañías dedicaban el 40 % de su tiempo a escribir reportes[29]. Podemos hablar maravillas sobre el valor de la comunicación y la coordinación, pero si no queda tiempo para actuar en relación con nuevas perspectivas o para desarrollar buenas ideas, ¿qué valor tienen los informes?

El Boston Consulting Group puso en marcha una iniciativa para hacer seguimiento a la complejidad, mediante la creación de un índice basado en sus estudios sobre más de 100 compañías a ambos lados del Atlántico. Sus hallazgos son, al mismo tiempo, reveladores y aterradores. A lo largo de los últimos quince años, «la cantidad de procedimientos, capas jerárquicas, estructuras de interfaz, grupos de coordinación y aprobación de decisiones que se necesitan en esas compañías ha aumentado entre un 50 % y un 350 %. Según el análisis efectuado en un marco temporal más amplio, las complicaciones aumentaron en 6,7 % al año, en promedio, en las últimas cinco décadas[30]».

Toda esta complejidad es perjudicial para el desempeño de las compañías. El Global Simplicity Complex (índice global de la simplicidad) de SAP descubrió, en el 2013, que la complejidad consume una décima parte de las ganancias anuales de las compañías, lo que equivale a una cifra combinada de 237 000 millones de dólares para las 200 principales firmas del mundo[31]. Buena parte de esas pérdidas están relacionadas con los costos de oportunidad. El tiempo que gastamos individualmente es un tiempo que no se invierte en hacer crecer la empresa o en mejorar los productos. Las horas que pasamos en actividades frustrantes son horas que dejamos de dedicar a nuestros colegas y a nuestros clientes. Las frustraciones nos impiden sacar partido de nuestra creatividad y superar a la competencia. También es uno de los motivos que nos lleva a abandonar nuestros trabajos más rápido, lo cual implica mayores costos por concepto de contratación. Múltiples estudios han detectado que los profesionales de hoy en día se sienten frustrados y molestos. También están menos comprometidos y, debido a esto, son menos productivos e innovadores. Una encuesta realizada por Gallup en el 2013 reveló que tan solo un 13 % de los empleados estaban activamente comprometidos con su trabajo, y 87 % de los profesionales no encontraba suficiente satisfacción en el trabajo o no se concentraba en la creación de valor para su empleador[32]. Gallup también encontró que una de cada cinco personas detestaba su trabajo, y esa falta de compromiso les cuesta a las compañías 550 000 millones de dólares al año[33].

No resulta difícil entender por qué la complejidad lleva a las personas buenas y talentosas a retirarse de sus trabajos. Una de mis clientes describió el desconsolador patrón que observó en las organizaciones para las cuales trabajó. En casi todos los empleos ocurre que la gente comienza con gran entusiasmo. El empleado nuevo está inspirado, emocionado, comprometido y lleno de energía. Durante los primeros seis meses está ansioso por participar y dispuesto a rechazar el sistema en nombre del progreso. Está motivado a luchar por la causa. Sin embargo, no tarda mucho en ver mejor la realidad y sentir la inercia que crea el exceso de complicaciones. A medida que va transcurriendo el primer año, o los dos primeros, el empleado se va sintiendo cada vez más frustrado y limitado. Ya sabe cómo funcionan las cosas y nada lo sorprende. Entonces, comienza a buscar la forma de dar la vuelta a las cosas para hacer algo. La rosa se empieza a marchitar.

A los dos años de su contratación el empleado se resigna a la realidad del exceso de complicaciones. A las personas que ingresan a trabajar a la compañía les dice: «Aquí se hacen así las cosas», como si ya se hubiera dado por vencido. No tiene el tiempo ni la energía para luchar contra el sistema o para ensayar algo nuevo. No vale la pena tomarse la molestia. Recuerda perfectamente lo que ocurrió la última vez que alguien trató de cambiar la forma de hacer las cosas: todo siguió igual. Así, pues, el empleado sigue adelante en un estado de desesperanza silenciosa, hasta que ya no puede aguantar más. Por último, para ponerse a salvo, renuncia al trabajo.

10. El imperativo de la simplicidad

Los costos de la complejidad no son novedad para muchos ejecutivos. En una encuesta reciente más del 70 % de las organizaciones catalogaron la simplificación como un reto importante, y más de una cuarta parte consideró que era muy importante[34].

No obstante, son muy pocas las que en realidad hacen algo frente a este asunto. Un estudio llevado a cabo por SAP llamado «2014 Future of Work», destaca tres estadísticas que, tomadas en su conjunto, dan cuenta de la amplitud del problema: más de la mitad de los líderes empresariales considera que la simplificación tiene una enorme importancia estratégica para sus líderes séniores; dos terceras partes creen que el asunto será incluso más importante dentro de tres años, pero tan solo una cuarta parte cree que la alta gerencia tiene verdadera voluntad para asumir el reto[35]. El problema, por lo tanto, es de talla mayor.

Y no es que todas las compañías estén satisfechas con su actual estado. Algunas han tomado medidas para contrarrestar el tormento de la complejidad, y han simplificado sus procesos o puesto a prueba medidas para reducir la carga de la tecnología. La compañía italiana Gabel, por ejemplo, hizo el experimento de prohibir el uso del correo electrónico por una semana[36]. Las empresas de software Intuit y Atlassian han reservado una cierta cantidad de «tiempo libre de interferencias» para los empleados. Volkswagen y Boston Consulting Group han cambiado sus políticas internas, de tal manera que los empleados puedan mantenerse «desconectados» en las horas no laborales, lo cual les evita vivir amarrados a sus teléfonos inteligentes todo el día[37]. Compañías como Bloomberg y Google han creado espacios donde pueden ir los empleados y hacer pausas que los ayude a centrarse de nuevo. Aunque todos estos ejemplos representan un avance, la verdad es que la gran mayoría de empresas todavía siguen sin asumir el problema y sin emprender acciones. En el 2015, solo una de cada diez corporaciones contaba con programas de simplificación del trabajo, y menos de la mitad habían empezado a trabajar en ello[38].

Lo que sí han hecho muchas compañías es elevar sus expectativas de desempeño. Teniendo en mente que el recurso más valioso de los empleados es el tiempo, los directivos han tratado de extraer de sus empleados la mayor productividad posible y han implementado mediciones para controlar que los empleados tengan un mejor desempeño. Lo único que han logrado esas mediciones es empeorar las cosas. Elevar las expectativas aumenta la carga de estrés de los trabajadores, que ya tienen bastante sobre los hombros, en tanto la proliferación de mediciones hace más complicada la vida laboral. Las investigaciones han demostrado que ahora las compañías utilizan seis veces más mediciones que en la década de los cincuenta. ¡Seis veces![39] En muchas ocasiones tendemos a creer que los datos son la solución. Sin embargo, si nos descuidamos, los datos también pueden ser nuestra perdición. El hecho de que podamos profundizar más en los datos no significa que debamos hacerlo. Una mayor cantidad de algo no es necesariamente sinónimo de progreso. En un mundo en el que cada vez se hace más difícil separar el trigo de la paja, lo más conveniente es la simplificación.

Mencionemos otra verdad: en este mundo, eliminar la complejidad es, de hecho, un imperativo estratégico. Hemos llegado a un punto de inflexión. Aunque no podemos señalar un único cambio que haya producido la complicación que nos inunda, la complejidad como un todo es la mayor barrera para el éxito organizacional. En los mercados hípercompetitivos de hoy en día, solo sobreviven los más ágiles, y no resulta fácil mantener el ritmo en medio de la complejidad. No hay tiempo para pensar. Más aún: pensar es toda una audacia. Con todo, allí se presenta una oportunidad para las compañías que, de algún modo, pueden liberarse de las garras de la complejidad y hacer las cosas de manera más simple.

No hay forma de eliminar todas las complicaciones de las rutinas de cada empleado. De hecho, el valor de algunos empleados depende en buena medida de su capacidad para moverse en un entorno complejo, como miembros de un equipo productivo. Sin embargo, tal como lo veremos más adelante en este libro, las compañías que logran simplificar al menos una parte de los procesos laborales suelen gozar de una ventaja competitiva sostenida. Esta es la razón que explica, por ejemplo, por qué GE y su competidor, Siemens, se han embarcado en una carrera por luchar contra el flagelo de la complejidad en sus respectivas organizaciones. El CEO de GE, Jeffrey Immelt, ha liderado un movimiento que promueve la «cultura de la simplificación». Por su parte, Siemens ha eliminado todo un nivel de gerencia intermedia[40].

Bain llevó a cabo un estudio en una compañía manufacturera que implantó una regla muy sencilla: reducir a la mitad la duración habitual de las reuniones y prohibir que más de siete empleados asistieran a cualquier discusión de la compañía. Los resultados fueron sorprendentes: aumentó la productividad de esos empleados que ahora podían dedicarse a sus propias responsabilidades. Al final, Bain calculó que los beneficios en productividad obtenidos gracias a estas normas tuvieron en los resultados financieros de la compañía el mismo efecto que si se hubiera hecho un recorte de 200 empleos en la nómina. ¡Sin duda, es un incentivo para simplificar, que los altos ejecutivos deben tener presente![41]

Son múltiples los beneficios que disfrutan las compañías que simplifican. Pueden llevar al mercado nuevos productos y servicios de manera más rápida. Mejoran la satisfacción del cliente y, con ello, la satisfacción y el compromiso del trabajador. Aumentan la eficiencia de las operaciones. Obtienen más ganancias. Para decirlo de manera general, se vuelven mejores compañías, más concentradas y dedicadas; es decir, lugares donde realmente se hace el trabajo.

11. Así de fácil

Si usted ingresara al negocio de la venta de implementos de oficina para la infinidad de personas en el mundo que trabajan en pequeños negocios, ¿cómo las abordaría? ¿Se concentraría en ofrecer unos precios bajos? ¿Mantendría grandes inventarios? ¿Abriría más puntos de venta? ¿Ofrecería un mejor servicio al cliente?

La supertienda de implementos para oficina Staples fue fundada con la intención de resolver este problema. El fin de semana festivo del 4 de julio de 1985, Tom Stemberg estaba trabajando en su máquina de escribir cuando la cinta de esta se rompió de repente. No podía continuar escribiendo una propuesta de negocios en la que estaba trabajando. Pensó que el problema era fácil de resolver: bastaba con ir a comprar otra cinta. Para su desgracia, descubrió que las tiendas locales no abrían los festivos de fin de semana. Incluso si estuvieran abiertas, era probable que no tuvieran la marca específica de cinta que él necesitaba para su máquina. ¡Qué lío! Así, Stemberg, que había trabajado previamente como ejecutivo en un supermercado, concibió la idea de ocupar un nicho de mercado mediante la creación de una tienda de suministro de implementos para oficina que ofreciera accesibilidad y buenos precios[42].

Más de una década después de la inauguración de la primera tienda de Staples, en Brighton, Massachusetts, la compañía sacó un eslogan que daba en el clavo de la visión de Stemberg sobre lo que significaba Staples para el cliente promedio: «Así de fácil» (*That was easy*). Esta campaña publicitaria se convirtió en sinónimo de la marca Staples, y en un estándar de oro en materia de marketing. ¿Por qué? Porque captaba la esencia de la propuesta de valor de Staples y la lanzaba más allá. La filosofía de «Así de fácil» iba más allá de los intereses obvios de los clientes en relación con los precios, la variedad y la cercanía, y atendía un deseo aún más básico: la simplificación.

Los propietarios de pequeños negocios comenzaron a ver los beneficios de la simplificación. Investigaciones recientes encontraron que, para los pequeños negocios, «la simplificación de los procesos de toma de decisiones llevaba a los consumidores a tener una probabilidad 86 % mayor de comprar una marca y 115 % mayor de recomendarla a otras personas[43]». No obstante, los propietarios de pequeños negocios estaban asfixiados por la complejidad. Dada la limitación en fondos, recursos y tiempo, no querían gastar su tiempo en tareas de poco valor, como hacer pedidos de implementos para oficina. El tiempo que perdían para renovar sus existencias de tóner o para comprar más papel les preocupaba enormemente. Los propietarios de pequeños negocios estaban dispuestos a pagar un poco más de dinero para poder ganar tiempo. Querían simplicidad. Al final, Staples vendió más de un millón de botones con el logo «Así de fácil» y donó una parte de las ganancias a un organismo de beneficencia[44]. Con el paso del tiempo, el 96 % de los clientes asociaron la frase con la marca Staples, lo cual contribuyó al crecimiento espectacular de la compañía[45].

Es claro que nos encontramos en un punto muerto en relación con la complejidad que está ahogando a los individuos y obstaculizando a las organizaciones. Este tormento debe terminar, y para lograrlo hará falta una acción que no se limite a oprimir un botón que dice «fácil». Debemos aprender a identificar la complejidad en nuestras organizaciones y comprender cuál es en realidad el trabajo importante. Luego, debemos asumir una nueva actitud frente al trabajo y eliminar del panorama lo que no sirve, para que el trabajo sea más simple. Una mentalidad similar a la de «Así de fácil» no tiene que limitarse a labores como comprar bolígrafos. Debe estar presente en nuestra mente todo el día, toda la semana, todo el año y toda la vida. En la medida de lo posible, liberémonos de la complejidad que nos agobia. Recortemos lo superfluo de nuestros lugares de trabajo. Recuperemos el tiempo y el sentido de lo que hacemos. Hagamos de la simplicidad nuestra nueva manera de trabajar.

2. Los porqués de la complejidad

«Si hubiera que decir, en una sola palabra,
la razón por la que la humanidad no ha alcanzado, ni alcanzará,
la totalidad de su potencial, esa palabra sería reuniones».
—Dave Barry[1]

Se trataba de un simple boletín informativo electrónico mensual. Nada complicado. Un importante banco había contratado a mi compañía para mejorar los correos que enviaba periódicamente a un grupo de clientes actuales y potenciales. El equipo de marketing quería emplear nuevas tácticas para atraer clientes nuevos y garantizar la lealtad de aquellos que ya utilizaban sus servicios bancarios. Mi empresa, con sede en Nueva York, había desarrollado ideas innovadoras para hacer que los boletines informativos electrónicos fueran más atractivos. Para ambas partes era una gran oportunidad de trabajar en conjunto.

El proyecto no era muy grande: por mucho, nos tomaría cuatro semanas. Esa era una de las razones por las que no fueron necesarias unas negociaciones extensas. Mi firma aportaría unas perspectivas novedosas, y a cambio recibiríamos una remuneración modesta. Parece muy sencillo, ¿verdad?

El asunto no resultó como esperábamos. Para poder hacer negocios con esa gran corporación, cada potencial consultor debía convertirse en un proveedor debidamente aprobado. Así pues, cuando el banco manifestó su interés en contratarnos, nosotros iniciamos el proceso para ser aprobados como proveedores. ¿Qué implicaba este paso? Tal vez sería mejor plantear la pregunta al revés: ¿Qué no implicaba este paso? Hay una escena famosa de una vieja película de Steve Martin, llamada *L. A. Story*. En ella, las personas que querían ir a comer a cierto restaurante debían hacer una reserva presentando su historial financiero completo[2]. En una escena el señor Perdue, el *maître*, le pregunta a un cliente: «¿Usted cree que con sus estados financieros puede pedir el pato?[3]». El chiste apunta a la futilidad de pedir el historial financiero a los clientes. Los comensales se veían obligados a superar unos obstáculos absurdos, sin ninguna razón distinta de la exclusividad. Para convertirme en proveedora del banco en cuestión, viví un caso típico en el que la vida imita al arte. Toda una carrera de obstáculos, cuya razón de ser era cumplir con la burocracia.

El proceso comenzó con algunos formularios. Con ellos dábamos información sobre nuestra compañía, reconocíamos la importancia de la confidencialidad y otras cosas de ese estilo. Hasta ahí, nada fuera de lo común. Luego recibimos un segundo paquete, ya no tan ordinario. Era gigantesco. Montones de páginas de letra menuda. Páginas y páginas a las que debíamos marcar con nuestras iniciales y ponerles fecha y firma. Este segundo rimero de documentos era más grande que la totalidad de los boletines informativos que teníamos que producir. Y la lista seguía. Tal vez esa cantidad de formularios se justificaba para un gran proyecto: la compañía quería que todos los proveedores se ajustaran a sus estándares. Sin embargo, para nuestro proyecto era una exageración.

Por si fuera poco, aunque nuestro proyecto era pequeño y le costaría al banco menos de 10 000 dólares, uno de los requerimientos burocráticos de la entidad era que tuviéramos un seguro de responsabilidad general por 5 millones de dólares. En ese momento yo contaba con el cubrimiento estándar de 2 millones, nunca había necesitado más que eso. Entonces me exigían obtener uno por un valor 150 % más alto. El costo de la prima consumiría la mitad de los ingresos que planeábamos recibir por el proyecto. Cuando pedí mayor información sobre este requerimiento, los burócratas del banco me explicaron que querían proteger a su empleador contra el riesgo de que alguien se resbalara mientras trabajaba en sus instalaciones. Les expliqué que este era un proyecto virtual, que se hacía mediante correo electrónico. Nadie tendría que ir a sus instalaciones. No era necesario tomar precauciones contra ese riesgo porque, sencillamente, no existía. ¿Sería posible eliminar el requisito del seguro adicional? La respuesta de los burócratas fue un no rotundo. Las reglas son las reglas.

Mientras negociábamos el asunto del seguro de responsabilidad, los empleados del banco me informaron que debían hacer una auditoría sobre los sistemas tecnológicos de mi oficina. El banco enviaría a un experto para revisar nuestros equipos, dado que ellos tendrían que enviarnos información por correo electrónico. Quedé atónita. Nuestra intención no era fusionar nuestra tecnología con la del banco. Ni siquiera trabajaríamos con sus bases de datos. De hecho, íbamos a crearlo todo desde cero, usando sobre todo Microsoft Word desde nuestras propias oficinas. Nosotros originaríamos el trabajo y se lo enviaríamos a ellos. Ya habíamos firmado un acuerdo de confidencialidad, pero eso no les bastaba. Los burócratas debían auditarnos, de todas maneras, para verificar que cumpliéramos con sus estándares de seguridad, por si alguno de sus empleados nos enviaba información comercial reservada, algo que extrañamente sucedería.

Nadie dudaba de que los burócratas estuvieran siguiendo las reglas del banco. Ellos se ceñían a la orden de ser totalmente minuciosos. Incluso nos parecía que los propios burócratas se daban cuenta de lo absurdo que era el proceso de evaluación. Pero no había manera de dar un giro a las reglas. En consecuencia, decidimos abandonar el proyecto. Perdimos una buena oportunidad, y el banco no pudo gozar de los beneficios de nuestra experiencia. La complejidad del proceso de evaluación dio al traste con una potencial colaboración provechosa. Un problema de complejidad nos mostraba su lado más desagradable.

1. Liberarse

Los lectores que vivieron la década de los setenta tal vez recordarán la historia de Patty Hearst, la joven heredera que fue secuestrada por un grupo radical y a la que supuestamente sus captores le lavaron el cerebro. Según los relatos de este caso, después de su rapto la chica se unió al movimiento y participó en el robo de un banco. Cuando fue rescatada por la Policía, se empezó a discutir en todo el país si la muchacha era realmente responsable del delito que se le imputaba. Algunos psicólogos afirmaban que padecía el síndrome de Estocolmo, que consiste en que las víctimas simpatizan y colaboran con sus captores.

Por supuesto que la complejidad no tiene en absoluto la gravedad de un secuestro, pero creo que algo similar al síndrome de Estocolmo les ocurre a muchas personas en el mundo laboral. Nos hemos vuelto prisioneros de la complejidad y, al igual que los empleados del banco que no concebían la posibilidad de adaptar las reglas para hacer posible el proyecto del boletín, muchas personas participan en su propia victimización. Desde los altos ejecutivos hasta los empleados de base hacen su trabajo sin cuestionarse, en cierto modo como Patty Hearts (quien afirmó que vivía como un zombi durante su cautiverio). A todos nos ocurre que desperdiciamos el tiempo en tareas sin sentido. Nos frustra ver que, a pesar de nuestros esfuerzos, no obtenemos los resultados que soñamos. No obstante, a pesar de toda la frustración, no sabemos cómo liberarnos.

Como vimos en el capítulo anterior, la complejidad a menudo surge indirectamente a medida que vamos resolviendo problemas y aumenta de manera paulatina, sin que nos demos cuenta cómo. Sin embargo, el problema es mucho más profundo. La complejidad está profundamente arraigada, pues, hasta cierto punto, la originamos desde dentro.

En el presente capítulo veremos que los sesgos cognitivos, como la tendencia a concentrarnos demasiado en ciertas partes de nuestro negocio, nos impiden ver la complejidad que creamos de manera involuntaria. Entre tanto, nuestras necesidades emocionales más poderosas y primarias nos llevan a adoptar la complejidad y a no pensar en lo mucho que afecta nuestra vida laboral. Me refiero a las necesidades humanas universales de seguridad, constancia, control y poder. Muchas veces no percibimos cómo esas necesidades determinan nuestros comportamientos y nos incomoda reconocer que tenemos esas necesidades. Pero el hecho es que las tenemos, y el primer paso para liberarnos es reconocer la verdad.

2. Definiciones simples

Si queremos identificar y delimitar el problema de la complejidad, conviene empezar por comprender con mayor claridad el significado de la simplicidad. En el mundo de los negocios solemos tropezarnos con diversos obstáculos, porque no nos tomamos la molestia de definir los términos básicos. Es muy probable que en algún momento de su carrera lo hayan instado a «ser innovador». Eso es todo lo que le dicen. Entonces, usted se pregunta: ¿Innovador para hacer qué? ¿Para llegar a dónde? Un chiste muy conocido dice que cuando se les pide a dos ejecutivos hacer una definición de innovación, por lo general se obtienen tres respuestas diferentes. La innovación es un término vago.

En la superficie el significado de la simplicidad parece evidente: es la situación que surge cuando se elimina lo innecesario. Ahora bien, ¿hasta qué punto deben ser simples las cosas? ¿Es posible exagerar en la simplificación de un área específica? Si tenemos bajo nuestro mando toda una organización, ¿hasta dónde se debe llevar el proceso de simplificación? ¿A todas las áreas o solo a las más importantes?

Para comprender la complejidad que implica hacer una definición de la simplicidad, veamos la siguiente tabla. En ella se consignan los esfuerzos que una compañía Fortune 500 hizo para enumerar los ámbitos donde podía tratar de simplificar las cosas.

Tabla 2.1 Ámbitos donde una compañía Fortune 500 puede simplificar

Simplificación en la documentación	Simplificación en la manufactura
Simplificación en el diseño	Simplificación en los procesos
Simplificación general	Simplificación en los programas
Simplificación en los sistemas	Simplificación procedimental
Simplificación en los viajes	Simplificación en las plataformas
Simplificación en las iniciativas	Simplificación en el desarrollo de producto

Simplificación en la rendición de cuentas	Simplificación en el empaque
Simplificación de la gestión financiera	Simplificación del entrenamiento
Simplificación en el lugar de trabajo	Simplificación del trabajo

Se me ocurre preguntar: ¿Cuál es la diferencia entre simplificación en el lugar de trabajo y simplificación del trabajo? ¿En qué se diferencian la simplificación en los procesos y la simplificación procedimental?. Sin duda, la persona que preparó esta tabla tenía buenas intenciones, pero esta taxonomía de la simplificación es un quebradero de cabeza. Incluso cuando creemos tener un problema relacionado con la complejidad, como le ocurría a esta compañía, no logramos delimitar la amplitud del problema porque no sabemos qué es la simplicidad.

3. Mínimo, comprensible, repetible, accesible

Ha llegado la hora de aclarar lo que significa la simplicidad, y también la complejidad. Para que la simplificación sea apropiada, el resultado debe comprender las siguientes características:

- **Incluir lo mínimo posible.** Las cosas simples reducen el número de pasos, páginas, rasgos, funciones, firmas, requisitos y demás obstáculos para el funcionamiento. No hay elementos adicionales, pero, al mismo tiempo, está todo lo necesario para hacer el trabajo.

  ¿Por qué tuvo Uber tanto éxito? En buena parte se debe a que se pudo obtener un servicio de transporte siguiendo unos sencillos pasos en la aplicación de Uber. Ya no se requiere llamar a la central de taxis (o esperar un taxi en la calle, y rezar para conseguir uno si es hora pico, si llueve o si es la hora de entrega de turno) para ver si hay un conductor disponible, al que debemos explicar a dónde vamos y con el que debemos negociar el precio de la carrera. Para el consumidor es mucho menos laborioso.

- **Ser lo más comprensible posible.** Las cosas simples se caracterizan por su lenguaje claro y directo. Son comprensibles para cualquiera, aun si no es un experto. Una persona novata puede replicar las cosas sencillas, si tiene sentido común. Brad Katsuyama, el financista al que se refiere Michael Lewis en su libro *Flash Boys*, afirma que su empresa se diferencia de las otras compañías de servicios financieros en que explica las cosas de manera sencilla a sus clientes: «La gente confía en las cosas que puede entender y desconfía de las que le producen dudas. Nosotros dedicamos mucho tiempo a hacer que los conceptos complejos se vuelvan fáciles de entender[4]».
- **Ser tan repetible como sea posible.** Las cosas sencillas se pueden replicar y su escala se puede ampliar. No son cuestiones únicas o fenómenos individuales. No son producto de una adaptación individual. Deben poder repetirse una y otra vez. Pensemos en un piloto que entra en la cabina de un avión. ¿Qué pasaría si cada vez que cambia de avión debe pensar para qué sirve cada botón y cada calibrador? ¡El horror! Con ligeras modificaciones, los equipos están ubicados en los mismos lugares, para que su uso sea simple.
- **Ser lo más accesible que se pueda.** Las cosas simples deben ser accesibles y transparentes para la mayor cantidad de públicos. Los usuarios externos pueden servirse de ellas con la menor cantidad posible de monitoreo. ¿Por qué la compañía Progressive Insurance le permite al cliente ver los precios de la competencia al hacer una búsqueda en línea de pólizas nuevas? No es porque quieran que el cliente les compre a los otros. Todo lo contrario. Le apuestan a que el cliente los escoja por haberles permitido tener toda la información a su disposición, con lo cual se ahorran el trabajo de buscarla por sí mismos.

La complejidad, por lo tanto, es la ausencia de esos cuatro elementos. La complejidad caracteriza a los procesos, los productos, la comunicación o los procedimientos que no son tan mínimos, comprensibles, repetibles y accesibles como puede ser posible.

4. El encanto de la simplicidad

Tenga en cuenta el «tanto como puede ser posible». Aunque la complejidad es mala, la simplificación también puede llegar a ser excesiva. Las organizaciones pueden sacar productos tan simples que dejan de ser útiles para los consumidores. Pueden simplificar tanto los procesos en los lugares de trabajo (en buena parte eliminando requisitos, aprobaciones, etc.), que la calidad se ve afectada. Hay un punto en el que la simplicidad deja de ser un encanto para convertirse en un defecto. Si no me cree, haga la siguiente tarea. Compre un bonito mueble en IKEA. Luego vaya a su casa, saque unas herramientas y trate de armarlo.

Advierto al lector que me encantan los muebles de IKEA. No es de sorprender que una compañía escandinava que vende productos de nombres impronunciables se haya convertido en la favorita en muchos países del mundo. El valor que ofrece es inmenso. Los muebles de IKEA son sencillos y funcionales, y su precio es razonable. Si alguien quiere amueblar su hogar con un presupuesto reducido, le basta hacer un solo viaje a un punto de venta de IKEA. Ahora bien, la emoción que se siente al abrir las cajas al llegar de la tienda se convierte en una pesadilla a la hora de armar la cómoda, la mesa o el tocador. Una amiga decía, con mucha gracia, que las compras de IKEA deberían venir con un cupón para terapia de pareja.

¿Por qué armar los muebles de IKEA es una experiencia que nos saca de quicio? El problema no es que las instrucciones sean muy complicadas. Todo lo contrario: son demasiado simples. Los diagramas no son lo suficientemente detallados. No se explican los pasos de manera clara. Hay que pensar mucho para descubrir cuál tornillo va en cual agujero, y muchas veces ocurre que cuando ya hemos puesto los tornillos más cortos en los agujeros hondos, nos damos cuenta de que los tornillos largos no entran en los agujeros cortos y tenemos que volver a armarlo todo desde el principio. Así, pasamos una tarde muy complicada, porque las instrucciones eran demasiado simples.

Se dice que una de las frases famosas de Albert Einstein era: «Hay que hacer las cosas tan simples como sea posible, pero no más simples[5]». Pues bien, eso es exactamente lo que no han logrado comprender algunas compañías. Si se elimina demasiada información, la información que queda resulta inservible. Algunas labores son necesariamente complicadas. Es necesario que el cirujano comprenda a cabalidad el panorama anatómico antes de operar al paciente, aunque el procedimiento que vaya a realizar solo requiera una pequeña parte de sus conocimientos. Es necesario que un piloto comprenda la física del vuelo, aunque su trabajo solo consista en poner el avión en piloto automático.

La meta consiste en encontrar el equilibrio adecuado entre, por un lado, el detalle y los matices y, por otro, el imperativo de la simplificación. Si reducimos un documento de cien páginas a una página, perfecto. El problema es que esa reducción tan drástica probablemente nos obligará a explicar siempre los términos de la página, con lo cual habremos complicado aún más las cosas. Un documento de diez páginas puede funcionar mejor: será más corto que el tomo de cien, pero más complejo que el resumen de una página.

5. La complejidad intencional

Ahora que comprendemos qué son la complejidad y la simplicidad, examinemos más detenidamente de qué manera empeoramos el flagelo de la complejidad. En un extremo están algunas compañías e individuos que buscan la complejidad de forma voluntaria y consciente, como un medio para obtener mayores ganancias o algún tipo de ventaja. Este tipo de comportamiento se observa sobre todo en las compañías de transacciones financieras.

La compañía IEX se fundó en el 2012 como respuesta a unas prácticas cuestionables «que se han vuelto muy comunes en las negociaciones públicas tradicionales de Wall Street, así como en los llamados *dark pools* y otros sistemas alternativos de negociación[6]». Como relata Michael Lewis en su libro *Flash Boys*, algunos negociadores y expertos en tecnología de IEX observaron que los corredores de valores utilizaban un truco informático para ganarles la carrera a los inversionistas corrientes[7]. En otras palabras, usaban sofisticados algoritmos para discernir cuándo alguien se disponía a comprar determinada acción. Al disponer de esa información, compraban la acción microsegundos antes de que llegara la orden del comprador original, inflaban el precio y luego vendían la acción sin que el comprador se diera cuenta de nada.

Por ejemplo, en un momento dado se compraban y se vendían acciones de la misma compañía en diferentes bolsas, entre las que se cuentan NASDAQ, la Bolsa de Nueva York, Direct Edge y BATS. Cuando un corredor de bolsa enviaba una orden para comprar acciones en diversas bolsas, al mismo precio y en el mismo momento (por ejemplo, 10 000 acciones en NASDAQ, 20 000 en Direct Edge y 5000 en BATS), teóricamente las órdenes llegaban al tiempo a todas las bolsas. La realidad es que como las señales electrónicas tienen que viajar a través de diversos cables, nodos y distancias geográficas, el momento de la llegada de la orden variaba de una bolsa a la otra en milisegundos o, incluso, microsegundos. Los corredores sacaban partido de esta situación creando algoritmos que automáticamente compraban las acciones en otras bolsas cuando se terminaba de hacer la primera compra. En esa fracción de segundo elevaban el precio de las acciones recién compradas y luego las vendían al comprador original, que casi nunca se enteraba de lo ocurrido. El inversionista original, ignorante de las complejidades de las transacciones bursátiles y confiando en que el corredor se haría cargo de esas complejidades, terminaba pagándole un dinero adicional a un comprador desconocido[8].

Pero ahí no para la historia. En algunos casos los corredores se enteraron con anticipación del deseo de un inversionista de comprar o vender acciones en las bolsas. Ellos, que supuestamente están al servicio del público en general, lo que hacían era vender a los corredores el derecho de tener la primera opción a cambio de una parte de la acción. Pocos inversionistas notaban la diferencia entre el precio original que iban a pagar y la cifra inflada o atribuían la diferencia a causas tecnológicas. No obstante, con el tiempo esas pequeñas diferencias se iban convirtiendo en grandes sumas. Según relata Lewis, las bolsas y los bancos estaban ganando miles de millones de dólares con este sistema. Se sacaba partido de la complicación para facilitar un robo de alto nivel[9]. Las instituciones financieras se beneficiaron al explotar una falta de transparencia.

No todas las compañías son tan poco escrupulosas, pero muchas usan la complicación de manera sutil para ocultar la verdad a los accionistas y beneficiar a la compañía. Pensemos en lo difícil que es darse de baja en la suscripción de la mayoría de los boletines informativos electrónicos. En muchos casos, las compañías engañan al cliente en el momento de la inscripción preseleccionando las casillas, con lo cual el usuario debe eliminar esa selección de casilla si quiere evitar que lo llenen de correo basura. Luego, si la persona se quiere salir de esa lista, tiene una enorme dificultad para encontrar el botón adecuado. Hay que hacer clic en varios enlaces, escribir la dirección de correo electrónico y explicar el motivo del retiro. Incluso después de llegar a esa etapa, la persona descubre que lo único que logró fue cerrar su subscripción a un subconjunto de boletines de la compañía, pero sigue recibiendo los demás.

Otro ejemplo es la letra menuda, tan común en la vida moderna. En relación con las políticas de privacidad, un estudio reciente descubrió que se necesitaría aproximadamente un mes al año para leer la letra menuda de todos los productos y servicios que llegan a nuestra vida. Si leyéramos cada palabra de cada política de privacidad, gastaríamos unas 244 horas leyendo atentamente o 154 horas leyendo de manera transversal[10]. Según *Business Insider* el conteo aproximado de palabras que tienen los documentos de términos y condiciones de compañías conocidas supera, en algunos casos, la extensión de las obras de Shakespeare[11]. Tal vez una parte de la jerga sea necesaria, pero, en general, el efecto esperado es el de confundir a los clientes.

Si compramos un tiquete aéreo, tomamos una hipoteca o pedimos una tarjeta de crédito, vemos que el texto en letra menuda es tan largo que no nos tomamos la molestia de leer ni siquiera una mínima parte de este. En consecuencia, no nos enteramos de lo que estamos aceptando y es posible que nos den menos (o más) de lo que esperábamos. Roland Vogl, director ejecutivo del programa de Leyes, Ciencia y Tecnología de Stanford, afirma: «Algunas compañías complejizan las cosas para justificarse a sí mismas [...]. Es una complejidad a la medida. El propósito es generar molestia[12]». Aun si les damos a las compañías el beneficio de la duda y asumimos que no buscan engañar a los consumidores a propósito, lo cierto es que a estas tampoco les interesa simplificar sus términos y condiciones. Me pregunto por qué.

6. Demasiado mirarse por dentro

La complejidad intencional es desesperante, pero tal vez corresponda a una porción relativamente pequeña de la complejidad que aqueja a nuestras organizaciones. La mayoría de las personas y organizaciones contribuyen inconscientemente a la complejidad, a veces por ciertos sesgos cognitivos. En particular, vale la pena mencionar dos sesgos: nuestra mirada interior y nuestras ganas de tener siempre más.

Examinemos el primer sesgo, el de la mirada interior. Vivimos en una era de celebración de la autenticidad personal. Los músicos explican su éxito afirmando que se «mantuvieron fieles a sí mismos». Los chicos que pronuncian su discurso de graduación aconsejan a sus compañeros «ser quienes realmente son» para alcanzar el éxito. Una y otra vez escuchamos decir que las respuestas a las «grandes preguntas» debemos buscarlas en lo más profundo de nuestro ser. Esta búsqueda en nuestro interior puede ser útil y buena. Sin embargo, en el mundo de los negocios, mirar hacia el interior tiene una consecuencia grave: nos impide mirar hacia el exterior. «No le quites los ojos a la bola», nos dicen. «Concéntrate en tu negocio principal». «Presta atención a lo básico». Creemos que si dominamos lo que ocurre internamente controlaremos el futuro.

Desde luego que hay una parte de verdad en ello. Es mucho lo que podemos controlar en el ámbito interno: el talento que se contrata, las materias primas que se compran, la forma de los productos que se lanzan, la calidad de los productos que se ofrecen. No obstante, centrarnos demasiado en lo que ocurre por dentro puede distraernos de algo que es más importante: la experiencia del cliente. Con demasiada frecuencia, la consecuencia es una complejidad no intencional que recae sobre la gente que compra nuestros productos y servicios.

Veamos un ejemplo. Hace algunos meses me disponía a reservar unos vuelos para unas vacaciones en familia. Quería utilizar mis millas de bonificación y llamé al número de atención gratuita de la aerolínea, especialmente dedicado a las redenciones. Después de examinar las opciones con la representante de la aerolínea, escogí el itinerario y se redimieron de mi cuenta las millas necesarias. Hasta ahí, muy fácil. Cuando terminé de hacer la reservación, le pregunté a la representante de ventas si me podía ayudar con la selección de las sillas. Mi esposo y yo tenemos hijos, y no nos gusta llegar al aeropuerto y encontrarnos con la desagradable sorpresa de tener sillas separadas. La representante que acababa de hacerme la reserva me explicó que su departamento no manejaba la reserva de sillas. Yo debía llamar a un número diferente, esperar en línea una vez más y luego pedir, en un departamento diferente de la misma aerolínea, que nos sentaran a todos juntos en un vuelo que, por cierto, era bastante largo.

Entonces, hice esa llamada. Y esperé en línea. Mientras escuchaba la música repetitiva, traté de responder algunos correos electrónicos. Cada cierto tiempo tenía la sensación de que ya me iban a contestar, pero eran interrupciones para anunciar el lanzamiento de un nuevo vuelo a Asia. Al fin me contestó una representante. ¿Y saben qué me dijo? Que la asignación de sillas para los vuelos que habíamos reservado solo se podía hacer en una fecha cercana al día del viaje, porque el vuelo era de una aerolínea aliada. Tenía que volver a llamar.

Por supuesto que me enfurecí. Ahora bien, esa situación es típica. ¿Por qué? ¿Por qué la aerolínea tiene separadas las tareas de redimir las millas y asignar las sillas? Porque es más eficiente y eficaz para la aerolínea. No tienen que entrenar a los representantes que hacen las reservas del vuelo para que aprendan a usar el sistema de selección de las sillas. Y al revés también, no tienen que entrenar a los representantes que asignan las sillas para que aprendan el sistema de redención de millas. Si separan las tareas, los gerentes de la aerolínea pueden controlar la eficiencia de cada departamento en la ejecución de cada tarea individual. Lo que se resiente es la experiencia del cliente. Y nosotros, los clientes, lo que queremos es poder interactuar sin demoras con un solo representante y hacer lo que necesitamos. No queremos llamar a varios números. No queremos que nos digan una cosa primero y luego otra diferente. Queremos que las compañías que escogemos inviertan en nuestra experiencia y eliminen los elementos que nos complican la vida.

El sesgo de la mirada interior no solo hace más complicada la vida del cliente, también les hace más complicada la vida a los clientes internos. Es el caso, por ejemplo, de los sistemas para procesar los informes de gastos del departamento de Contabilidad. ¿Acaso el sistema está pensado para simplificar la experiencia de las personas que presentan su informe de gastos o busca, más bien, que el departamento de Contabilidad pueda procesar los informes con más eficiencia? Todos conocemos la respuesta. Con demasiada frecuencia, diseñamos los procesos teniendo en cuenta nuestras necesidades y no las de aquellos a quienes queremos servir. Esta situación se presenta en todos los niveles de la organización, en todas las funciones y en todos los sectores productivos.

7. Querer siempre más

El segundo sesgo cognitivo que nos lleva inconscientemente a complicar las cosas está relacionado con la exigencia de la presentación de informes y la rendición de cuentas. A las compañías les interesa saber dónde están paradas. Quieren llevar registros de lo que pasa. Aspiran a premiar a las personas que tienen un buen desempeño y castigar a las que no trabajan tan duro. Quieren hacer un seguimiento (en tiempo real, de ser posible) de todo el trabajo que se hace internamente, y de todo lo que ocurre en consecuencia. Esos esfuerzos no buscan premiar la simplicidad, sino lo contrario: premian a quien quiere siempre más.

Aumentar la exigencia de la presentación de informes y la rendición de cuentas es lo que ocurre siempre a causa de la desconexión de los ejecutivos. Las personas que están en la cima de las organizaciones sienten la presión de los miembros de la junta, a quienes les preocupan las cifras trimestrales. A fin de ejercer mayor control sobre el desempeño de la compañía, los ejecutivos piden más información y mayor seguimiento de las operaciones en tiempo real. No solo les interesa monitorear la generación de ingresos y los costos, sino también el cumplimiento de las regulaciones, la calidad y la seguridad: cualquier área en la que un fallo operacional pueda dar pie a una demanda legal. Jim Daly, director general de Recursos Humanos de Affinion, afirma que «la mayoría de las organizaciones continúan agregando capas a lo que ya existe, en lugar de reemplazar o actualizar los procesos y las actividades. Si cinco puntos de información en un informe son buenos, siete serían mejor, y nueve aún mejor. Conforme aumenta la facilidad para recoger y almacenar información, se vuelve más seductor pedir más, y recibir más[13]».

La consecuencia de esta tendencia es que los empleados de primera línea (es decir, los que realmente interactúan con los clientes, prestan los servicios, fabrican los productos, compran los materiales y comercializan la compañía) deben pasar más tiempo alimentando a la bestia de la rendición de cuentas. Por ello, disponen de menos tiempo para hacer su trabajo real y para eliminar las complicaciones innecesarias. Así mismo, esta situación puede conducir a la llamada *fatiga decisional*. Al hacer frente a una decisión importante, nuestras reservas naturales de concentración y energía se encuentran en unos niveles tan bajos que llegamos a la conclusión equivocada o no logramos tomar ninguna decisión[14].

El proceso de la elaboración de informes puede ser tan complicado en sí mismo que prácticamente se vuelve inútil. Hoy en día se ha convertido en una actividad frecuente y requiere un mayor número de mediciones. De una marca a la otra, de un país al otro, de una región a la otra, de un canal al otro, se procesa y se compara esta información, y eso toma tiempo. Finalmente aparecen tantos indicadores contradictorios que la persona que recibe el informe no puede tomar ninguna decisión a partir de él. El gerente puede ver, por ejemplo, que las ventas subieron en ciertas marcas, pero no en otras; que subieron en ciertas regiones, pero no en otras; que subieron en el canal en línea, pero no en las tiendas físicas; que subieron gracias a ciertas rebajas, pero no a otras; que subieron por causa de una publicidad en unos lugares, pero gracias a otra publicidad en otros; que subieron los días entre semana, pero no los fines de semana. Cuando el gerente logra descifrar la maraña de datos de un informe, llega una nueva serie de datos estadísticos para su análisis.

Muchas veces este proceso de presentación de informes y de rendición de cuentas es la fuerza que conduce a la compañía. Se premia a los empleados si producen más, más, siempre más. Les hacen advertencias si producen menos. Cada persona piensa que los informes que produce contribuyen de manera significativa a la misión global de la compañía, aunque en muchos casos no sea así. Se cree que más es sinónimo de mejor. Los empleados saben que serán premiados y ascendidos por generar mayores ingresos, manejar más gente, controlar más unidades de negocio, inventar más productos, ofrecer más servicios, producir más informes. No se dan incentivos competitivos para llevarlos a reducir el desperdicio o la redundancia o a concentrarse en lo que realmente importa. Indudablemente, la complicación se va acumulando, sin poner límites al impulso natural de buscar más, más, siempre más.

8. El enemigo somos nosotros mismos

Además del sesgo cognitivo, tan visible en muchas empresas, buena parte de la complejidad es producto de algo más básico: nuestras necesidades emocionales. Tomemos por caso esas reuniones inútiles.

Todos las odiamos. Entonces, ¿por qué seguimos programándolas? Nos parece que, si estamos haciendo la planificación de una acción, debemos involucrar al mayor número de participantes. De esa manera, sabremos si se aprueba nuestro plan antes de actuar. Para evitar las consecuencias de cometer un error, resolvemos ser demasiado cautos, invitando a todo el mundo a la reunión, incluso a aquellos que no tienen mucho que aportar a la conversación. Actuamos por temor, para protegernos la espalda y estar seguros, «por si acaso».

De modo similar, es posible que invitemos a esas personas movidos por un deseo inconsciente de mantener el control de una iniciativa o por un deseo inconsciente (e, incluso, consciente) de mostrar a los demás nuestro poder dentro de la organización. Nuestras necesidades emocionales nos avasallan, sin que nos demos cuenta.

En esta misma línea, asistimos a reuniones innecesarias para enfrentar emociones como el miedo. No queremos que un colega tome una decisión que afecte a nuestro departamento. Para proteger nuestro terreno, nos pasamos el tiempo saltando de sala de juntas en sala de juntas, tratando de hacer nuestro trabajo en los breves momentos entre una actividad y la otra.

De diversas maneras, las personas hacen más complicadas las cosas para protegerse de amenazas percibidas. Usted quiere que sus compañeros piensen que su experiencia es invaluable (y vean que no pueden hacer el trabajo que usted hace), pues teme que lo consideren una persona prescindible. Así, usted crea una presentación de PowerPoint con 40 diapositivas, aunque 10 habrían sido suficientes. Además, usa una jerga innecesariamente compleja para comunicar ideas sencillas. Los académicos tienen fama de usar un lenguaje excesivamente complicado para decir a los no especialistas en su disciplina que no se metan en sus predios. Como afirma Victoria Clayton en *Atlantic*, muchos lectores frustrados de textos académicos consideran que «los académicos juegan con las palabras un juego elitista: quieren excluir de su conversación a los intrusos[15]».

¿Alguna vez se ha preguntado por qué los gerentes se demoran tanto en tomar decisiones? Con mucha frecuencia, la respuesta es: por temor. No quieren quedar mal. Por lo tanto, piden información todo el tiempo, más informes, más datos. Si están pensando invertir más en el producto X en Asia o África, hacen mil preguntas. «Dame las especificaciones de cada país, en cada mercado. ¿Cómo han variado estas a lo largo de los últimos veinticuatro meses? ¿Y en los últimos diez años? ¿Cómo les ha ido a nuestros productos en cada mercado? ¿Cómo ha evolucionado esa situación? ¿Sabemos hacia dónde se dirige cada mercado y cómo afectarán las elecciones el crecimiento de cada sector, en cada economía? ¿Hay tendencias demográficas que tengan un impacto en la decisión, y cómo varían estas en los diferentes submercados?». El temor a dar un paso equivocado lleva a los gerentes a hacerles la vida imposible a las personas que están en el nivel inferior de la escala jerárquica, y la enorme cantidad de información que tienen a la mano les impide decidirse intuitivamente por una opción.

A nivel individual emociones como el temor generan complejidad. De manera similar, la complejidad aparece a nivel sistémico cuando muchas personas interactúan con temor y a la defensiva de manera constante. Páginas atrás mencionaba la complejidad de los informes. Veamos el caso que me relató uno de mis clientes, que trabajaba para una compañía manufacturera. Los márgenes de ganancias eran estrechos y la presión para aumentar la producción era muy alta. Los líderes de la compañía necesitaban una herramienta para evaluar el desempeño en tiempo real. Así, los líderes idearon una herramienta sencilla: una tabla de control para indicadores claves de rendimiento. Parecía una excelente idea. La tabla no contenía más de doce cifras, diferenciadas por colores para facilitar la lectura.

En poco tiempo la complejidad comenzó a surgir, principalmente por causa del temor. A algunas personas les preocupaba que las cifras que figuraban en la tabla no reflejaran ciertas dimensiones importantes de las operaciones de la compañía. La ansiedad los llevó a preguntarse: «¿Nos faltará algo?». A otras personas les preocupaba que las mediciones no los hicieran quedar muy bien y, por tanto, pedían que se añadieran cifras para equilibrar la percepción que pudiera tener el grupo. El equipo de líderes pidió que se añadieran cifras adicionales para una mayor profundidad. Temían perder puestos, y que se los pasara por alto a la hora de hacer ascensos, y aspiraban a dar la impresión a sus compañeros de ser muy inteligentes.

El modelo cambió por completo. Se apretujó más información en la tabla. Había más colores, más datos, más complicación. Al cabo de un año la herramienta se volvió tan difícil de manejar que, en esencia, era inútil. Las personas que manejaban la tabla tuvieron que reducir el tamaño de la fuente para que todas las cifras de seguimiento pudieran caber en una página. Ya no era posible leer nada, y mucho menos darse una idea del desempeño general de la compañía. Era una pesadilla creada por la propia empresa.

Las emociones como el temor pueden conducir a una especie de mentalidad de la búsqueda de más, que tiende a aumentar la complejidad. Esta mentalidad se observa en todo el mundo corporativo. Suponemos que más es sinónimo de mejor. Queremos más poder. Más gloria. Más control. Más ingresos. Más responsabilidad. No nos dormimos en los laureles, sino que queremos una mayor participación en el mercado. No asumimos que lo que tenemos es suficiente, sino que tratamos de adelantarnos a la competencia. Solo sobreviven los hambrientos y, por eso, aunque ya tengamos suficiente poder, dinero o gloria, buscamos más. Valoramos lo que nos lleve a tener más. Envidiamos a quienes tienen más. Lo que no logramos ver es que, al abrir la puerta a la búsqueda de más, también dejamos que se cuele la complicación[16].

En efecto, es tal nuestra obsesión por la búsqueda de más que sospechamos de cualquier cosa que sea menos complicada de lo que aparentemente debería ser. Si una solución es demasiado fácil y rápida, dudamos que pueda funcionar o damos por sentado que cualquier persona puede llevarla a cabo o que no vale la cantidad de dinero que pagamos por ella. Jack Welch lo dijo de manera magistral: «A muchísimas personas les cuesta horrores ser simples, les da miedo, porque creen que eso las hace parecer tontas. Desde luego que es todo lo contrario. Las personas claras y resueltas son las más simples[17]».

Veamos el caso de un cerrajero, al que le parecía muy extraño todo este asunto del valor de hacer más. Tantos años de experiencia reparando cerraduras lo habían llevado a dominar su trabajo de forma tal que solo necesitaba unos minutos para arreglar, incluso, las cerraduras más difíciles. Sin embargo, eso no les gustaba a los clientes. ¿Por qué habrían de pagarle tanto dinero por algo que tomaba tan poco tiempo? ¿No significaba eso que cualquiera podría hacer su trabajo? Tras pensarlo un poco, encontró una manera de hacerle frente al problema. Descubrió que era mejor gastar un poco de tiempo, hacer pequeños trabajos adicionales y darle al cliente la sensación de que el trabajo requería una gran pericia, aunque en realidad era muy sencillo. ¿Por qué? Porque el valor que le atribuimos al concepto de «más» (más tiempo, más pericia, más complicación) nos lleva a creer que un trabajo que toma más tiempo tiene más valor.

9. Bombardear la complejidad

Como habrá visto, la complejidad suele ser una pesadilla creada por nosotros mismos. Si permitimos que nos tome ventaja, puede hacernos daño durante décadas, con el consecuente gasto de miles de millones de dólares. Un sorprendente ejemplo del enorme problema que representa la complejidad es el intento infructuoso del gobierno estadounidense de reemplazar el legendario bombardero B-52.

Aunque recuerdo con mucho cariño la canción *Love shack* de la banda de rock B-52, el nombre de la banda tiene una historia mucho más antigua. El Stratofortress, como se llama oficialmente el avión B-52, hizo su vuelo inaugural en 1952[18]. Cuatro años después se convirtió en el primer avión en soltar una bomba de hidrógeno y cincuenta años más tarde fue la primera aeronave en soltar una bomba guiada por láser. El modelo más reciente del B-52 fue producido durante la administración Kennedy. Todavía hoy continúa en servicio en la Fuerza Aérea de los Estados Unidos.

¿Por qué ha durado tanto tiempo el B-52 en la flota de bombarderos de las fuerzas militares más poderosas del mundo? Es evidente que se trata de un avión duradero, pero lo más importante es que los diseños de los aviones creados como reemplazo del B-52 han sido demasiado complicados. En el 2015 *The New York Times* afirmó: «Mientras se seguía ensamblando este modelo de bombardero, los altos oficiales hacían planes para construirle un reemplazo. Sin embargo, la complejidad del modelo potencial daba al traste con el plan. Primero se creó un bombardero con energía nuclear, que podía volar durante semanas (pero era demasiado radioactivo); luego se sacó el B-58 supersónico, con alas en forma de dardo (pero se estrellaba mucho); luego el B-70, aún más rápido (pero expulsaba gases altamente tóxicos) [19]».

Cuatro años después de la creación del B-52 los expertos calcularon que el avión se volvería obsoleto en 1975. No obstante, en 1975 el Ejército todavía no había logrado crear un nuevo modelo de avión que pudiera llevar a cabo el mismo tipo de misiones. Durante la administración Reagan se trabajó en un modelo de B-1, pero no se logró hacer la demostración inaugural en 1985 (para gran decepción de las 30 000 personas reunidas para celebrar la ocasión). Hasta ahora no se han podido resolver los problemas de este diseño. El bombardero B-2, llamado *furtivo* (uno de los sistemas bélicos más sofisticados que se hayan creado), fue construido con un recubrimiento antirradar que, según se cuenta, «no resistía el calor, la humedad ni la lluvia[20]». Anunciado como el bombardero de los 2000 millones de dólares, es una aeronave demasiado delicada para hacer lo que el B-52 ha hecho durante más de seis décadas.

Y ese es, precisamente, el punto que interesa destacar: si algo se vuelve demasiado complicado, ya no puede desempeñar el mismo trabajo. Para mantener las cosas tan mínimas, comprensibles, repetibles y accesibles como sea posible, la Fuerza Aérea de los Estados Unidos planea mantener vivo el B-52 hasta el 2040.

Para nadie es un secreto que ciertas dependencias del Gobierno de los Estados Unidos tienen un problema de complejidad. Ahora bien, es muy probable que usted y su organización lo tengan también. Tal vez el problema de la complejidad no le haya costado miles de millones de dólares o tal vez no haya persistido a lo largo de décadas, pero de todas maneras le cuesta dinero, y los costos aumentan cada mes. Como hemos visto, quizás usted mismo contribuya a crear más complejidad, no solo por la necesidad de resolver problemas apremiantes, sino por las funciones de los hemisferios derecho e izquierdo de su cerebro: la cognición y la emoción.

Ha llegado la hora de hacer algo al respecto. Es el momento de adoptar la simplicidad. El primer paso consiste en mirarse más de cerca a usted mismo. Lo invito a respirar profundo y voltear la página, pues quisiera hacerle algunas preguntas difíciles de responder.

3. Cómo evaluar el problema de la complejidad

«Las cosas que más importan nunca deben
estar a la merced de aquellas que importan menos».
—Johann Wolfgang von Goethe[1]

Hemos hablado sobre los diversos motivos que nos llevan a ser cómplices de la complejidad. Es muy probable que mientras leía esa parte, usted pensara: «Claro, he visto casos en mi trabajo». No obstante, determinar si el individuo o la compañía tienen un verdadero problema de complejidad es un asunto muy serio como para limitarnos al simple recuento de anécdotas. Piense en su propia experiencia, hágalo de manera honesta y objetiva. Pregúntese: ¿Tengo problemas de complejidad? ¿Padece mi compañía el flagelo de la complejidad innecesaria? ¿En cuáles áreas específicas parece ser peor el problema?

1. Señales de alarma

Al hacer la reflexión en torno a esas preguntas es importante estar alerta ante las señales de alarma. Una de ellas es la prevalencia del pensamiento anquilosado, propio del *statu quo*. Cuando alguien propone una idea nueva, ¿todo el mundo empieza a recitar un rosario de razones para explicar por qué la compañía no puede implementarlas? ¿La gente dice «Eso nunca va a funcionar» o «Imposible: aquí siempre hemos hecho las cosas de otra manera»? ¿Hay cada vez menos gente dispuesta a tomarse la molestia de proponer nuevas ideas, pues se sabe que nadie va a escuchar con atención sus propuestas? Es cierto que esta manera tradicional y arraigada de proceder no es una evidencia directa de complejidad, pero también es cierto que resulta difícil hacer recortes cuando una organización se aferra con todas sus fuerzas a lo que ya existe. Una organización que se resiste al cambio muchas veces sigue procesos y reglas que tuvieron un propósito útil, pero que ha dejado de serlo. Estas trabas se convierten en un lastre para el trabajo cotidiano, haciéndolo más complejo. En consecuencia, el sentido y propósito del trabajo se ven afectados.

Otra señal de alarma puede ser la recurrencia de iniciativas que en apariencia son muy atractivas, pero cuyos resultados dejan mucho que desear. Una importante compañía financiera gastó más de un millón de dólares en la implementación de un sistema que tenía el propósito de promover la innovación en la compañía. La idea era acabar con el funcionamiento en compartimientos cerrados y propiciar el pensamiento interdisciplinario. Solo un 50 % de los empleados encuestados sabía que el sistema existía y solo el 0.1 % sabía cómo enviar propuestas a través de ese sistema. ¿La razón? La compañía no asignó presupuesto para el entrenamiento y la comunicación que se requerían para poner en funcionamiento el sistema. ¿Y a qué se debió eso? A que la implementación de este era extremadamente compleja. Se requería una gran cantidad de trabajo y dinero, y, en consecuencia, la organización no prestó atención a elementos claves que habrían permitido que el sistema se pudiera utilizar. El equipo de innovación se pavoneaba afirmando que la iniciativa había sido todo un éxito, aunque no había alcanzado el rendimiento de la inversión previsto.

Además del pensamiento anquilosado, propio del *statu quo*, y de las iniciativas infructuosas, es posible mencionar otros signos que señalan la posible presencia de un problema de complejidad.

- **Cantidad (o extensión) excesiva de procesos de aprobación.** Si se necesitan semanas o meses para obtener el visto bueno de decisiones relativamente menores y si la gente no sabe a quién acudir para recibir aprobación, es casi seguro que su compañía debe luchar contra la complejidad. Las buenas ideas deben pasar del campo a la mesa, como dicen en los expertos en gastronomía, sin tardanza.

- **Clientes frustrados.** Si usted recibe quejas constantes por lo difícil que es trabajar con su compañía, incluso si a los clientes les gusta el producto final o llevan cierto tiempo con usted, es muy probable que los esté sometiendo a una complejidad innecesaria. Otra prueba importante es la siguiente: si usted les dice a sus colegas que en su equipo es necesario adoptar una actitud más orientada al cliente, ¿lo miran como si lo que usted dice fuera obvio?
- **Exceso de coordinación.** ¿Ha notado que debe hacer ciertas tareas de varias maneras porque los sistemas en su organización no son compatibles? ¿Se han implantado sistemas que hacen más fácil el trabajo del otro, pero no el suyo? Siempre será necesario dedicar parte del trabajo a la coordinación, pero pasar mucho tiempo coordinando puede ser síntoma de una sobreabundancia de complejidad.
- **Demasiados cambios de reglas.** ¿Con cuánta frecuencia reciben sus empleados memorandos con nuevas políticas internas? ¿Cada cuánto cambia el departamento Legal las funciones del departamento de Ventas o de Marketing? ¿Sienten sus empleados que se les trata como a niños o que la Gerencia los supervisa demasiado? Por supuesto, las compañías deben actualizar los procedimientos operativos estándar, a fin de adaptarse a la evolución de los mercados. No obstante, si las reformas de las políticas son tan frecuentes como las actualizaciones de las aplicaciones de los celulares, algo está pasando.
- **Nada es fácil.** ¿El trabajo de su equipo transcurre con fluidez? Si usted debe rellenar un informe de veinte páginas para solicitar suministros básicos de oficina, si todo el mundo habla en una jerga pomposa, si todos los contratos son documentos de treinta páginas, escritos en una fuente minúscula, quizá la complejidad esté impidiendo que el trabajo colectivo fluya.
- **Reglas misteriosas.** ¿Sus trabajadores tienen dificultad para explicar por qué existen ciertas reglas, procesos y procedimientos? Es posible que sus operaciones sean legítimamente complejas

o que la Gerencia no se haya comunicado lo suficiente para explicar cómo funcionan las cosas. Pero también es posible que esas reglas, procesos y procedimientos ya no tengan una razón de ser; es decir, que la complejidad injustificada sea la culpable.

- **Una maraña de siglas.** ¿Ocurre que en cada frase que se dice en su trabajo aparecen montones de siglas? ¿Usted y sus colegas desconocen qué significa la mitad de ellas? Y, a propósito de ese tema, ¿hablan en una jerga incomprensible? ¿Una de cada dos palabras son clichés con significados difíciles de precisar? En caso afirmativo, hay muchas probabilidades de que la complejidad se haya instalado en su empresa.

Si usted ha identificado algunas de esas señales de alarma, le conviene hacer una investigación más profunda y metódica. Para ayudarle a llevar a cabo esa tarea, mi equipo y yo creamos una herramienta de diagnóstico diseñada para que los líderes de las unidades de negocio y las organizaciones en general puedan comprender cuáles son los niveles de complejidad existentes y qué se puede hacer para reducirlos o para eliminar algunos de ellos. Comenzamos por elaborar una encuesta, a partir de una lluvia de ideas que contenía una lista de preguntas destinadas a revelar complicaciones ocultas. Gradualmente, empezamos a comprender la importancia de distinguir entre dos tipos diferentes de complejidad: la organizacional y la individual.

La complejidad organizacional se presenta en áreas de trabajo que son estructurales y están relacionadas con las políticas y las regulaciones; asimismo, afecta a dos o más partes de la organización. La complejidad individual tiene que ver con las complejidades que una persona en particular crea o que se presenta en una sola unidad de negocio (por ejemplo, el colega que cita a una espantosa reunión de cinco horas o el que envía una cantidad de correos electrónicos innecesarios). Dado que se requieren diferentes estrategias para hacer frente a estos dos tipos de complejidades, resolvimos separar las dos categorías para efectos de la creación de la herramienta de diagnóstico que veremos más adelante.

En un principio redactamos las preguntas en una serie de afirmaciones catalogables como falsas o verdaderas. Luego comprendimos que un enfoque binario tal vez no permitiría vislumbrar ciertos matices importantes y sutiles. Nuestro propósito era registrar si determinado hecho era una frustración persistente o una molestia ocasional. Así pues, creamos una escala de cuatro puntos (donde 0 = siempre; 1 = a veces; 2 = rara vez, y 3 = nunca). Esta clasificación les impediría a las personas que hacían uso de la herramienta ubicarse en un nebuloso terreno intermedio.

Es posible usar esta herramienta de diagnóstico, bien sea para darse una imagen a vuelo de pájaro del lugar donde se ubican las complejidades, o bien para diseñar soluciones que contribuyan a erradicar los asuntos problemáticos. Tanto compañías grandes como pequeñas pueden usar la herramienta, desde empresas emergentes hasta corporaciones multinacionales. Diseñamos la herramienta de tal forma que permita sacar a la luz los hábitos personales y los usos organizacionales que contribuyen a la complejidad, y el objetivo es que se use en todos los niveles de la escala jerárquica. Se requerirán menos de tres horas (a lo sumo cuatro) para hacer el ejercicio, pero estamos seguros de que usted también coincidirá en pensar que mirar este asunto con la debida atención es una tarea que vale la pena.

Veamos cómo funciona el ejercicio.

EJERCICIO
Hábitos personales y los usos organizacionales que contribuyen a la complejidad

---

Paso 1. Diagnóstico completo (20 minutos)

Lleve a cabo el diagnóstico una semana antes de convocar la reunión (en caso de no ser posible, hágalo durante la reunión misma, pero tenga presente que esta opción consumirá un tiempo valioso).

Las subcategorías del diagnóstico (legal, recursos humanos, desarrollo de producto, etc.) son las áreas donde suele agazaparse la complejidad en la mayoría de las organizaciones. Los participantes deben clasificar cada oración de acuerdo con su opinión personal o desde la perspectiva de su unidad de negocio. Por ejemplo, si la afirmación «En nuestra organización se busca la simplificación y se habla sobre ella» queda clasificada en la columna RARA VEZ, los participantes deben rellenar la casilla de la tabla con el número 2, en el lugar donde corresponda. Si la oración no aplica para la persona o para su equipo, deben escribir N/A en la columna de NUNCA: la idea es que haya cinco o menos respuestas de N/A.

Pida a los participantes ser descarnadamente honestos, que respondan desde la perspectiva del ambiente laboral que viven día a día.

Tabla 3.1 Diagnósticos personales y usos organizacionales de la complejidad

0= Siempre; 1= A veces; 2= Rara Vez; 3=Nunca

Categoría	¿Valoramos la complejidad o la simplicidad?	Frecuencia con la que se afirma				Puntos x cat.
Organizacional		0	1	2	3	Puntos
Visión / Comunicación	1. En nuestra organización se busca la simplificación y se habla sobre ella.					
	2. Los empleados comprenden la visión y los valores de nuestro negocio.					
	3. Creo que los mensajes de nuestros líderes son claros y auténticos.					
	4. Los mensajes que recibo de los gerentes son consecuentes con los mensajes de los altos líderes.					
	5. Considero la simplicidad como un principio de nuestra compañía.					
	6. Motivo a mi equipo para que trabaje teniendo en mente la simplificación.					
Estructura organizacional	7. Nuestra estructura organizacional es fácil de entender e indica claramente cómo se relaciona mi división con las otras funciones.					
	8. Nuestras estructuras jerárquicas me permiten/le permiten a mi equipo tomar decisiones y obtener aprobaciones rápidamente.					
	9. Se da una colaboración productiva entre los grupos en nuestra organización.					
	10. En mi unidad de negocios no hay funciones duplicadas.					

Categoría	¿Valoramos la complejidad o la simplicidad?	Frecuencia con la que se afirma				Puntos x cat.
Recursos Humanos	11. Puedo explicar mi papel y el de mis colegas con frases simples, desprovistas de jerga.					
	12. Cuando yo o mi unidad contratamos a un candidato cualificado, no se requieren excesivos niveles de aprobación.					
	13. Creemos que esta organización premia los esfuerzos de simplificación de los empleados.					
	14. Las evaluaciones de desempeño son fáciles de hacer.					
	15. Las evaluaciones de desempeño tienen sentido y les ayudan a los empleados a mejorar en su desempeño.					
Estrategia / planificación	16. Finalizamos nuestro plan estratégico anual dentro de un trimestre (o menos).					
	17. Finalizamos el presupuesto para el siguiente año fiscal dentro de un trimestre (o menos).					
	18. Fácilmente podemos hacer seguimiento a nuestros costos frente al presupuesto, en tiempo real (mediante informes, sistema en línea, etc.), de tal manera que podemos reajustar o corregir el rumbo.					
	19. Usamos nuestro plan estratégico como punto de referencia a lo largo del año, y este se conecta directamente con nuestro plan operacional.					
	20. Usamos un cuadro de mando integral o un sistema similar para hacer seguimiento a nuestras acciones, respecto a los resultados, a lo largo de todo el año.					
	21. Los esfuerzos de simplificación de mi equipo se miden con un conjunto claro de parámetros.					

Categoría	¿Valoramos la complejidad o la simplicidad?	Frecuencia con la que se afirma				Puntos x cat.
Legal	22. El departamento Legal permite que el trabajo de mi equipo avance, en lugar de entorpecerlo.					
	23. Mi equipo y yo consideramos que los contratos creados en esta organización son comprensibles.					
	24. Mi equipo y yo consideramos que los contratos creados en esta organización tienen una longitud razonable.					
	25. El departamento Legal da flexibilidad para modificar los documentos cuando sea necesario.					
	26. El departamento Legal da plazos claros para revisar los contratos u otros documentos legales (acuerdos de confidencialidad, documentos de fusiones, etc.).					
Productos / Servicios	27. Nuestros departamentos de Desarrollo de Productos o de Investigación y Desarrollo abordan los proyectos teniendo en mente la simplicidad.					
	28. El cliente es el núcleo de nuestro proceso de desarrollo de producto.					
	29. Revisamos nuestra nueva línea de desarrollo de productos o servicios y eliminamos los proyectos que no son prometedores o no están en sintonía con las metas del negocio.					
	30. Considero que el número de productos y servicios que ofrecemos es fácil de manejar.					
	31. Revisamos nuestras ofertas actuales de productos y servicios, y eliminamos aquellas que no tienen buen desempeño.					
	32. Nuestro equipo de Desarrollo de Productos ofrece una manera clara de hacer aportes respecto a nuevos productos, servicios y funcionalidades.					
	33. Nuestro equipo de Desarrollo de Productos explica claramente cómo prioriza o selecciona los productos, servicios y funcionalidades a desarrollar.					

Categoría	¿Valoramos la complejidad o la simplicidad?	Frecuencia con la que se afirma				Puntos x cat.
Operacional	34. Mi capacidad para trabajar no se ve entorpecida por las reglas sobre el funcionamiento de la empresa.					
	35. Estoy motivado/Motivo a mi equipo para que identifique y elimine las redundancias o las políticas e informes innecesarios, cuando sea posible.					
	36. En nuestra compañía los niveles de aprobación de los gastos son razonables. El tiempo de los gerentes no se desperdicia autorizando gastos por valores bajos.					
	37. Una vez obtengo aprobación para algo (una nueva contratación, gastos de capital, etc.), no necesito permiso para lo mismo otra vez.					
	38. Los procesos de toma de decisiones dentro de la organización son claros, rápidos y no requieren muchos niveles de aprobación.					
	39. Si no sé cómo llevar a cabo una tarea, sé exactamente a quién acudir para pedir información o apoyo.					
	40. Considero/Consideramos que los procesos de apoyo técnico de la compañía son fáciles, claros y eficientes.					
	41. Motivo a mi equipo a estandarizar la mayor cantidad posible de informes, contratos o procesos, para crear eficiencia y crecimiento.					
	42. El número de vendedores con los que trabaja mi unidad es manejable.					
	43. Hasta donde yo sé, las quejas de los clientes o compradores se resuelven, por lo general, en un tiempo razonable.					

Categoría	¿Valoramos la complejidad o la simplicidad?	Frecuencia con la que se afirma				Puntos x cat.
Individual		0	1	2	3	Puntos
Reuniones	44. Paso un 20 %, o menos, de mi tiempo cada semana en reuniones o llamadas improductivas.					
	45. Motivo a mi equipo a funcionar/Yo funciono teniendo en mente la simplicidad.					
	46. Las reuniones que dirijo/a las que asisto comienzan y terminan a tiempo.					
	47. Las reuniones de mi equipo tienen un propósito y una agenda claros.					
	48. A las reuniones a las que asisto solo se invita a las personas esenciales.					
	49. Me siento cómodo/a para rechazar invitaciones a reuniones o para enviar a un reemplazo en mi nombre.					
Correos electrónicos	50. Recibo un número prudente de correos y mensajes en el trabajo.					
	51. Los correos electrónicos que recibo solo incluyen destinatarios esenciales.					
	52. Los correos electrónicos que envía mi equipo son claros y concisos.					
Organizacional		0	1	2	3	Puntos
Informes	53. Cada informe al que contribuyo tiene un propósito claro y le añade valor a la organización.					
	54. Mi equipo y yo consideramos que el número y frecuencia de informes que se nos pide generar es razonable.					
	55. La información necesaria para los informes de mi grupo es de fácil acceso y compilación.					

Categoría	¿Valoramos la complejidad o la simplicidad?	Frecuencia con la que se afirma				Puntos x cat.
Presentaciones	56. Mi equipo y yo consideramos que el número de presentaciones en Power Point que generamos es razonable.					
	57. Las presentaciones en Power Point de mi equipo son comprensibles y se basan en hechos, con imágenes que contribuyen a simplificar la información o a ilustrar las posibilidades.					
	58. Las presentaciones que creo/creamos son cortas y dejan tiempo para las discusiones y para pensar en los siguientes pasos.					
	59. Considero/Consideramos que nuestras presentaciones ameritan el tiempo que les dedicamos.					
Valor del tiempo del personal	60. Motivo a mi equipo a encontrar soluciones que permitan atender un problema o una necesidad del cliente.					
	61. He observado/dado reconocimiento a aquellos que han encontrado soluciones que permiten atender un problema o una necesidad del cliente.					
	62. Yo /La Gerencia no crea una falsa urgencia ni plazos falsos para acelerar la entrega de los trabajos.					
	63. Nunca se me pide hacer trabajo innecesario. Si estoy ocupado, es porque estoy haciendo algo que tiene sentido.					
Total puntos por categoría	**Sume los puntos para cada sección (las respuestas n/a valen 0 puntos) y anote el resultado en la casilla del final, a la derecha. Después sume los resultados de esa columna, para así obtener la puntuación total.**					

Paso 2. Haga la suma y establezca un diagnóstico (10 minutos)

Sume los puntos para cada categoría de manera separada. Luego sume entre sí los puntos de las categorías, para obtener un puntaje total (las respuestas N/A valen 0 puntos). Para hacer el diagnóstico de su organización use las siguientes frases:

- **0 puntos = MUY SIMPLIFICADA.** ¡Felicitaciones! Su organización es una de las pocas que puede afirmar que no sufre del mal de la complejidad. En su negocio se estimula y se premia la simplicidad. Por otra parte, los mensajes de los líderes son consecuentes y auténticos. Cúrese en salud y continúe poniendo el énfasis en el trabajo valioso y cuestionando cualquier proceso que carezca de propósito.
- **1-20 puntos = OPORTUNIDADES PARA LA SIMPLIFICACIÓN.** Su organización es funcional, pero ciertas respuestas de NUNCA O RARA VEZ reducen la productividad en general y tienen un impacto negativo en la moral de los empleados. Para prevenir mayores perjuicios, siga al paso 3.
- **21-50 puntos = COMPLEJA.** La complejidad crea cuellos de botella en una o más áreas de su negocio, y se extenderá a otras si no le presta atención. Es probable que las operaciones se hagan más lentas por causa de las políticas y los procesos o porque hay una desconexión entre los altos líderes y el resto de la organización. Ubique las áreas precisas de complejidad en el paso 3.
- **51-70 puntos = COMPLEJIDAD SERIA.** Su compañía está anquilosada, tal vez hasta los más altos niveles de liderazgo, y los valores centrales de la organización han sido reemplazados por la frustración, el temor y la impotencia. Nada se hace de manera fluida en su empresa: ni en el ámbito de la contratación ni en el de las reuniones, el apoyo técnico o la comunicación. El tratamiento que se requiere se encuentra en el paso 3.
- **71 puntos o más = COMPLEJIDAD PARALIZANTE.** La complejidad tiene a su empresa totalmente bloqueada en todos los sectores.

Se desperdician en grande los recursos, pero los empleados están acostumbrados a hacer la vista gorda y a mantener el *statu quo*. Algunas áreas de la organización escasamente funcionan, lo cual significa un riesgo de quiebra o de absorción por parte de otra compañía. Para comenzar a combatir este mal de raíz, remítase al paso 3 cuanto antes.

Como es obvio, cuanto más alto sea el puntaje, más compleja será su unidad de negocio o su organización. Ahora bien, los puntajes pueden ser ligeramente engañosos, pero la asignación de puntos puede indicarle mucho sobre lo que realmente está ocurriendo. Desde luego que lo ideal no es tener una puntuación en una categoría por causa de varias respuestas A VECES o RARA VEZ. Sin embargo, tal vez eso sea mejor que tener una serie de respuestas NUNCA, que son muy perjudiciales para su negocio, de maneras más significativas. En el caso de los pasos 3 y 4 los participantes deben poner el énfasis en las categorías donde se presentaron los mayores puntajes totales. El paso 5 se centra en las afirmaciones que fueron catalogadas en la casilla NUNCA, porque reciben una atención especial.

Paso 3. Identifique las categorías con puntajes altos y discuta (20 minutos)

Ahora que usted ha llevado a cabo una evaluación de su organización, haga una lista de las tres categorías que obtuvieron la puntuación más alta. Luego nombre al líder de equipo que deberá capturar las respuestas del equipo a las siguientes preguntas:

- ¿Cada uno de los participantes señaló en la lista las mismas categorías con altos puntajes? En caso afirmativo, estas son las principales áreas de complejidad de su organización.
- En caso negativo, ¿dónde están las diferencias? Continúe discutiendo hasta que logre determinar cuáles son las áreas a las que debe prestar especial atención.

Paso 4. Defina los problemas centrales y discútalos (entre 60 y 90 minutos)

En los casos en que se obtengan las respuestas NUNCA y RARA VEZ a las afirmaciones de las tres categorías del paso anterior, especifique de cuál afirmación se trata y discuta el aspecto central que causa la complejidad. Una categoría no es más importante que otra. Es necesario hacer frente a la complejidad a nivel general. Permitir que la complejidad persista, aunque sea en una sola área, puede ser paralizante para la compañía. Muchas veces los asuntos más pequeños (por ejemplo, las reuniones y los correos electrónicos) son el problema. En efecto, en numerosas ocasiones los estorbos cotidianos consumen más tiempo y se convierten, así, en la verdadera fuente del decaimiento de la moral de los empleados.

Paso 5. Organice una lluvia de ideas para encontrar soluciones y discútalas (de 60 a 90 minutos)

Ahora que ha evaluado la organización, haga una lista de las diez afirmaciones cuyo puntaje fue el más alto. ¿Cuál solución serviría para lograr que una pregunta que obtuvo la respuesta NUNCA O RARA VEZ obtenga ahora la respuesta SIEMPRE? Use las siguientes guías para ver cómo poner punto final a la complejidad:

- ¿Qué podemos dejar de hacer de inmediato?
- Si no podemos eliminar el problema, ¿cómo podemos minimizarlo o reducirlo?
- ¿Existe una oportunidad para tercerizar esta área o consolidarla con una actividad similar o relacionada con ella?
- ¿Cómo podemos racionalizar el problema para alcanzar el resultado final de manera más rápida?

2. En la vida real

Una vez elaboramos el primer borrador de diagnóstico, procedimos a revisarlo varias veces y pedimos retroalimentación de gran cantidad de clientes y expertos. Luego llevamos la herramienta a la vida real, con la esperanza de que, gracias a ella, los individuos y las compañías pudieran descubrir las fuentes ocultas de complejidad. Lo que descubrimos fue bastante sorprendente.

En un caso aplicamos la herramienta de diagnóstico a un equipo que funciona dentro de una gran compañía multinacional, en una industria fuertemente regulada. Durante el proceso que nos permitió aplicar la herramienta, encontramos que esta compañía padecía una serie de complicaciones ORGANIZACIONALES relacionadas con la estructura corporativa y los departamentos de Recursos Humanos y de Tecnologías de la Información, pero, sobre todo, con asuntos regulatorios y de cumplimiento. No obstante, y como cosa notable, prácticamente nadie pensaba que la complejidad organizacional era algo que valía la pena combatir. Durante la fase de respuestas los empleados alzaban las cejas y suspiraban diciendo: «Esto es típico», frente a cada tema nuevo. Una persona se quejó así: «Los contratos tienen más de cincuenta páginas, sin importar cuál sea el asunto en el que estoy trabajando. ¿La razón? Los abogados dicen que su trabajo consiste en ser minuciosos, y que los contratos están estructurados así por una razón. Jamás voy a poder convencerlos de hacer las cosas de una manera más simple».

Los participantes de esta sesión sabían que era necesario gastar una gran cantidad de capital político y de energía para producir un cambio, pero, aun en este caso, estaban persuadidos de que no llegarían a ninguna parte. En palabras de un empleado, «hacer un cambio de este tipo sería como hacer rodar una piedra cuesta arriba». Ahora bien, no es solo que estas personas consideraran que fracasarían en el empeño: en muchos casos pensaban que recibirían algún tipo de castigo por intentar simplificar. Este era, por cierto, un panorama bastante típico. Raro es el líder que se siente motivado a reducir la complejidad; por su parte, las personas a cargo del líder tienen miedo de hacer olas. En este caso a los empleados les preocupaba que sus esfuerzos para generar simplicidad fueran percibidos como una forma de sacarle el cuerpo a sus obligaciones.

Por si fuera poco, la complejidad organizacional no era el único problema. Muchos de los puntos álgidos en esa gran corporación eran producto de complejidades individuales. Este tipo de complejidades suscitaron los comentarios más viscerales de los participantes en el momento de describir los aspectos específicos del problema. Por ejemplo, muchas personas del grupo percibían que los correos electrónicos eran un arma de doble filo: sabían que esta herramienta de comunicación implicaba un enorme problema, pues consumía grandes cantidades de tiempo y energía. Por otra parte, también sabían que ellos mismos generaban gran cantidad de correos. El panorama era claro, pero ¿qué podían hacer al respecto? No podían decidir de manera unilateral dejar de responder a los mensajes entrantes, pues sus jefes los percibirían como unos trabajadores perezosos. Estaban atrapados en un círculo vicioso del que no podían huir. Para lograr una real simplificación del asunto de los correos electrónicos, todo el mundo tendría que cambiar sus hábitos de comunicación. Los participantes consideraban que, en el mejor de los casos, las probabilidades eran escasas.

En general, la herramienta de diagnóstico permitió llegar a la conclusión de que la mayor fuente de frustración eran los comportamientos de las otras personas. Eran demasiadas las reuniones y demasiados los participantes, sin contar que se trataba de esfuerzos que no producían resultados; eran demasiadas las solicitudes de informes redundantes; demasiadas las presentaciones aturdidoras de Power Point, con exceso de texto, y demasiadas e interminables las cadenas de correos electrónicos.

Esas complejidades individuales generaban más discusiones y molestias. Eran la razón central del decaimiento de la moral del equipo. La colaboración, la comunicación y la tecnología, cuyo objetivo es, supuestamente, liberarlos, en realidad les estaban haciendo más difícil la vida.

En nuestro equipo de trabajo nos interesaba averiguar cómo podría funcionar la herramienta de diagnóstico en una segunda compañía: un negocio pequeño, con un menor número de empleados, regulaciones, instalaciones, niveles de burocracia y sistemas legales. Efectuamos una segunda evaluación de campo y descubrimos que los empleados del pequeño negocio que encuestamos respondían el cuestionario de manera diferente. La respuesta que daban con mayor frecuencia era N/A. ¿Por qué? De hecho, ciertas preguntas no eran pertinentes para el caso, pues había menos necesidades legales en esta organización y el departamento de Recursos Humanos era más pequeño. Con todo, observamos que tanto las complejidades organizacionales como las individuales seguían mostrando sus temibles colmillos. El culpable de esta realidad era el crecimiento. En su esfuerzo por crecer, los procesos operativos de la compañía se empezaron a salir de control y se volvieron muy complicados. Sin tener claridad sobre cuál era el rumbo a seguir, los empleados se volvieron temerosos y controladores. Buscaban consensos, se comunicaban más, hacían más gestión de riesgo e implantaban lineamientos o procesos para maximizar la eficiencia y exigían mayores informes y datos antes de tomar decisiones. Por estas razones, convocaban reuniones innecesarias y pedían informes redundantes. La herramienta de diagnóstico sirvió para determinar hasta qué punto este pequeño negocio había caído en las garras de la complicación, producto de una búsqueda de seguridad a todo trance.

Después de esos dos ensayos decidimos someter la herramienta de diagnóstico a una prueba más: la usaríamos en nuestra propia compañía. Futurethink no es muy grande —solo tiene diecisiete empleados— y nos consideramos más sensibles al tema de la complejidad que el promedio de empresas. Ya podrá imaginar nuestra sorpresa al ver que también nosotros padecíamos del mal de la complejidad. No es que fuera un problema mayor, pero estaba presente en cierta medida. Teníamos muchos procesos. Teníamos muchos niveles de aprobación. Y, también, cómo no, muchas reuniones. Como equipo y como individuos no nos habíamos tomado el tiempo suficiente para preguntarnos si nuestros comportamientos implicaban una carga para nuestros colegas. En ocasiones un colega creaba un nuevo proceso y el gerente pedía que todos lo siguieran, aunque eso implicara añadir pasos adicionales a la realización de su trabajo. En otra ocasión un cliente nos exigió seguir sus regulaciones, a pesar de ser demasiado complejas. Cuando la relación de trabajo con este cliente terminó, continuamos con sus reglas, sin pensarlo. El resultado era totalmente predecible y la consecuente complejidad dejó insatisfecho a todo el mundo.

En general, si la organización es grande y opera en diversos puntos de la geografía del planeta, lo más probable es que la herramienta de diagnóstico saque a la luz altos niveles de complejidad organizacional. Si hay más personas y si son más numerosos los mercados, eso quiere decir que habrá más políticas de recursos humanos. Asimismo, será necesario hacer frente a un mayor número de regulaciones gubernamentales, la estructura organizacional será más compleja, se requerirán más informes y serán más complejas las operaciones cotidianas. Ahora bien, incluso las compañías más pequeñas pueden padecer de altos niveles de complejidad en ciertas industrias fuertemente reguladas por causa de los requerimientos legales.

La complejidad individual puede presentarse tanto en las compañías pequeñas como en las grandes. Sin embargo, en las grandes, es probable que la herramienta de diagnóstico permita identificar una mayor aversión al riesgo, más temor y una búsqueda de la seguridad a todo trance. Los factores culturales también pueden afectar los puntajes de la complejidad individual en compañías de todos los tamaños. Por ejemplo, en algunas culturas se considera irrespetuoso no incluir a muchas personas en una reunión y se espera que los correos electrónicos sean largos.

Aunque pueden prevalecer estos patrones generales, cada organización es un mundo aparte. La única manera de calibrar si en verdad hay problemas de complejidad es tomarse el tiempo para hacer uso de la herramienta de diagnóstico y pasar por cada una de las preguntas.

3. Un diagnóstico perpetuo

¿Con qué frecuencia conviene hacer el diagnóstico? A mi modo de ver, no es posible ganar de un solo golpe la batalla de la complejidad, pues se trata de un reto constante. Use la herramienta cada doce meses para trabajar sobre la complejidad de manera progresiva y proactiva. Sus esfuerzos iniciales de simplificación pueden cubrir ciertas áreas, pero tal vez queden otras intactas. También es posible que nuevas complicaciones surjan conforme vaya evolucionando su modelo de negocio. No deje pasar mucho tiempo sin dar a sus colaboradores la oportunidad de mirar el panorama de la complejidad con ojos nuevos. La velocidad en el mundo de los negocios ha aumentado en los últimos años. Por esta razón, los procesos que se usan para evaluar el progreso también deben ser más veloces.

Además de llevar a cabo un mantenimiento de la simplicidad de manera habitual, no sobra estar alerta en ciertas ocasiones particulares. ¿Ha observado que los altos directivos no permanecen mucho tiempo en su cargo? ¿Está usted liderando un nuevo equipo? ¿El negocio se ha expandido para ofrecer un nuevo producto o servicio? ¿Se ha producido una fusión con otra compañía o con otro departamento? Un cambio de circunstancias suele llevar a las organizaciones a la creación de nuevos procesos, estándares y normas. Una vez las cosas vuelven a la nueva normalidad, vale la pena hacer una revisión de los lugares donde puede agazaparse la complejidad y poner en marcha una discusión sobre las maneras de propiciar la simplicidad.

También vale la pena hacer uso de la herramienta de diagnóstico si su compañía ha implementado mejoras procedimentales, con el fin de mejorar la coherencia. Es algo que veo todo el tiempo: esas mejoras suelen dar pie a nuevas complejidades. Veamos un caso. Una gran compañía de consultoría de gerencia implementó un sistema para reporte de gastos en toda la compañía. El beneficio para el departamento de Compras de la compañía era el de mayor coherencia. No obstante, los empleados y los proveedores externos carecían de entrenamiento en el sistema y tenían que suministrar más información para poder recibir sus reembolsos. El sistema se convirtió en un gran lastre para ellos, pues el trabajo se hacía más engorroso y las quejas no tardaron en aparecer. Si su equipo, o su organización, ha lanzado un sistema como este, espere unos cuantos meses y haga uso de la herramienta de diagnóstico para estar seguro de no haber generado una complejidad indebida o involuntaria.

Por último, no dude en usar la herramienta de diagnóstico cuando sienta la necesidad de iniciar una conversación sobre la complejidad. Los resultados pueden servir como punto de partida, lo cual le permitirá convencer a la Gerencia de la existencia del problema de la complejidad, así como de los lugares donde se encuentra. Si los líderes llevan a cabo el ejercicio de diagnóstico, tendrán una base conceptual para abordar el problema. En un curso de entrenamiento para líderes que di en una gran compañía farmacéutica, les pregunté a más de 200 líderes de la organización, distribuidos en siete mercados, sobre sus problemas relacionados con la complejidad. Gracias al uso de la herramienta de diagnóstico como punto de partida para la conversación, el grupo logró obtener una perspectiva nueva sobre el problema de la complejidad. Todos sabían que este existía, pero no habían tenido una oportunidad formal para hablar sobre ello ni un espacio para organizar sus ideas. En lugar de referirse en términos vagos a un problema de complejidad, estos líderes ahora podían poner sobre el tapete las categorías de la complejidad y hablar sobre oportunidades específicas para obtener mejorías.

4. Aborde de inmediato el problema de la complejidad

El propósito de este capítulo es ayudarle a identificar la complejidad en su propia organización. Para que se dé una idea de la importancia de esta tarea, me gustaría concluir con un relato. Tal vez muchas de las incontables personas que se han trasladado a Silicon Valley en las últimas décadas no lo sepan, pero la península que va de San Francisco a San José no siempre fue la meca del mundo de la tecnología. Hace varios años, cuando compañías como DEC y Wang estaban a la cabeza de la innovación tecnológica, la gente se refería a la Ruta 128, la autopista que rodea Boston, como el centro de la industria de los computadores. Los jóvenes ingenieros iban a trabajar al estado de Massachusetts y no al de California. En su campaña a la presidencia en 1988, Michael Dukakis intentó atribuirse el crédito por «el milagro de Massachussets».

AnnaLee Saxenian, quien ahora se desempeña como decana de la Berkeley's School of Information, planteó en la década de los noventa la pregunta de por qué el mundo tecnológico se había trasladado al oeste de los Estados Unidos, siendo que el centro de este estaba ubicado en la costa este durante la década de los ochenta. Saxenian descubrió que el asunto era primordialmente cultural. Las firmas ubicadas en las cercanías de la Ruta 128 eran paquidérmicas, burocráticas. Vivían ahogadas en medio de reglas y de jerga legal. En una palabra, eran complicadas.

A la larga, el talento que se había instalado en las cercanías de la Ruta 128 resolvió irse de allí. Optó por la cultura de la costa oeste. Las compañías emergentes que empezaron a florecer a lo largo de Sand Hill Road celebraron el libre flujo de las ideas. No había expectativas de una lealtad sin límites, no había grandes burocracias y no se exigía hacer trabajos inútiles para satisfacer los caprichos de los altos ejecutivos que gustaban de hacer las cosas solo de cierta manera. Si usted tenía una idea en el nuevo mundo de Silicon Valley, buscaba un patrocinador que le diera el capital necesario para arrancar y empezaba a trabajar. En una palabra, las cosas eran mucho más simples[2].

La complejidad se volvió moneda corriente en las compañías en la Ruta 128. Era como el aire que se respiraba. En consecuencia, prácticamente nadie se daba cuenta de lo que estaba ocurriendo, ni siquiera cuando los jóvenes comenzaron a irse a la costa oeste. De manera similar, es posible que la complejidad se adueñe de ciertas compañías de manera individual, con resultados igualmente devastadores. Puede convertirse en algo tan natural e imperceptible que las personas no saben cómo evitar, aunque las afecte de manera negativa y les haga la vida menos satisfactoria. Sin saber cómo ni cuándo, la gente termina adoptando una actitud de resignación ante la complejidad y repitiendo frases como: «Aquí las cosas se hacen así y punto».

¿Su compañía produce complejidad a diestra y siniestra? ¿Los sesgos cognitivos y las necesidades emocionales descritos en este capítulo se dan por doquier? ¿Es inamovible el impulso de añadir complejidad a las rutinas de la compañía? ¿En su empresa se da vía libre a la complejidad porque así se satisfacen los intereses de ciertos sectores? En caso afirmativo, es claro que usted tiene problemas de complejidad. No hay tiempo que perder: es necesario asumir la tarea de adoptar la simplicidad.

4. Un trabajo con sentido

«No hay grandeza allí donde faltan la simplicidad, la bondad y la verdad».
—León Tolstói[1]

Estaba más radiante que nunca. Era mi primer día de trabajo después de graduarme de la universidad. La agencia de publicidad Leo Burnett, cuya casa matriz estaba ubicada en Chicago, me había hecho una propuesta laboral. Con gran habilidad mis nuevos jefes habían logrado llevar al máximo mi emoción ante la expectativa: en las semanas que precedieron a mi primer día de trabajo me enviaron una caja de productos en la que se leía la larga e ilustre lista de sus clientes, entre los que se encontraban Pepsi, Sony y Procter & Gamble.

Aquel primer día estuvo a la altura de mis expectativas, así como los días, semanas y meses que vinieron después. Me asignaron la cuenta de la aseguradora Allstate Insurance, y eso me permitió sumergirme de inmediato en toda clase de labores interesantes. Mis jefes me pedían generar nuevas ideas de productos, asistir a sesiones de lluvia de ideas e, incluso, coordinar producciones de televisión. Los miembros del equipo del que yo formaba parte eran fabulosos, pues me explicaban cómo se hacían las cosas cada vez que debía hacer frente a un nuevo desafío. La atmósfera era tan fluida que era un placer poder participar en todo tipo de actividades.

Unos meses después de haber iniciado labores, mi jefe me puso a cargo de un equipo que trabajaba en publicidad en desastres naturales, es decir, campañas que les permitían a las víctimas de inundaciones y tornados enterarse de que Allstate ponía a su disposición instalaciones especiales para que pudieran hacer sus reclamaciones con mayor celeridad. Más adelante escuché comentarios de las víctimas sobre lo que habían significado nuestros esfuerzos en un momento en que sus vidas habían dado un vuelco devastador. Me producía mucha satisfacción saber que mi trabajo hacía un aporte a los demás, aunque fuera pequeño.

El trabajo no era perfecto. A nadie le gustan las reuniones de contabilidad, y tampoco me resultaba fácil sacarle gusto al tiempo que pasaba hojeando revistas para verificar que nuestra publicidad había sido publicada en las secciones correctas. Sin embargo, puedo decir que, en términos generales, me sentía complacida. El trabajo era interesante, la gente era divertida, todos avanzábamos con entusiasmo y yo regresaba contenta a casa todas las noches.

Luego, al cabo de dos años, todo cambió.

Me dieron la oportunidad de pasar a una de las mayores cuentas de la agencia. Mi jefe me dijo que se trataba de un ascenso anticipado, pero me advirtió que implicaba ciertos riesgos. La mujer que manejaba la cuenta era una persona particularmente difícil, tenía fama de tratar con dureza a sus empleados. ¿Me seguía interesando la propuesta? Sí. Así que decidí dar el salto.

En un comienzo las cosas en mi nuevo puesto marcharon bien. Me empapé en la minucia de la programación de producción, la rotación publicitaria, las reuniones de personal y los informes de presupuesto. No me molestaba trabajar 80 horas a la semana, porque todo era nuevo y aprendía mucho. Sin embargo, conforme pasaron las semanas, mi entusiasmo empezó a decaer. Me parecía que la mayor parte del trabajo que me asignaban carecía de sentido y que mi jefa me excluía del trabajo más grande e importante que muchos de mis compañeros hacían. Mi lista de tareas pendientes no se terminaba nunca, y todo era catalogado como «urgente», sin que hubiera una razón obvia para ello. Las reuniones me parecían desorganizadas e ineficientes. A última hora hacíamos cambios indiscriminados a las campañas publicitarias, aunque ya todos habían firmado las rotaciones programadas. Nos matábamos para generar informes de producción que nadie había pedido y les ofrecíamos a los clientes opciones adicionales, aun cuando lo más seguro es que una lista reducida les habría complacido más.

Me sentía dando vueltas en una rueda, día tras día. Más publicidad de última hora, «porque sí». Más informes, «por si acaso». Comencé a cuestionarme si trabajar en Leo Burnett realmente valía la pena. Después de varios meses de profundas reflexiones, llegué a una conclusión: estaba cansada de perder tiempo haciendo una interminable lista de tareas sin sentido. Al cabo de ocho meses en mi nuevo cargo tomé una decisión que tiempo atrás jamás habría imaginado: renuncié.

1. El sentido está de moda

Hoy más que nunca la gente no se conforma con ganarse un salario. El trabajador quiere hacer cosas que tengan sentido y quiere, además, tener la oportunidad de obtener buenos ingresos. Quiere sentir que sus aportes cuentan, que su trabajo cuenta. Desde luego que los milénicos están contribuyendo a afianzar esta tendencia. Tal como afirma *Fast Company*, «más del 50 % de los milénicos afirma que estarían dispuestos a recibir un salario menor si el trabajo está en sintonía con sus valores, mientras que el 90 % afirma querer usar sus capacidades para hacer el bien[2]». Por desgracia, las oportunidades disponibles han resultado decepcionantes para los milénicos. Tres de cuatro jóvenes de ese grupo etario están convencidos de que a las empresas les importan más sus intereses particulares que la idea de hacer del mundo un mejor lugar, y escasamente más de una cuarta parte de los milénicos creen que en su trabajo actual pueden sacar partido de todo su potencial[3].

Se sabe que los milénicos se sienten con derecho a tener trabajos que tengan un sentido, y eso los lleva a renunciar a los empleos que no les permiten conectarse con una misión o un sentido más amplios. Un estudio adelantado por State Street Global Advisors encontró que entre la mitad y dos terceras partes de los milénicos han cambiado de trabajo entre una y cuatro veces en los últimos cinco años. Dos terceras partes tienen la expectativa de hacer un cambio en algún momento de los próximos cuatro años[4]. Con el aumento del número de milénicos en las organizaciones, podemos esperar que, en los años venideros, los trabajadores presten más atención a la manera como emplean su tiempo. No se sentirán a gusto si creen que sus talentos se están desperdiciando.

No faltará quien diga que los milénicos (y también el resto de las personas que queremos un trabajo con sentido) no son más que unos soñadores. No todos los trabajos pueden ser tan significativos como curar el cáncer, educar a niños desfavorecidos o contribuir a la reducción de la huella del carbono de una compañía. Algunas personas deben desempeñar tareas de menor nivel, trabajos de apoyo que parecen menos altruistas. ¿No es verdad?

Esta manera de pensar es errada. Crear un entorno laboral lleno de sentido no significa que todo el mundo deba tener cargos con nombres rimbombantes. Se trata, más bien, de que los empleados de todos los niveles y todas las áreas sientan que el trabajo duro que llevan a cabo —cualquiera que sea— marca una diferencia, de una manera o de otra. Los investigadores han descubierto, por ejemplo, que la gente que trabaja en la búsqueda de recursos para los fondos de becas universitarias lo hace con más ahínco si tiene la oportunidad de conocer a las personas beneficiadas con las becas. Para resumir las conclusiones de los investigadores, la reportera Olga Khazan anota que conocer a esas personas «[le daba] sentido a su trabajo[5]». Y el sentido es importante para todo el mundo. Lo que casi todos buscamos es que nuestro trabajo contribuya de alguna manera a un bien mayor. Queremos que el trabajo que hacemos a diario tenga un sentido.

2. Si el trabajo funciona, la cultura funciona

Las organizaciones y los líderes son muy buenos para hablar sobre la misión, los valores y los propósitos de la compañía. En la recepción de las oficinas, así como en las redes sociales y en el sitio web de la empresa, ponen frases sonoras. Los líderes pueden explicar, sin vacilaciones, de qué manera el trabajo de un joven contador contribuye al trabajo de la firma en pro del bien social. Ahora bien, estas frases serán vacías si hay demasiadas reglas, procesos o burocracia complicándolo todo. Nada nos aleja más de la percepción de que nuestro trabajo vale la pena que la desgracia de la complicación.

La complejidad se chupa la energía positiva de nuestra carrera, pues nos obliga a esforzarnos mucho sin recibir nada bueno a cambio. Por supuesto que cualquier trabajo que valga la pena conlleva cierto nivel de presión y de estrés. Incluso los trabajos llenos de sentido que a los milénicos les gustaría tener —hacer investigación sobre el cáncer, educar a niños desfavorecidos o desempeñarse en el ámbito de la ingeniería ambiental— implican plazos y responsabilidades. Sin embargo, el estrés que se deriva de la complejidad es un tipo de estrés totalmente diferente. Es un estrés sin recompensa.

Desde este punto de vista, no solo el sentido está de moda, la simplicidad también lo está. Retomando nuestra definición de simplicidad, hay que decir que los empleados de hoy y de mañana quieren trabajos donde los procesos y las reglas que estructuran el trabajo tengan la característica de ser tan mínimos, comprensibles, repetibles y accesibles como sea posible. Si estos trabajadores tienen acceso a la simplicidad, sus resultados serán sorprendentes. La simplicidad acarrea todo tipo de beneficios para los trabajadores individuales. Con el paso del tiempo esos beneficios se multiplican y se extienden, lo que genera un cambio en la cultura de los equipos y las organizaciones.

Muchas personas consideran que la cultura es lo más importante. Se equivocan. Si el trabajo funciona, la cultura funciona.

Voy a permitirme repetirlo una vez más, pues se trata de algo fundamental: si el trabajo funciona, la cultura funciona. El propósito de la simplicidad es lograr que el trabajo de todo el mundo se haga bien. Como es evidente, a partir de ahí se genera una cultura, pero de manera natural, orgánica, sin invertir demasiado esfuerzo o dinero adicional.

Los trabajadores empiezan a sentir que las cosas son diferentes, empiezan a tener la sensación de que la cultura organizacional es muy positiva. Y todos sabemos lo que ocurre cuando la cultura es dinámica, innovadora y poderosa. Esas son las culturas ganadoras.

3. Un experimento para pensar

No es difícil percatarse del impacto que tiene la simplicidad en los individuos. Un breve ejercicio bastará para explicarme. Sea cual sea el lugar que usted ocupe en la jerarquía de su organización, lo invito a sacar un papel y trazar una línea vertical en el centro, de tal manera que el espacio quede dividido en dos columnas. Piense en los talentos y deseos específicos que usted lleva diariamente al trabajo. Si usted pudiera restructurar sus funciones para ser más eficiente y dar más sentido a su trabajo (si pudiera aprovechar mejor sus talentos, para ayudar a la compañía a alcanzar sus metas), ¿qué cambios haría en su manera de invertir el tiempo? En la columna de la izquierda haga una lista de las nuevas actividades de su trabajo.

Ahora pregúntese: «¿Cuáles tareas de mi trabajo diario ocupan actualmente la mayor parte de mi tiempo?». Escriba las respuestas en la columna de la derecha.

Compare las dos columnas. ¿En qué difieren?

Para terminar, encierre en un círculo los elementos de la lista de la derecha (las tareas que usted hace a diario) que le añaden valor a su trabajo. Observe las palabras que no encerró en un círculo y pregúntese: ¿Cómo puedo eliminar, tercerizar o racionalizar esas cosas para obtener más tiempo para las actividades de la columna de la izquierda?

Esto es lo que yo escribiría en mi columna de la izquierda. Si gozara de mayor simplicidad en mi trabajo, haría lo siguiente:

- Dedicar más tiempo a pensar cómo hacer que mi equipo o mi organización sea más eficiente.
- Dedicar más tiempo a pensar en las amenazas estratégicas que se ciernen sobre mi equipo o mi organización y cómo manejarlas.
- Dedicar más tiempo a pensar sobre oportunidades ocultas en el mercado y cómo podemos sacar provecho de esas oportunidades.
- Dedicar más tiempo a pensar en nuevos productos y en nuevas maneras de vender esos productos.
- Dedicar más tiempo para hablar con mis clientes, y, así, enterarme de lo que piensan sobre nosotros y sobre lo que quieren.
- Dedicar más tiempo a pensar cuáles son las habilidades que pueden desarrollar los miembros de mi equipo para que hagan mejor su trabajo.

Creo que el panorama ha quedado claro. La simplicidad abre la puerta a una gran cantidad de oportunidades. El tiempo que dedicamos actualmente a mirar nuestra cuenta de Instagram, mientras esperamos esa innecesaria teleconferencia quincenal, podríamos invertirlo en desarrollar la actividad más atrevida del entorno laboral contemporáneo: pensar.

Ahora bien, eso es tan solo el comienzo. El tiempo que perdemos también se podría convertir en tiempo que dedicamos a mejorar nuestras destrezas, talentos y relaciones; o podría ser un tiempo que usamos para hacer ejercicio, para disfrutar en familia o para dedicarlo a nuestros hobbies. Imagine la energía que tendría en las mañanas y el interés por hacer aportes constructivos en el trabajo si gastara menos tiempo en cosas que no tienen verdadero valor.

4. La simplicidad es la solución

Pensemos ahora en las organizaciones y exploremos los múltiples beneficios que puede aportarles la simplicidad. En el 2002 la cadena de droguerías cvs estaba en problemas. El mercado era ferozmente competitivo y muchas compañías contaban con la tecnología requerida para despachar los medicamentos recetados, ya fuera directamente en las droguerías o mediante correo. Por desgracia, los sondeos revelaban que la satisfacción de los clientes de cvs iba en picada. Si la compañía cvs quería seguir siendo competitiva, alguien tenía que identificar dónde estaba el problema y resolverlo sin perder tiempo.

Los gerentes séniores investigaron y descubrieron que una de cada cinco recetas que se pretendía despachar padecía un retardo por culpa de la verificación del seguro, es decir, el momento en el proceso de compra en el cual la compañía confirmaba que el cliente estaba cubierto por la misma póliza de seguro que cvs tenía registrada en su base de datos. Los farmacéuticos de cvs muchas veces hacían la verificación del seguro después de que los clientes se habían ido de la tienda, cuando ya no era posible pedir la información necesaria para que todo quedara en orden. En consecuencia, los clientes debían esperar mucho tiempo y recibir los medicamentos se había convertido en una molestia.

Ponerle remedio a la situación no implicaba altos costos, como invertir en una tecnología nueva, contratar más personal o entrenar de nuevo a los farmacéuticos. En lugar de eso, los gerentes séniores le dieron un pequeño pero importante giro a las operaciones de la farmacia. Ubicaron la etapa de la verificación del seguro al comienzo del proceso, justo antes de que el farmacéutico hiciera con el cliente la respectiva revisión de seguridad. De esa manera, si el seguro no coincidía, la persona detrás del mostrador podía remediar el problema de inmediato, haciendo una sencilla pregunta: «¿Ha cambiado de trabajo recientemente?».

cvs implantó esta modificación al proceso en sus más de 4000 farmacias, en un plazo que no superó los doce meses. La satisfacción de los clientes pasó del 86 % al 91 %, lo cual es una mejora sustancial. Según concluyó un análisis, «el protocolo rediseñado permitió mejorar los niveles de satisfacción del cliente sin poner en riesgo la seguridad, y no solo en una tienda, sino en todas ellas[6]».

El anterior ejemplo es una muestra clara del enorme poder de la simplicidad. Como afirmó Jack Welch en una ocasión: «Para que una organización grande sea eficiente, debe ser simple[7]». Todas las organizaciones desean tener un mejor desempeño, y la simplicidad es el camino para lograrlo.

cvs no es, ni mucho menos, la única compañía que ha logrado un mejor desempeño gracias a la simplicidad. En el 2014, la mundialmente famosa Cleveland Clinic acudió a cerca de 100 analistas y desarrolladores para gestionar su información sobre reportes. El grupo de inteligencia empresarial (ie), como se conocía, escribía y mantenía los procesos analíticos que juntaban todos los fragmentos de información para producir mejoras, y también juntaba cifras, desde visitas hasta citas médicas, pasando por medicación y procedimientos. Si la información entrante tenía que ver con aspectos clínicos u operacionales, el grupo ie creaba las aplicaciones web, los tableros de mando y los depósitos de datos que le permitía al personal de salud de primera línea saber qué estaba ocurriendo exactamente. Gracias al trabajo del grupo ie, los médicos líderes podían analizar tendencias en la atención a los pacientes y mejorar ciertos resultados, lo cual, en último término, permitiría salvar vidas.

A fin de mantener el compromiso con un mejoramiento de la calidad ofrecida en Cleveland Clinic, se lanzó un esquema de cooperación entre el grupo de mejoramiento continuo (mc) y el grupo ie. Chris Kucharik, de mc, y Patrick Day, de ie, vieron allí una oportunidad para ensayar una nueva manera de producir la información que es tan crítica para las tomas de decisiones en la clínica. La pregunta audaz que plantearon fue la siguiente: ¿Qué podían simplificar en el proceso de desarrollo de software para hacerlo más eficiente y eficaz?

No era un asunto sencillo. El grupo IE tenía que vérselas con uno de los sistemas de información más complejos del mundo, que produce mediciones para uno de los sectores más regulados de la economía. El grupo llegó a tener entre 30 y 40 proyectos en proceso, muchos de los cuales requerían cientos de horas de trabajo. Racionalizar los procesos de desarrollo del grupo IE era como cambiar el motor de un jet en pleno vuelo. Kucharik y Day tenían que demostrar resultados exitosos antes de pasar a la adopción a gran escala del modelo. «Sabíamos que debíamos comenzar por algo pequeño y desarrollar pruebas tangibles», afirmó Kucharik. «El primer gran obstáculo suele presentarse bajo la forma de una frase como: Muy interesante, pero eso no funciona para nuestro caso».

Con la ayuda de los líderes del departamento de IE ambos grupos decidieron poner en práctica una nueva manera de pensar sobre dos proyectos. Sabían que, si lograban encontrar una manera más simple y rápida de resolver los problemas, podrían abrir la puerta a una nueva cultura de mejoramiento dentro del departamento. Este avance, a su vez, le permitiría a Cleveland Clinic manejar su información de manera más eficiente y, por esta vía, salvar más vidas.

IE estaba planeando mejorar la planilla de registros, a fin de hacer seguimiento a las transferencias hospitalarias (es decir, el proceso de asignarle una cama a un paciente o de liberar esa cama). La información indicaba que reducir el tiempo de transición a menos de cuatro horas mejoraría los resultados. El personal de atención médica necesitaba una herramienta que permitiera determinar cuáles pacientes en la cola se estaban acercando a esa cifra de cuatro horas. ¿Podía el grupo IE crear un software para uso del personal médico que permitiera acelerar las transferencias?

Dicho así no más, parece fácil: era como un servicio de Uber para camillas. Sin embargo, aquí no se está hablando de un software que pueda crearse después de asistir a unas cuantas clasecitas de programación. Los sistemas que permitían hacer seguimiento a los pacientes eran complejos e interactuaban con todo tipo de sistemas de software diferentes, tomando información de diversas terminales y departamentos. Era necesario combinar un conocimiento del negocio con las capacidades técnicas para crear las herramientas correctas. «Había una gran cantidad de sedes, con diversas especialidades, en toda la zona noreste de Ohio, y el equipo de transferencias necesitaba ubicar rápidamente a un paciente en la unidad médica correcta, para que se le diera una atención adecuada y los resultados fueran positivos», afirmó Day.

Por lo general, las instituciones grandes como Cleveland Clinic llevaban a cabo extensos procesos de desarrollo de su software. Los desarrolladores de software y los clientes (para este caso, las personas encargadas de manejar las transferencias) se reunían a hablar sobre el reto para el cual debían encontrar una solución. Los clientes, que muchas veces solo tenían un conocimiento vago de la tecnología con la que funcionaba el software, explicaban lo que querían, en un lenguaje simple. Los tecnólogos explicaban los límites de aquello que podían ofrecer, tal vez usando terminología que los clientes no entendían del todo. Había ires y venires entre ambas partes, cada una se explicaba lo mejor que podía. Luego, cuando surgía algo semejante a un plan, los ingenieros de software se retiraban a sus oficinas a crear aquello que creían que había pedido el cliente.

Con más frecuencia de lo esperado, múltiples problemas de comunicación —entre el cliente y los ingenieros, y entre el equipo mismo de ingenieros— dieron como resultado un producto totalmente diferente a lo que el cliente había imaginado. Los ingenieros debían, entonces, volver a comenzar a diseñar el paquete de software, incluso varias veces, hasta que el cliente quedaba satisfecho. Así, se perdía mucho tiempo y se generaba mucha frustración innecesaria para todo el mundo.

Ajustar el desarrollo de software tradicional con el modelo en cascada, mediante el uso de la llamada técnica de mejoramiento de proceso por producción ajustada (*lean management*), habría generado una estandarización más profunda del proceso existente. Sin embargo, eso no habría bastado. Para dar la vuelta al paradigma, el equipo empezó por presentar el *lean software design* (también conocido como Agile Scrum) a los equipos de desarrollo piloto. Aun así, el asunto era demasiado engorroso y complicado y no se adaptaba bien al entorno del grupo IE. Ante este panorama, el equipo decidió ir un paso más allá y adoptó una estrategia alterna: simplificar. Eso significa que decidieron sintetizar el Agile Scrum a los elementos esenciales y le dieron flexibilidad al proceso de desarrollo.

Para desarrollar el nuevo software de transferencias hospitalarias, el equipo aplicaría la metodología básica de Agile Scrum y trabajaría en ciclos breves, para desarrollar progresivamente el software, refinando pequeños fragmentos cada vez. En lugar de desaparecer durante meses y luego entregarle al cliente el nuevo sistema, los ingenieros se mantuvieron en contacto con el personal de atención directa, al fin de cuentas era el que usaría el software. En sesiones breves los ingenieros desarrollaban una parte del proyecto total, luego hacían una verificación con las personas que debían hacer las transferencias hospitalarias, para tener la seguridad de estar trabajando en un programa que fuera útil. Todo el mundo trabajaba codo a codo para monitorear el avance del desarrollo del software y, por esa razón, el proceso fluía de manera fácil, rápida y simple. «A través de una gestión visual simplificada (con notas de pósit y papelógrafos), logramos comunicarnos de manera eficaz entre el equipo de desarrollo y el personal de atención directa, para producir exactamente lo que ellos necesitaban», cuenta Day.

Durante el proceso, el grupo IE se propuso mantener la sencillez en todo lo que hacía. Los miembros del equipo se comprometieron a no desviarse de la misión de crear exactamente lo que querían los clientes, evitando la tentación de crear adornos innecesarios. Por otro lado, a medida que se avanzaba en los ciclos, se hacía claro que ciertas funciones que los clientes habían pedido en un comienzo (elementos que se habrían incluido en el software si IE hubiera aplicado el modelo tradicional de desarrollo de software), ahora resultaban obsoletas. A este respecto, explica Kucharik, en el nuevo proceso de desarrollo con ciclos rápidos, «nosotros producíamos lo que ellos necesitaban. No producíamos lo que no necesitaban. Además, hacíamos descubrimientos clave». Entre tanto, la trayectoria de IE hacia la línea de meta era mucho más directa y eficiente.

Los ciclos rápidos no solo permitían alcanzar las metas de manera más acertada, sino que, además, permitían ahorrar tiempo. Los miembros del equipo IE consideraron que habían logrado una reducción del 20 % del tiempo que normalmente habrían requerido para desarrollar el proyecto. Un proyecto ulterior, en el que se usó un proceso similar para desarrollar un software para transporte de casos críticos (es decir, el movimiento de pacientes que vienen en ambulancias, helicópteros y aviones de ala fija), se redujo en un 25 %, con lo cual IE pudo terminar el proyecto con más de un mes de anticipación.

Tras estos dos éxitos iniciales otros miembros del equipo IE se prepararon para cuando llegara la oportunidad de aplicar la nueva tecnología de los ciclos rápidos en otros proyectos. Pronto surgió uno: el desarrollo de software para el manejo de citas médicas de control. En este caso, los ciclos rápidos permitieron reducir a la mitad el tiempo necesario para concluir el proyecto: un nuevo nivel de eficiencia. Tomados en su conjunto, estos tres proyectos le ahorraron a IE más de 600 horas de trabajo, lo que representaba una disminución de 100 000 dólares en costos. Lo más importante es que el director operativo que supervisaba el departamento de Atención Directa recibió un producto de software de mayor calidad y eficacia. «No tengo palabras para expresar la emoción y la gratitud tanto de los miembros del personal de atención como de la administración... Me encantará replicar la experiencia en un futuro cercano», afirmó Kucharik.

Mediante la técnica del desarrollo de software con ciclos rápidos, Cleveland Clinic mejoró la entrega de la información pertinente, con mayor calidad, en menos tiempo y a un menor costo. Es un magnífico ejemplo de cómo una organización puede poner en marcha la simplicidad desde los niveles básicos para obtener un mejor rendimiento.

5. Dar rienda suelta a la creatividad y la innovación

Un aumento de la productividad debería ser razón suficiente para que una organización le apueste a la simplicidad. Ahora bien, la simplicidad no solamente contribuye a que las organizaciones sean más eficientes, sino que, además, les ayuda a ser más creativas. Scott Barry Kaufman, director científico del Proyecto de la Ciencia de la Imaginación, adscrito al Centro de Psicología Positiva en la Universidad de Pensilvania, ha descubierto que el 72 % de las personas conciben ideas nuevas y creativas cuando se están duchando. ¿Por qué? Según Kaufman, «el momento de la ducha, cuando estamos solos y relajados, sin nadie que nos juzgue, es propicio para el pensamiento creativo, pues la mente divaga con libertad, lo cual nos permite estar más abiertos a nuestro flujo interno de conciencia y a nuestras ensoñaciones diurnas[8]». En otras palabras, simplificar el entorno, de manera que pueda estar solo con sus propios pensamientos, aumenta sus probabilidades de ser más creativo.

En un ambiente de trabajo no solo la soledad nos ayuda a ser más creativos, también sirve tener contacto con una variedad de personas y de ideas. En un famoso estudio de la empresa de defensa Raytheon, el sociólogo Ronald Burt descubrió que los empleados que tenían participación en más de un departamento eran más creativos. En sus palabras, los empleados que cubren varios agujeros estructurales tienen mayores probabilidades de generar buenas ideas[9]. En la actualidad, mucha gente carece de la flexibilidad para operar bien en varias secciones; es decir, para cubrir agujeros estructurales. Los trabajadores están de tal forma enmarañados en el mundo de las complicaciones que, por necesidad, terminan confinándose a sus campos de acción exclusivos. Si trabajan en ventas, se concentran en formatear adecuadamente los números y en rellenar tres formularios de gastos, cuando uno habría sido suficiente. Esa preocupación les impide enterarse de lo que está ocurriendo en los departamentos de Ingeniería, Marketing u Operaciones.

Durante varios años he llevado a cabo sesiones sobre el cambio y la innovación con miles de personas de diferentes países, culturas, industrias, funciones y carreras. He descubierto que, aunque las organizaciones son bien intencionadas, tienden a abordar el reto de la innovación de forma inadecuada. Las estrategias que ponen en práctica para fomentar la innovación (reuniones, informes, políticas, procedimientos, grupos especiales de trabajo y órganos rectores) terminan siendo un obstáculo para esta. Aunque es importante tener cierto nivel de estructura, la mejor estrategia para el cambio y la innovación no es, en general, hacer más cosas, sino menos. Deshágase de las cosas que no funcionan y dedique tiempo a las cosas que sí funcionan.

Esta revelación llevó a Julian Richer, fundador de la cadena de tiendas al por menor Richer Sounds y uno de los principales ejecutivos de negocios del Reino Unido, a crear en su compañía un comité para dejar de hablar basura, o sea, un grupo dedicado a deshacerse de las cosas innecesarias[10]. ¿Qué ocurrió? En palabras de un analista, «Richer Sounds tiene el récord Guinness del mejor nivel de ventas por metro cuadrado en todos los puntos de venta al por menor en el mundo, y también es la compañía que mayor porcentaje de sus ganancias dona a entidades de beneficencia en el Reino Unido[11]». Eliminar la complejidad nos permite escapar de la rutina y ensayar cosas nuevas. Aunque la simplicidad ha sido un tema del que se ha hablado muy poco, la verdad es que constituye la puerta de entrada más importante para el pensamiento y la acción innovadores.

Supongamos que usted tiene algunas buenas ideas. Si la complejidad tiene asfixiada a su organización, es muy probable que usted no las pueda poner en práctica. Como todos sabemos, las buenas ideas suelen provenir de las personas que trabajan en la atención directa a los clientes y que tienen contacto directo con los mercados. En la actualidad, la mayoría de las organizaciones reconocen el valor de los aportes de esos empleados de primera línea, y muchas de ellas han implementado soluciones tecnológicas para obtener ideas y soluciones del público general a través de internet. No obstante, la complejidad sigue siendo, de muchas maneras, un gran obstáculo para el flujo de las buenas ideas. Los empleados que se desempeñan en los niveles básicos de la escala jerárquica no sueñan con entender los complicados procesos que gobiernan a los otros departamentos. El temor a hacer el ridículo los disuade de proponer nuevas ideas: nadie quiere parecer tonto.

Con mucha frecuencia, las buenas ideas se extravían en los laberintos del sistema, con lo cual los empleados de base pierden la motivación para innovar en el futuro y se desestimula su posible participación en buenas iniciativas. En entornos de trabajo más simples, las personas de todos los niveles comprenden mejor cómo funcionan las cosas. Saben quién tiene el poder y saben quién está a favor o en contra de una decisión determinada. Por supuesto que no tienen la garantía de que la gerencia adopte obligatoriamente las ideas que proponen, pero al menos la persona sabe por qué su jefe rechaza una idea, sabe quién representa un obstáculo para la misma y sabe si una modificación de las características de la propuesta puede hacerla más viable.

Las compañías complicadas no gozan del mismo nivel de transparencia. Para los jefes es más fácil matar las buenas ideas sin dar razones o basándose en razones políticas. También suele suceder que dejan marchitar esas ideas sin prestarles atención siquiera, pues están muy ocupados o son muy resistentes al cambio. ¿Por qué no se adoptó la idea de un empleado? El jefe siempre podrá aducir que él no fue quien la bloqueó, sino que fue imposible obtener la aprobación de otro líder o de otro departamento. En entornos laborales más simples, una mayor transparencia permite que los empleados establezcan un diálogo con los jefes cuando las ideas no son aprobadas, en lugar de continuar haciendo lo mismo sin un panorama claro, pero con una sensación de frustración o resentimiento. Estos entornos son más propicios para la generación de innovaciones a largo plazo.

6. Más compromiso, menos estrés

En la comedia de Amy Poehler, *Parks and Recreation*, se retratan las angustias y trabajos que pasan los empleados del departamento de Parques Estatales de la ciudad ficticia de Pawnee, Indiana. El tema de fondo central de la comedia es la burocracia, y su personaje principal es Amy Poehler, interpretada por Leslie Knope, quien se niega a dejarse envolver por la burocracia. Movida por el idealismo, Leslie lucha en pro del bien público.

Sus colegas, en cambio, no tienen nada que ver con esos ideales. Tal vez son individuos capaces, pero las complicaciones gubernamentales los vuelve cínicos, y la mayoría hace el trabajo de mala gana o, cuando mucho, sin gran entusiasmo. En uno de los episodios, una amiga llega a la oficina y le pregunta al director de departamento, Ron Swanson, si está interrumpiendo algo importante. «Imposible», responde el hombre. «Recuerda que trabajo con el gobierno[12]». Para pasar el día, los subordinados de Ron se dedican a perder el tiempo con actividades divertidas. Por ejemplo, dos colegas de Leslie —Tom (interpretado por Aziz Ansari) y Donna (interpretada por Retta)— deciden hacerse la vida más amena regalándose todos los días del año un día de caprichos personales. Ese día resuelven darse todos los gustos posibles: manicuras, cocteles, cenas en restaurantes caros, etc.

Tom y Donna necesitan darse ese gusto porque no se sienten comprometidos en su lugar de trabajo. Mientras veía el episodio, no podía evitar pensar cómo sería la vida de ese departamento de Parques Estatales si la burocracia no fuera tan asfixiante.

Por supuesto que, si el departamento de Parques Estatales de Pawnee funcionara de manera simplificada y eficiente, no habría forma de hacer una comedia tan divertida. Sin embargo, lo que interesa destacar aquí es que la simplicidad abre las puertas a un compromiso más fuerte. La gente sabe que su esfuerzo producirá resultados reales. Los trabajadores saben qué hacer y se concentran mejor en sus metas. Se sienten confiados para emprender acciones, pues el camino que tienen por delante es más claro. Por si fuera poco, estos trabajadores gozan de mejor salud. La complejidad es *muy estresante*: no es fácil mantenerse dando vueltas a la rueda, pues eso roba buena parte de nuestra energía.

Por todas estas razones, una organización puede ahorrar mucho dinero si elimina la complejidad. Algunos estudios han revelado que las afecciones de salud relacionadas con el estrés les cuestan a las empresas entre 200 000 y 300 000 millones de dólares al año en productividad perdida[13]. De hecho, entre el 5 y el 8 % del gasto nacional de los Estados Unidos se debe al estrés en el trabajo[14]. En lo que respecta al compromiso, un estudio demostró que el presentismo laboral (es decir, el fenómeno que consiste en que un empleado está presente en el trabajo, pero no comprometido) representa pérdidas de 150 000 millones de dólares en el mundo corporativo[15]. Esa cifra no refleja todas las ideas e innovaciones que dejan de surgir por la falta de compromiso de los empleados —ya sea desde el punto de vista mental o desde el punto de vista emocional— en relación con la misión general de su empleador.

Pero eso no es todo. Diversos estudios han demostrado que dedicarse a hacer varias tareas al mismo tiempo (*multitasking*) lleva al cuerpo a secretar grandes cantidades de la hormona cortisol, y que el exceso de cortisol entorpece la memoria. Además de los otros daños que causa, la complicación hace que el empleado promedio se vuelva más olvidadizo[16]. Imagine el efecto negativo que este hecho puede tener en una compañía promedio.

7. Resultados empresariales clave

Si pensamos que la simplicidad conduce a más innovación, más compromiso y más productividad, es evidente que sus ventajas para las organizaciones son un objetivo deseable. Ahora bien, nada de esto importaría si la simplicidad no les permitiera a las organizaciones ser más competitivas y lograr un mejor desempeño financiero. Las evidencias lo demuestran.

Los beneficios de la simplicidad permiten tener una ventaja competitiva, pues esta hace que las compañías sean más ágiles, eficientes y veloces. Para nadie es un secreto que los mercados de hoy son más volátiles que nunca. Los negocios que pueden adaptarse más rápidamente a las nuevas condiciones son los negocios que ganan. Y no es de sorprender que la adaptación resulte más fácil para los equipos que no están pendientes de tantas reuniones, correos electrónicos, pruebas, informes, controles de calidad, etc., que vuelven lentas a las empresas. Si usted va un paso más allá e introduce la simplicidad en los modelos operacionales y las interfaces con los clientes, habrá cambiado el panorama por completo.

Hace varios años Southwest Airlines decidió apostarle a la simplicidad. Mientras que otras compañías usaban una gran variedad de modelos de aviones (en un momento dado, American Airlines tenía 14), Southwest optó por montar una flota compuesta por un solo modelo: el Boeing 737[17]. En caso de que se presentara una tormenta, si un avión no podía llegar a su destino a tiempo, otra aeronave podía tomar su lugar sin problemas, con lo cual el cliente recibía el servicio que necesitaba y la compañía ahorraba dinero. Tal como lo explicó Chris Wahlenmaier, vicepresidente de Servicios y Apoyo al Cliente, los beneficios de tener un solo tipo de avión son muy grandes: «Nos basta entrenar a nuestros mecánicos en el conocimiento de un solo tipo de avión. Necesitamos inventario adicional de repuestos nada más para ese tipo de avión. Si tenemos que reemplazar una aeronave por otra a última hora por razones de mantenimiento, la flota es totalmente intercambiable: todo el personal de tierra y de cabina la conocen muy bien. Tampoco hay problemas sobre el modo y el lugar de parqueo de los aviones en tierra, pues todos tienen la misma forma y tamaño[18]».

La simplicidad permitió que, de muchas maneras, la compañía se volviera más fácil de manejar, fuera más flexible y estuviera mejor capacitada para atender las necesidades de los clientes. Entre tanto, American Airlines intentaba competir con una flota compuesta por una excesiva variedad de modelos de aviones. Tal como lo explicó en cierta ocasión Gerard Arpey, quien se desempeñó como presidente ejecutivo de American Airlines, «el costo de la complejidad no se compensa con lo que podemos cobrarle al cliente[19]». No es una coincidencia que durante años Southwest ganara el premio a la satisfacción del cliente Triple Crown con el mejor registro de «puntualidad, manejo del equipaje y baja tasas de quejas[20]». Poco a poco, los clientes satisfechos empezaron a escoger a Southwest por encima de otras aerolíneas de renombre y la compañía empezó a volar por todo lo alto.

Southwest no es la única empresa transportadora que ha usado la simplicidad a su favor. En el 2013, General Motors consolidó y simplificó su oferta de modelos, eliminando las divisiones Pontiac, Saturn y Hummer. El presidente ejecutivo de aquella época, Fritz Henderson, anotó que esta acción «fue una decisión muy dura, de muy diversas maneras», sobre todo teniendo en cuenta la larga historia de Pontiac (la marca data de 1926)[21]. Sin embargo, ese esfuerzo doloroso produjo beneficios reales, pues la compañía logró preservar 1,2 millones de empleos[22]. En el 2015, *Fast Company* se refirió a la historia de GM como una de las mejores y más grandes recuperaciones empresariales de los últimos veinte años[23].

Pasando ahora al sector de la tecnología, observemos que LinkedIn también ha dado grandes pasos gracias a la simplicidad. Durante años la compañía inundó de correos a sus clientes para notificarles que alguien quería conectarse, y les recordaba lo mismo una y otra vez. Los clientes se enojaron y muchos se quejaron. En el 2015, los ejecutivos de LinkedIn tomaron cartas en el asunto e hicieron algunos cambios de políticas: los usuarios que normalmente recibían muchas solicitudes de conexión de otras personas ahora recibirían un resumen semanal en lugar de múltiples notificaciones en tiempo real. Por otra parte, las personas que habían entrado a participar en los grupos de usuarios recibirían actualizaciones de una manera más simple. La compañía redujo el número de correos electrónicos salientes en cerca del 40 % y las quejas se redujeron a la mitad[24]. Desde el 2014 hasta 2el 015, los ingresos de LinkedIn aumentaron en un 35 % y el número de miembros en un 20 %, pasando de 347 millones a 414 millones de usuarios[25].

Google es otro ejemplo de compañía tecnológica que compite mejor tras haber integrado la simplicidad a sus estrategias de negocios. Durante años, esta compañía se ha ubicado en los primeros lugares del índice que elabora la firma Siegel+Gale, Global Brand Simplicity

Index. El trabajo propio de Google no es sencillo: la tecnología que sustenta a la compañía es extremadamente complicada. No obstante, la experiencia de los clientes es muy sencilla, sobre todo si se la compara con la de sus competidores. La directora general de Marketing, Lorraine Twohill, comentó: «Tras bambalinas podemos tener toda la complejidad del mundo, pero la experiencia del usuario debe ser simple. Debemos darle a la gente lo que busca, y la velocidad sumada a la simplicidad es un elemento central de nuestra promesa». Ante la pregunta de cuál fue el impacto que tuvo en el negocio la simplificación de la experiencia del cliente, Twohill respondió: «Una mayor adopción. Lo hemos observado una y otra vez: si eliminas la fricción, obtienes mayor adopción, y mejora la publicidad boca a boca. Es decir, más y más gente decide usar el producto[26]». De eso se trata.

Mientras que la complejidad deja a las compañías en estado de vulnerabilidad ante los avances del mercado, se ha demostrado, en numerosas ocasiones, que la simplicidad contribuye a que las compañías avancen. Veamos, por ejemplo, lo que ocurrió con Blockbuster y las tiendas de vídeo que había antes. En la actualidad Netflix controla el mercado que cubrían esas compañías, pues les facilitó a los consumidores el proceso de alquiler de vídeos, ya sea por correo o en línea. Lo mismo ocurre con Capital One, una compañía que se ha convertido en una de las principales protagonistas de la industria de las tarjetas de crédito, gracias a que eliminó la frustración que generan las complicadas fechas de suspensión temporal de los descuentos[27].

Aunque cuesta creerlo, hace algunos años los proveedores de servicio de telefonía móvil amarraban a sus clientes prohibiéndoles conservar el mismo número si cambiaban de proveedor. En consecuencia, eran pocos los consumidores que cambiaban de número, aunque supieran que podían conseguir algo mejor con otra empresa. Era demasiada complicación informar a todos sus contactos sobre el cambio de número. Al ver que esta trampa le estaba haciendo mucho daño al público en general, el ente estatal de las telecomunicaciones británicas, Britain's Office of Telecommunications, ordenó que se permitiera a los clientes conservar su número al cambiar de proveedor. Con esa simple eliminación de una barrera, el ente regulador les permitió a las compañías innovadoras entrar en el mercado y ofrecer a los clientes nuevas opciones, al mismo tiempo que se empujaba a las compañías existentes a ofrecer un mejor servicio[28].

El impacto positivo de la simplicidad es enorme, y el mercado lo premia. Siegel+Gale ha calculado que los consumidores están dispuestos a pagar una especie de bono de simplicidad que puede llegar hasta el 6 % del precio, si saben que van a obtener un producto similar, pero más sencillo de usar[29]. En efecto, una encuesta reveló que dos de cada tres clientes están dispuestos a pagar más por una experiencia más sencilla. Más aún, casi siete de diez clientes tendrán mayores probabilidades de recomendar un producto o servicio si la experiencia del cliente es menos compleja que la de la competencia[30]. En este sentido, no es de sorprender que las compañías cotizadas en bolsa que se ubican en los diez primeros lugares del índice de Siegel+-Gale, Global Brand Simplicity Index, en los últimos seis años, hayan superado el índice promedio de la bolsa en un 214 %[31].

Si la simplicidad dispara la competitividad de las empresas, lo contrario es igualmente cierto: la complejidad marchita el interés de los clientes. Hace poco me encontraba intercambiando impresiones con el director ejecutivo de una gran compañía de negocios en línea que ofrece herramientas informáticas con licencia a terceros. Este ejecutivo, que es uno de mis clientes, estaba frustrado al ver que la oferta de productos de su compañía no crecía tan rápido como él y su equipo habían previsto. Los clientes de la compañía necesitaban el servicio; de hecho, este tenía el potencial de transformar su negocio. El servicio contaba con todo tipo de respaldo y testimonios de los clientes, y los clientes potenciales habían recibido vídeos promocionales y pruebas gratis. El equipo de colaboradores de mi cliente lo había ensayado todo y no lograba entender por qué su servicio de herramientas informáticas no lograba producir gran impacto.

Finalmente, el director invitó a uno de sus mayores clientes a almorzar y le preguntó puntualmente por qué no usaba las herramientas informáticas con licencia. La respuesta de ese cliente fue sorprendente: «Hay demasiados recursos». La réplica de mi cliente no se hizo esperar: «¿Qué quieres decir con eso de que hay demasiados recursos? No entiendo». Mi cliente creía que ofrecer una amplia variedad de herramientas informáticas era una de las ventajas de su compañía, porque le permitía al cliente encontrar todas las innovaciones en un solo punto. «Pues sí», le explicó el cliente. «Son tantos los recursos que me siento abrumado. No sé por dónde empezar».

Sobrecargar al cliente es un fenómeno que se presenta no solamente en el ámbito de las relaciones B2B (*business to business*: negocio a negocio). En el 2015, J. D. Power publicó un estudio en el que sugiere que de cada cinco personas que compran un vehículo nuevo, por lo menos una jamás usa la mitad de las atractivas novedades tecnológicas del auto. Algunos de los vehículos tenían servicios relacionados con el mantenimiento, pero más del 40 % de los compradores los ignoraban. Algunos contaban con sistemas automáticos de estacionamiento, pero el 35 % de los dueños no los usaban. Algunos tenían *routers* móviles, pero el 38 % jamás se conectaba. En suma, el estudio había descubierto que los miles de millones de dólares que los fabricantes de automóviles habían invertido en esas nuevas tecnologías suponían, en cierta medida, un desperdicio, dada la poca cantidad de usuarios que les sacaban provecho[32].

En la vida cotidiana, en nuestra calidad de clientes, todos experimentamos esa sobrecarga de oferta. Por supuesto que es muy agradable que no todos tengamos que ver el mismo programa de televisión a la misma hora. Sin duda es un alivio que haya variedad de películas y series. Ahora bien, cuando usted se suscribe a un servicio de cable, de satélite o de contenido en línea, ¿en realidad ve los cien canales que ha pagado? Cuando usted se sienta a ordenar un plato en un restaurante, ¿sufre cuando tiene que escoger el tipo de agua? ¿Sin gas o con gas, con hielo o sin hielo, con limón o con lima? Si no tenía sed cuando se sentó a pedir la orden, terminará muy sediento después de haber tenido que hablar tanto.

En esta era vivimos ocupados todo el tiempo. Hay demasiados datos, opciones, decisiones, cosas que sopesar. Todos estamos al borde del abismo. En cierta ocasión, Jim Day, director general de Recursos Humanos de Affinion, me dijo: «Tantas opciones nos matan[33]». Así las cosas, ¿cómo podemos diferenciarnos de la competencia? Reduciendo la complejidad. Facilítele al máximo a su cliente la compra de los productos y servicios que necesita, de manera que las molestias sean mínimas. Permítale experimentar la dicha de hacer en cinco minutos algo que suponía le iba a tomar una hora. En otras palabras, simplifique.

8. Emergencia y simplificación

Scripps Health, una compañía del sur del estado de California es una de las empresas de atención en salud más grandes y admiradas de los Estados Unidos. No obstante, como ocurre en todo el ámbito de la salud, Scripps ha tenido que evolucionar con el mercado. Los costos de la salud en los Estados Unidos están por las nubes, y eso desde hace ya varios años. ¿Por qué? Al igual que la industria automovilística en la década de los ochenta, las compañías de atención en salud se volvieron pesadas y perezosas, con un número cada vez mayor de empleados y procesos, sin pensar demasiado en los costos o en la calidad general de la atención prestada. No obstante, con la llegada de la reforma del sistema de salud, los días de la abundancia llegaron a su fin. Hoy la economía, sencillamente, no puede sostener los gastos de los hospitales, las residencias de ancianos, los médicos, las enfermeras, los medicamentos, las terapias, etc. Las organizaciones dedicadas a la atención en salud deben, o bien racionalizar sus operaciones, o bien desaparecer.

El director ejecutivo de Scripps, Chris Van Gorder, y su equipo de liderazgo comenzaron a transformar su organización antes que los demás. A comienzos de la década del 2000, cuando se veía venir la reforma al sistema de salud, en lugar de sentirse amenazados y atemorizados, asumieron la ocasión como una oportunidad. Vieron el potencial para hacer más con menos, incluso con mucho menos. Para ellos, la simplificación se convirtió en la ruta principal para reducir costos, aumentar la calidad, mejorar la satisfacción de los empleados y, en general, hacer de Scripps una mejor organización.

En el 2007, por ejemplo, el equipo ejecutivo de la compañía comprendió que nada más los departamentos de Urgencias tenían 25 funciones, y todas ellas reportaban a funcionarios diferentes dentro de la burocracia del hospital. Muchas de las personas que trabajaban con los mismos pacientes y problemas no se comunicaban entre sí. En efecto, los sistemas básicos que organizaban el trabajo dentro de cada sede se habían quedado estancados desde hacía treinta años. Aunque era posible acceder en línea a herramientas y equipos de diagnóstico radicalmente nuevos, los procesos que empleaba el personal de los departamentos de Urgencias se habían mantenido estáticos, sin evolucionar.

El resultado era que los pacientes vivían unas pésimas experiencias. Al llegar a urgencias, el paciente era entrevistado primero por un representante de acceso, luego una enfermera, luego otra enfermera y luego un médico. Este proceso podía durar mucho tiempo: en ocasiones, los pacientes de urgencias no vitales podían llegar a esperar más de ocho horas antes de ser atendidos. Esa situación llevó a que al menos uno de cada ocho pacientes se retirara de urgencias sin haber sido atendido, simplemente porque ya no podía esperar más.

Lo que descubrieron los miembros del equipo, tras estudiar el problema, fue que la experiencia del paciente no era el principio rector en torno al cual se organizaban las urgencias. En realidad, no había ninguno, y, por ende, las complicaciones se habían multiplicado sin que nadie se percatara de cómo ni cuándo. Las rutinas y los sistemas operativos de apoyo no solo tenían maniatado a todo el personal de atención de salud, sino que, además, le robaban el tiempo, la atención y la energía. Estos consagrados profesionales vivían demasiado ocupados rellenando formularios, siguiendo procedimientos desactualizados y atendiendo las exigencias de la burocracia, de tal forma que no podían atender bien a los pacientes.

Scripps rediseñó su departamento de Urgencias para alcanzar una mayor simplicidad, ahorrar costos y mejorar la calidad. El proceso de triaje fue el objetivo principal. En lugar de mantener el proceso de cuatro etapas, Scripps instauró un nuevo régimen: cada paciente sería entrevistado de inmediato por un médico y una enfermera. Juntos determinarían si el paciente se encontraba dentro del grupo de los 20 o 30 casos que necesitaban atención inmediata. En caso negativo, se sacaría al paciente de la cola y se remitiría a uno de los múltiples equipos de especialistas entrenados y equipados para atender, de manera más expedita, asuntos que no requerían atención de Urgencias.

El resultado fue una transformación impresionante. Los tiempos de espera promedio en la sala de urgencias se redujeron a más de la mitad. Los pacientes ya no se retiraban del hospital sin ser atendidos, como sucedía en las épocas en que la espera era prolongada. Los ingresos aumentaron en un 20 %, pues empezaron a llegar pacientes de lugares más alejados, ahora que sabían que Scripps los atendería más rápidamente que la competencia. La satisfacción de los pacientes y del personal aumentó; por ello, Scripps comenzó a aplicar el mismo modelo de reorganización en otros departamentos y sedes. Gracias al rediseño de las urgencias y de trabajos similares en otras dependencias en la organización, Scripps logró hacer un ahorro de 200 millones de dólares en costos anuales.

¿Sigue Scripps siendo vulnerable a los cambios en el sector de los servicios de salud? Desde luego que sí. Aun así, a diferencia de muchos de sus competidores, Scripps tiene una ventaja enorme. La organización tiene menos riesgos de ser tomada por sorpresa en caso de que surja un competidor inesperado. Incluso si los toma por sorpresa, la organización ha desarrollado una mentalidad orientada a la simplificación que le permitirá adaptarse y sobrevivir.

9. Grandes incógnitas

Hace algunos años una amiga me contó una vieja fábula del mundo de los negocios cuyo mensaje se me quedó grabado en la memoria. Tal vez usted la conoce. Un hombre llamado Juan iba en el coche con su hijo Felipe. De repente, llegaron a un punto donde había un atasco de tráfico. Al mirar por el vidrio panorámico descubrieron que varios metros más adelante un camión que llevaba una carga muy alta se quedó atascado debajo de un puente ferroviario. El tiempo pasaba y la furia de Juan aumentaba. ¡Qué cabeza de chorlito el conductor de ese camión! Felipe, por su parte, observaba la llegada de vehículos de policía, camiones de bomberos y equipo de construcción. Tal vez a alguien se le ocurriría una manera de sacar el camión de debajo del puente.

Al cabo de algunos minutos, para sorpresa de Juan, Felipe se bajó como una flecha del automóvil y empezó a correr hacia el lugar del accidente. Juan se bajó también del vehículo y corrió detrás de su hijo, que gritaba: «¡Ya sé cómo sacar el camión!». Los trabajadores se preocuparon por la seguridad del muchacho e intentaron alejarlo. Sin embargo, Felipe persistió hasta que encontró a un hombre dispuesto a escucharlo. «¿Qué crees que deberíamos hacer?», preguntó el hombre. Felipe sonrió y dijo: «¡Desinflar las llantas del camión!».

Era una solución simple que no se le había ocurrido a ninguno de los experimentados ingenieros presentes en la escena. Felipe no estaba enredado en la maraña de complejidad que entorpecía la visión de los profesionales. Él no estaba pensando en problemas hidráulicos, de fricción ni de responsabilidad civil. Simplemente tenía el don de ver las cosas con claridad y simplicidad.

En las compañías pueden suceder cosas maravillosas si se elimina la complejidad y se ayuda a los empleados a volver a hacer un trabajo verdaderamente significativo. Así, aumenta la productividad, aumenta la creatividad y aumentan el compromiso y la retención. Además de que el personal gozará de mejor salud. Todos estos factores contribuyen a fortalecer la ventaja competitiva que le permitirá sobrevivir al surgimiento de un competidor innovador o, incluso, le permitirá ser, usted mismo, esa fuerza innovadora. Ahora bien, el verdadero impacto de la simplicidad no termina ahí. Aunque sabemos que simplificar y hacer un trabajo con sentido les permite a las organizaciones reestructurarse, en realidad son muy variadas las posibilidades hacia el futuro. Tal como sugiere la historia que acabo de contar, la simplicidad abre la puerta a una enorme cantidad de mundos nuevos, con ideas y soluciones que ahora mismo ni siquiera imaginamos. Lo fundamental es que la simplicidad nos remite, de cierta manera, a la época de la infancia, en la que estábamos en contacto con nuestra intuición, cuando todo parecía fresco, nuevo e interminablemente fascinante, cuando lo imposible parecía posible.

¿Cuáles nuevas soluciones técnicas generarán sus empleados cuando dejen de estar tan enmarañados en la burocracia? ¿Qué cultura contribuirán a desarrollar cuando usted reduzca el número de correos electrónicos? ¿Qué nuevos productos concebirán cuando no tengan que asistir a tantas reuniones? ¿Qué mercados nuevos conquistarán cuando haya menos reglas que cumplir? ¿Qué nuevos niveles de ingresos generarán cuando no tengan que preparar y enviar tantos informes? ¿Qué participación del mercado alcanzarán cuando sea menor el papeleo requerido? ¿Cuáles de los flagelos que afectan a la humanidad se podrán eliminar cuando todo el mundo haga un trabajo con sentido y cuando, por esa razón, todo el mundo esté tan entusiasmado como lo estaba yo el primer día de mi primer trabajo?

Dejemos volar la imaginación.

5. La mentalidad de lo simple

«Detrás de toda gran marca que ofrece experiencias simples hay un líder que comprende el verdadero valor de estas».
Margaret Molloy,
directora general de Marketing, Siegel+Gale[1]

En la actualidad millones de estadounidenses tienen su dinero invertido en fondos mutuos de inversión, pero no siempre fue así. En 1970, cuando las instituciones financieras concibieron por primera vez los fondos del mercado monetario, todo el mundo consideraba que los usuarios finales eran las corporaciones. La razón era que, una vez se invertía el dinero en un fondo de mercado monetario, era muy, pero muy, difícil redimir la inversión. Solo las grandes compañías con importantes departamentos financieros tenían a su disposición los funcionarios y los contadores que sabían cómo proceder2.

Algunos años después, los líderes de Fidelity Investment vieron de otra manera los fondos del mercado monetario. Si la compañía podía racionalizar la redención, las cuentas en los mercados monetarios podrían ser un excelente producto para los individuos o las familias. Estos eran (y son) bastante similares a las cuentas de ahorros, pero ofrecían rendimientos potencialmente mejores, que por aquella época eran del 14 %. Infortunadamente, las complicaciones relacionadas con las operaciones y el servicio al cliente seguían siendo un reto para este tipo de inversión. Los cínicos afirmaban que los inversionistas individuales no iban a poner sus activos en las cuentas del mercado monetario porque redimir su dinero sería un proceso tedioso y engorroso. El consumidor tendría que redactar una carta para los administradores del fondo, registrarla ante un notario y enviarla por correo. Solo en ese momento la compañía empezaría a procesar la solicitud.

Los líderes de Fidelity continuaron estudiando la oportunidad. ¿Qué tal si la compañía simplificaba el sistema para que los inversionistas individuales pudieran emitir cheques directamente a partir de esas cuentas? Nada de cartas. Nada de notarías. Simplemente un cheque respaldado por el fondo. ¿Se podía hacer eso?

«De ninguna manera», dijeron muchos de los abogados internos de Fidelity. Si la compañía eliminaba los seguros de los procedimientos habituales, los consumidores irresponsables comenzarían a girar cheques que excederían el monto del valor de su inversión. Los cheques rebotarían, y eso sería un desastre para la compañía.

Ned Johnson, director ejecutivo de la compañía, y Bob Gould, director de operaciones, no estaban dispuestos a abandonar esta idea. ¿Era realmente cierto que los consumidores girarían cheques que rebotarían? ¿No podía la compañía por lo menos intentar permitirles a los individuos abrir cuentas en el mercado monetario? Tras buscar otras opiniones legales, encontraron abogados que reconocieron que, estrictamente hablando, no había nada en la ley que le impidiera a Fidelity permitir a los clientes individuales tener cuentas del mercado monetario. Se trataba de un riesgo calculado, y la gerencia tendría que decidir si valía la pena asumirlo.

Lo que ocurrió a continuación forma parte de la tradición de Fidelity y del sector financiero. En 1974, Fidelity sacó al mercado el producto Fidelity Daily Income Trust (FDIT), el primer fondo mutuo de inversión dirigido al consumidor individual, y descubrió que no solo existía una demanda para ese producto, sino que la demanda era enorme. En los primeros seis meses, Fidelity recibió 800 millones de dólares (recordemos que son dólares de 1974). Muchos de los clientes, que en el pasado habrían ignorado a Fidelity, se convirtieron en unos de los inversionistas más leales de la compañía. Cuando el mercado bursátil se disparó, unos años más tarde, los clientes comenzaron a transferir sus activos a cuentas de renta variable, a través de Fidelity. Fue un gran éxito.

Tal como lo revela esta historia, la simplicidad vende. El único obstáculo que se interponía entre Fidelity y una bonanza inicial de 800 millones de dólares era una hojarasca de complicaciones defendida a ciegas por todos los miembros del equipo de alto liderazgo en Fidelity (con la excepción de Johnson y Gould) y los líderes de la industria de los fondos mutuos, y su asociación, el Investment Company Institute. Ahora bien, aquí hay una lección mucho más importante. Fidelity reinventó los fondos mutuos gracias a que el equipo de liderazgo se unió, tomó las riendas, aceptó los riesgos y llevó a cabo el plan. Pusieron en obra la simplificación. Si usted lidera una organización o unidad de negocio o si aspira a convertirse en alto ejecutivo en el futuro, tendrá que hacer algo similar. La simplicidad no surgirá como un arroyo natural desde las bases de su organización (aunque, como lo veremos en el próximo capítulo, todos los trabajadores, en todos los niveles de la escala jerárquica de la empresa, pueden desempeñar un papel en ese sentido). Usted debe hacer de la simplicidad una prioridad estratégica. Debe dedicarle tiempo y energía. Usted debe comunicar el mensaje de una manera clara. Esa es una de las tareas claves que adelanta un líder y una habilidad esencial que todo líder debe aprender.

1. ¿De verdad tiene usted un buen conocimiento de su organización?

De cierta forma, lograr la simplicidad es más difícil para los altos ejecutivos que para las demás personas en la organización. Y también es más importante. Como escribió Jack Welch, «los gerentes inseguros crean complejidad. Los gerentes temerosos y nerviosos hacen uso de complicados instrumentos de planeación y diapositivas abarrotadas, que llenan con todo lo que han aprendido desde la infancia. Los verdaderos líderes no necesitan tanta cosa[3]». Como recordará, en el capítulo 2 mencioné las trampas cognitivas y emocionales que suelen llevar a la gente a caer en las garras de la complejidad. Los líderes también caen en estas trampas, pero deben, además, hacer frente a otros retos.

El más notable de estos es la desconexión de los ejecutivos respecto a los demás. Con mucha frecuencia, y con razón, lo ejecutivos tienen puesta su atención en lo general y, por lo tanto, no viven una experiencia de primera mano de las minucias de las operaciones, es decir, las reglas, los procesos y las prácticas que viven los empleados día a día. Si estas se vuelven excesivamente complejas e ineficientes, los líderes casi nunca tienen idea. Los asistentes, los jefes de personal y otros empleados que rodean a los altos ejecutivos suelen actuar como parachoques, protegiendo a los líderes de las realidades laborales que desgastan a los demás.

Y no es solo que los líderes estén desconectados, sino que, además, pueden hacer, involuntariamente, cosas que aumentan la complejidad y le quitan sentido al trabajo. Por ejemplo, todos hemos visto o nos han referido situaciones en las cuales los altos ejecutivos envían mensajes donde piden un trabajo minucioso y prolongado. Como es de esperarse, les llegan unos informes increíblemente minuciosos y revisados hasta en los detalles más pequeños. A veces, los ejecutivos que piden el informe lo leen, pero en demasiadas ocasiones, ese documento que fue preparado con tanta atención se queda sobre el escritorio, en medio de otros asuntos urgentes. Los ejecutivos justifican su solicitud diciéndose a sí mismos —o a cualquiera que les pregunte— que «lo querían por si acaso». O afirman estar seguros de que esa información le será útil a alguien en algún momento.

Los empleados que prepararon el informe sienten que se estresaron para nada. Sus trabajos se vuelven más complejos y con menos sentido. Sin embargo, los ejecutivos nunca entienden a cabalidad las consecuencias de su solicitud. Al fin y al cabo, pocos empleados están dispuestos a hablar sobre la carga que implica cumplir este tipo de órdenes, pues otros podrían tomar esos comentarios como una falta de compromiso e interés de su parte. Además, los altos ejecutivos suelen sentir que esos empleados no entienden el panorama general de lo que ellos están intentando lograr.

La desconexión de los líderes ha aumentado en los últimos años, lo cual los lleva a caer con mayor facilidad en la trampa de crear más complejidades sin darse cuenta. Durante décadas hemos predicado el evangelio del empoderamiento de los empleados, para que trabajen como consideren que es correcto hacerlo, y criticamos a los líderes por hacer microgestión, si se meten mucho en los detalles. Nadie quiere volver a esas épocas de la microgestión desenfrenada. Queremos que cada empleado use su ingenio para resolver problemas y para que se sienta emocionalmente implicado en la realización de su trabajo. Sin embargo, los líderes, con tanto trabajo propio por hacer, están poco familiarizados con la forma como trabajan las personas que deben rendirles cuentas. En muchos casos, no es claro si el líder está pidiendo un trabajo que toma semanas o solo unas horas.

2. La simplicidad como imperativo ético

La simplificación es extremadamente difícil, nadie lo niega, pero su importancia es capital. Ya hemos visto que la simplicidad genera una atractiva ventaja competitiva para las empresas. Por el solo hecho de atender a los intereses de los accionistas, los líderes tienen un motivo para cultivarla. Ahora llevemos un paso más allá la defensa de la simplicidad. Los líderes también deben atender las inquietudes de otras partes interesadas; es decir, al tomar el camino de la simplicidad están haciendo lo correcto. En otras palabras, la simplificación es un imperativo ético y no solo un asunto de negocios.

La simplicidad aporta beneficios reales para los consumidores. Si los líderes permiten a los empleados dedicar más tiempo y atención al trabajo con sentido, los clientes recibirán un mejor producto y obtendrán una mejor experiencia. Los representantes de servicio al cliente podrán concentrarse más en los clientes y no en innecesarios correos electrónicos, reuniones, formularios ni procedimientos. A propósito de formularios y procedimientos, si los líderes hacen de la simplificación una verdadera prioridad, el cliente mismo tendrá que rellenar una menor cantidad de esos formatos y seguir menos procedimientos.

Tabla 5.1 Acciones que pueden contribuir a la complejidad

1.	Envía correos electrónicos de más de un párrafo o cuya lectura toma mucho tiempo.
2.	Envía correos electrónicos copiados a más de tres personas.
3.	Espera que los empleados respondan sus correos electrónicos en un plazo no mayor a 24 horas o al siguiente día laboral.
4.	Usa jerga técnica y lenguaje complejo en sus comunicaciones orales y escritas.
5.	Espera que los miembros de su equipo lo involucren en las decisiones que toman.
6.	Sus decisiones siempre implican un esfuerzo grupal.
7.	Ha asignado, en los últimos seis meses, un proyecto sin un objetivo claro o sin una línea de proyecto clara.
8.	Espera que sus empleados sigan unas etapas formales, sin excepción.
9.	Siempre añade (usted o su equipo) trabajo a la realización de los proyectos o productos, y rara vez elimina cosas.
10.	Siempre debe aprobar los gastos, las comunicaciones o los contratos de su grupo.
11.	Cita a diversas reuniones con su equipo cada semana.
12.	Ha convocado reuniones sin tener clara la agenda.
13.	Es famoso por hacer presentaciones largas con información detallada.
14.	No suele dar retroalimentación sobre los informes o las presentaciones que pide.
15.	Les pide a sus subordinados directos crear informes múltiples y reiterativos.

Si las afirmaciones de esta lista se aplican en su caso, lo más probable es que usted esté contribuyendo a la complejidad.

Otro beneficio que crearán los líderes al adoptar la simplicidad es una mejor calidad de vida para los empleados. Usted puede hablar muy bonito sobre el empoderamiento de sus empleados, pero todas serán palabras vacías si el entorno laboral está saturado de complicación. Si sus colaboradores viven ocupados haciendo labores innecesarias, al punto de no poder dedicarse a pensar, nunca podrán estar satisfechos. Por esa misma razón, usted se sentirá muy bien si logra hacer que el trabajo de sus colaboradores sea más rico y tenga más sentido. Habrá contribuido a la felicidad de estos e, incluso, a su salud. De este modo, será mejor su calidad de vida y tal vez también la de sus familias.

Generar simplicidad desde la cima de la pirámide organizacional también puede ser un proceso transformador para sus colegas. En uno de sus estudios, VoloMetrix puso sobre la mesa el caso de un ejecutivo que les había hecho gastar a sus colegas cientos de horas, pidiéndoles que leyeran ciertos correos electrónicos y asistieran a ciertas reuniones. La carga que ponía en los hombros de sus compañeros «equivalía a diez personas trabajando a tiempo completo cada semana[4]». No sea usted como ese individuo. Al contrario: contribuya a ahorrar el trabajo de diez personas. Imagine el impacto que una fracción de ese tiempo ahorrado tendría en aquellos que lo rodean. Piense en la carga de estrés de la que se liberarían, piense en lo mucho que podrían lograr. Ellos son sus compañeros de armas. Usted tiene en sus manos la posibilidad de facilitarles el trabajo y dotarlo de sentido.

Un líder que toma la decisión de asumir el reto de la simplicidad puede ejercer un impacto a todo nivel en la organización. Uno de mis clientes me explicó que en su compañía era muy difícil recoger información para hacer un informe. Había muchísimas maneras de considerar la información: por marcas y regiones, por líneas y productos, por cuentas pagadas y cuentas por pagar. Se podía ver la información según las oportunidades estratégicas y según las victorias tácticas. El mosaico era tan complejo que los diversos departamentos vivían intercambiándose correos electrónicos, haciendo solicitudes, estableciendo plazos y haciendo nuevos requerimientos para los informes. La persona que manejaba las cifras por países se quedaba esperando las cifras de las personas encargadas de las diferentes marcas para poder hacer lo suyo. La persona que consideraba la información desde un punto de vista demográfico debía trabajar a partir de una información completamente diferente. Todo era un lío y los empleados se sentían maniatados, pues dependían de otros para poder hacer su trabajo.

Al final de cuentas, los informes generados eran tan voluminosos que no era fácil asimilarlos. Un ejercicio diseñado para crear cohesión —tanto en la recolección de la información como en la propuesta de estrategias factibles (debemos invertir más en tal marca, concentrarnos en tal mercado, establecer precios más competitivos con tal alternativa)— se volvió más confuso que útil.

Un problema de este tipo puede ser manejado parcialmente a nivel de gerencia intermedia. Sin embargo, para que el impacto de la simplificación sea profundo, es necesario que la orden provenga de la alta dirección. Debe formar parte del conjunto de instrucciones que los empleados de toda la compañía reciben desde arriba. Los líderes deben pensar en el tiempo que los colaboradores invierten en cada proyecto, y no solo en su propio tiempo, sino en el que dedican aquellos que trabajan en las escalas jerárquicas inferiores.

3. Una nueva regla de oro

Considero que todos tenemos la obligación de simplificar lo más que podamos la vida de los colegas que nos rodean, de tal manera que su trabajo tenga más sentido. Incluso podemos hablar de una nueva regla de oro: hacer la vida del otro tan simple como sea posible, así como a usted le gustaría que el otro se la hiciera simple.

No es difícil pensar en ejemplos de personas que no nos hacen la vida tan simple. Están los chismosos que nos arrastran a largas y absurdas conversaciones que no son en absoluto productivas. Están los fanfarrones que monopolizan las reuniones e inundan a los demás con detalles sin importancia. Están los entrometidos que dificultan la programación de una conversación y que nos obligan a estar siempre persiguiéndolos. Están los colegas que pretenden ser más profesionales que todos, escriben memorandos de una longitud exagerada, hacen preguntas insondables o envían un montón de correos electrónicos durante el día, solo para sacarlos de su bandeja de entrada y ponerlos en la del otro.

¿No deberíamos esforzarnos por evitar ese tipo de actitudes? ¿No deberíamos poner límites respecto al manejo de nuestro propio tiempo y rechazar las complicaciones que afectan nuestro trabajo? ¿No deberíamos informales a los otros que valoramos su tiempo tanto como valoramos el nuestro? ¿No deberíamos hacer nuestro mejor esfuerzo por trabajar de manera eficiente y eficaz, para que las otras personas puedan trabajar también de esa forma y crear, así, un círculo virtuoso de simplicidad? Como líderes, ¿no tenemos la obligación especial de obedecer la regla de oro de la simplicidad?

Tenemos el inmenso poder de marcar la pauta para toda la organización, no solo a través de las políticas y las estrategias que implantamos o a través de las inversiones que hacemos, sino mediante nuestro comportamiento. Asumir el reto de la simplificación implica hacerles ver a los demás que la manera de invertir nuestro tiempo es tan importante como la manera de invertir nuestro dinero. También implica hacer cumplir ciertas normas de respeto y consideración entre colegas, que se basan en la idea de que no tenemos derecho a hacerles perder el tiempo a los demás.

¿Qué lleva a los líderes a comprometerse con la regla de oro de la simplificación en sus organizaciones? ¿Qué los motiva a asumir los riesgos necesarios? Parte de la investigación que hice para la escritura de este libro consistió en entrevistar a más de cien altos dirigentes empresariales, para conocer sus ideas y experiencias relacionadas con la simplificación. No tardé mucho en descubrir que los líderes requieren un marco mental amplio que propicie la simplicidad: un conjunto de creencias, características y cualidades que los haga inclinarse a favor de las iniciativas de la simplificación, para implementarlas a fondo. En total, se trata de seis atributos básicos de liderazgo. Para empezar, mencionaré el más básico, la valentía.

Atributo de liderazgo #1: valentía

En el 2004, cuando Dave Lewis pasó a ocupar el cargo de director ejecutivo del gigante europeo de los supermercados, Tesco, la compañía estaba en problemas. El comportamiento de los consumidores estaba cambiando: la gente prefería ir con más frecuencia al mercado a comprar pocas cosas. A los compradores les gustaba la practicidad de ir a buscar un par de ingredientes de camino a casa con los cuales preparar la cena cada noche. Tesco manejaba grandes supermercados que contaban con una enorme diversidad de productos, pero los consumidores estaban buscando tiendas más pequeñas y baratas. Eso era exactamente lo que ofrecían competidores como Lidl y Aldi. Pero el asunto no terminaba ahí. Muchos otros aspectos del negocio de Tesco eran demasiado complicados. Así lo explicaba un consultor de ventas: «Una de las críticas que más se le hicieron a Tesco en el pasado era su incapacidad para comunicar su valor de manera simple y efectiva, pues confundía a los consumidores con publicidad, lemas, cupones y herramientas promocionales[5]». Para empeorar las cosas,

Tesco todavía no se había recuperado de un grave escándalo relacionado con su contabilidad. La compañía, que había sido el principal protagonista de la industria británica de los supermercados (era el mayor vendedor al por menor de Gran Bretaña), había mentido sobre sus ganancias trimestrales. Las agencias gubernamentales estaban investigando el caso[6].

Lewis identificó de inmediato un aspecto crucial de las dificultades de la compañía en el mercado. Comprar en Tesco parecía una tarea tediosa. Los clientes que querían adquirir solo un producto (salsa de tomate, por ejemplo), tenían que escoger entre decenas de marcas, sabores, texturas y tamaños. El contraste entre Tesco, grande y pesado, y sus competidores, pequeños y astutos, era evidente. Tesco tenía 28 tipos diferentes de salsa de tomate, mientras que Aldi solo tenía uno; Tesco tenía 224 tipos de ambientadores, Aldi solo tenía 12; Tesco tenía 11 variedades de papel aluminio, Aldi tenía un solo tipo de rollo. La comercialización en Tesco era enormemente compleja. Además, debía asumir el costo del almacenamiento de esa inmensa cantidad de productos, al mismo tiempo que ahuyentaba a los clientes que supuestamente debía atraer gracias a la variedad.

¿Qué hizo Lewis? Contrató al Boston Consulting Group para que le ayudara a la compañía a identificar cuáles productos debía eliminar. Lewis les asignó la misión general de reducir la oferta de productos en sus tiendas por lo menos en un 30 %, pasando de más de 90 000 productos individuales a 65 000.

Lewis sabía que recibiría quejas de sus clientes. Con seguridad serían frases como: «¿Van a dejar de vender mi marca de café? ¡No hagan eso!». (Tesco ofrecía 283 marcas de café, Aldi ofrecía 20). También le dirían: «No podemos deshacernos de tal marca de arroz —Tesco ofrecía 98—, porque es la favorita de algunos de los clientes de mi sucursal». Lo mismo con los proveedores. Sin duda, aquellos cuyos productos dejarían de venderse de Tesco pondrían el grito en el cielo y cobrarían más por otras marcas que seguirían llevando a las estanterías de Tesco[7].

Lewis requirió de una gran valentía para mantenerse firme en su misión, pero lo hizo. Un año más tarde la compañía todavía seguía afrontando ciertos problemas, pero había señales de mejoría. El precio de las acciones de la compañía seguía siendo volátil y su calificación de solvencia estaba por debajo de la meta. Todavía quedaban muchos asuntos por resolver: problemas con bienes raíces, un amplio portafolio de inversiones en compañías periféricas y otros más. Sin embargo, las ventas durante la primera temporada navideña bajo el mando de Lewis superaron las expectativas de Londres[8]. En una empresa compleja no existen las soluciones mágicas, pero avanzar hacia la simplicidad siempre añade verdadero valor.

Atributo de liderazgo #2: sensibilidad minimalista

Después de la valentía, la segunda característica que poseen los líderes que están decididos a implementar la simplicidad en una organización es la comprensión del valor de reducirse. Los líderes eficaces en el proceso de la simplificación deben tener claro que menos, es más. Deben ser capaces de visualizar de qué manera una compañía más simple es más eficiente, más productiva y, sobre todo, más rentable. Deben asumir la sabiduría del minimalismo.

Piense qué implicaría para su negocio que le pidieran que sacrifique una tercera parte de los productos que ofrece. ¿Argüiría usted, como sin duda lo hicieron algunos de los subordinados y compañeros de Lewis, que la compañía perdería a muchos de sus clientes? ¿O, por el contrario, consideraría con entusiasmo esta oportunidad para ver de otra manera su unidad de negocios y reformular el negocio, a fin de llevarlo a nuevas alturas?

Para que la simplicidad se convierta en una fórmula ganadora, los líderes deben creer en el bono de la simplicidad, es decir, la noción de que los consumidores están dispuestos a sacrificar otros beneficios en favor de la facilidad o la conveniencia. Hemos visto que muchas veces los compradores pagan más por el mismo producto, si el proceso de adquirirlo es más sencillo. Tal como lo sugiere la historia de Tesco, también están dispuestos a sacrificar la variedad. Desde luego que también sacrificarán alguna parte del producto estrella de su compañía (por ejemplo, cualidades como la calidad o la durabilidad) si puede obtener algo que es más fácil de adquirir o de usar.

Los líderes también deben creer firmemente en los beneficios de la simplicidad dentro de la organización. ¿Recuerda a John y Bert Jacobs, los hermanos que fundaron la compañía de ropa Life is Good y luego se lamentaron porque vivían inundados de correos? Los hermanos concibieron una idea radical: simplemente dejaron de usar el correo electrónico. A pesar de manejar una compañía de 100 millones de dólares, los hermanos Jacobs decidieron que solo iban a estar disponibles por teléfono o en persona. Para ello, cada dos semanas recibirían de sus colaboradores un resumen de las comunicaciones entrantes más importantes. Tal como explicaba John, esta nueva manera de trabajar «nos permite dedicar más tiempo a asuntos, inquietudes o proyectos de más alto nivel, y ser más creativos». No es que todo el mundo en Life is Good haya abandonado el correo electrónico, pero la decisión de los hermanos nos da una importante lección sobre el minimalismo. John concluyó: «Hemos visto que la gente duda más a la hora de involucrar a otro en asuntos menores si la forma de contactarlo es telefónica y no por correo electrónico[9]».

Es fácil exigir más, más y cada vez más. Rara vez vemos el aspecto nocivo de añadir una nueva funcionalidad a un sitio web, una nueva opción a un plan de servicios o una nueva serie de reuniones internas. No obstante, ese tipo de adiciones *sí* tienen un costo, aunque en principio no sea evidente en el balance general de la empresa. Los líderes que van a orientar un esfuerzo de simplificación deben entender cuáles son estos costos y deben vivir los beneficios de la simplicidad en su propia piel.

Atributo de liderazgo #3: orientación hacia los resultados

Nada es más contraproducente para las iniciativas de simplificación que los líderes que ven la simplicidad tan solo como un medio para reducir costos. Los líderes inteligentes saben que una simplificación exitosa no consiste nada más en producir mucho con poco ni en lograr que la gente haga más con menos. Consiste en permitirles a los trabajadores de la organización hacer más trabajo de ese que les resulta interesante y emocionante hacer (en lugar de simplemente trabajar más). Los líderes que tienen una mentalidad de lo simple se embarcan en los esfuerzos de simplificación como un medio para que tanto sus colaboradores como la empresa se vuelvan más eficientes.

Hace un par de años, Jeff Spencer, quien por entonces se desempeñaba como director ejecutivo de estrategia en Merck Canadá, creó una estrategia de largo plazo para propiciar una cultura de la simplicidad. Un sondeo llevado a cabo entre el 15 % de los empleados de la compañía, en todos los niveles y funciones, reveló que los encuestados se sentían limitados por la cantidad de reuniones a las que debían asistir, la cantidad de correos electrónicos que debían responder, la imprecisión de la toma de decisiones, pero, sobre todo, por unos procesos y unos sistemas sobre los cuales tenían escaso control. Esta situación era problemática, pues obligaba a los trabajadores a mirar hacia dentro, en lugar de centrar su atención en los clientes y los competidores de la compañía. Es cierto que se estaban desarrollando nuevos productos en la empresa (prometedores medicamentos que tenían a todo el mundo muy emocionado). Sin embargo, la industria farmacéutica es muy reglamentada, razón por la cual el lanzamiento de cada nuevo producto exige que la compañía supere diversas etapas. Dada la gran cantidad de trabajo pendiente y la escasez de tiempo, muchos empleados se sentían cada vez más frustrados por causa de la complejidad.

En un comienzo, los esfuerzos por racionalizar las operaciones de la compañía no cumplieron con las expectativas que se había planteado Spencer. Esos esfuerzos hacían énfasis en arreglar muchos de los asuntos relacionados con los sistemas que molestaban a los empleados, pues se trataba de aquellos sobre los que tenían poco o ningún control. Aun así, incluso en los casos en que se atendían las inquietudes de los empleados, era poco lo que se avanzaba en una creación de la cultura de la simplicidad.

Spencer decidió emprender una estrategia diferente, que le permitiera comprometer a los empleados en la simplificación del trabajo a su alrededor, en lugar de concentrarse en el sistema. Unos meses después dc iniciado el esfuerzo, la organización logró hacer un primer avance, cuando un equipo se unió para resolver un antiguo problema. Desde hacía cierto tiempo la compañía carecía de un sistema claro y eficiente con el cual los representantes de ventas pudieran dar retroalimentación al departamento de Marketing. El equipo trabajó en la creación de un sistema de respuesta rápida simple, basado en correo electrónico, con el cual los representantes podían entregar información y otras observaciones aportadas por los clientes. Esta información era compilada y revisada por Marketing y luego servía como fundamento para acciones futuras. Dado que estos aportes provenían directamente de los clientes, el departamento de Marketing pudo desarrollar respuestas que atendían mejor las necesidades específicas de los clientes. Por otra parte, ya que Marketing estaba obteniendo la retroalimentación de los clientes más pronto, logró dar a los clientes (y a los representantes) una mejor experiencia[10].

Por primera vez, los empleados estaban colaborando directamente en la creación de una cultura de la simplicidad más amplia. Estaban asumiendo una conciencia y un compromiso con las diversas maneras de actuar por su propia cuenta y avanzar por la senda de la simplicidad. También estaban más atentos a las formas insidiosas y sutiles como cada empleado podía añadir nuevas capas a la complejidad.

Spencer reconoce que la simplificación no siempre es fácil. Los entornos altamente regulados pueden ser muy complejos, y las empresas no se pueden dar el lujo de no cumplir con las normas. En este caso, Spencer sugiere buscar maneras de contener la complejidad dentro de algunos ámbitos específicos, en lugar de permitir que se extienda a toda la organización. Para ello, señala un caso reciente en el que Merck Canadá eliminó algunos de los requerimientos de rendición de cuentas para los representantes y estableció un Centro de Excelencia (COE) para hacer ese trabajo. De esa manera, los representantes tienen más tiempo para hacer su trabajo del día y, además, el COE realiza esa función de manera más eficiente, por lo cual se ahorra dinero.

Atributo de liderazgo # 4: concentración

¿Cree usted que la simplificación era el único asunto que Dave Lewis debía atender cuando asumió su cargo como director ejecutivo de Tesco? Desde luego que no. Los altos dirigentes suelen comenzar su día como todos los demás: con un diluvio de correos, montones de reuniones y una pila de informes. No obstante, los líderes que tienen una mentalidad de lo simple han ubicado la erradicación de la complejidad en un lugar muy importante de su agenda, y se niegan a dejarse lastrar por las inevitables distracciones. Tampoco permiten que las personas titubeantes se interpongan en la realización de sus planes. Cualquier iniciativa que pretenda producir cambios genera resistencia en el interior de las organizaciones, y la simplicidad no es la excepción. En teoría, a todo el mundo le gusta la simplicidad, pero debido a muchas de las razones que hemos expuesto, solemos aferrarnos a lo malo conocido, en lugar de apostarle a lo bueno por conocer. Más aún, aunque la simplicidad es excelente para la compañía como un todo, representa una amenaza directa para ciertos individuos y grupos cuya autoridad se fundamenta en las reglas, procesos y sistemas desactualizados, ineficientes y complejos, los cuales deben desaparecer.

La concentración es particularmente importante para los líderes de compañías jóvenes, pues estas organizaciones tienden a volverse más complejas a medida que van creciendo. Cuando Mike Dubin y Mark Levine fundaron Dollar Shave Club, a comienzos del 2012, su intención era, en buena parte, ofrecer una alternativa a la complicación. Conscientes de que los consumidores estaban hartos de gastar tanto dinero en afeitadoras en las droguerías locales, Dubin y Levine decidieron ofrecer una alternativa más sencilla: por menos de diez dólares al mes, le enviarían al cliente cuchillas nuevas por correo. Nada de enredos ni de decisiones complicadas. El cliente daba su dirección y su número de tarjeta de crédito, y las cuchillas llegaban a su casa. Sin dudarlo, miles de clientes decidieron aprovechar esta oportunidad. Sin tantas molestias (y, en muchas ocasiones, por menos dinero) los clientes de las afeitadoras recibían un producto de buena calidad.

Al ver que la compañía crecía, Dubin y Levine habrían podido caer en la tentación de expandir su oferta. Tal vez habrían podido convertirse en un servicio de entrega a domicilio de una gran variedad de productos de cuidado personal. O tal vez habrían podido ofrecer a sus clientes diferentes tipos de afeitadoras, con cuchillas más finas, con colores más brillantes o con mangos más cómodos. Sin embargo, los dos socios desecharon movimientos estratégicos como estos y decidieron, más bien, concentrarse en las conexiones que estaban creando con cada cliente, es decir, unas relaciones basadas en la simplicidad. Dubin y Levine continuaron ofreciendo a los clientes tres opciones, y solo tres (con algunos productos más, como crema de afeitar, por si alguien quería darse un lujo adicional). Su capacidad para concentrarse en una oferta simple fortaleció su reputación entre la clientela de base, que era cada vez mayor[11]. Al cabo del primer año de operaciones, el club contaba con 200 000 suscriptores. Un año y medio después, su vídeo original, usado para lanzar el producto a través de las redes sociales, había sido compartido 15 millones de veces en YouTube.

En compañías más consolidadas, la resistencia frente a la simplificación puede adoptar muchas frases conocidas, como: «No podemos eliminar ese proceso porque...»; «Tenemos que recibir la aprobación de...»; «No puedo hacer ese trabajo bien, a menos que tengamos...», etc. Los líderes necesitan mantener la concentración y persistir, a pesar de la resistencia. Y deben aguantar la presión a lo largo del tiempo. Cuando un líder impone una iniciativa de simplificación a unos colaboradores escépticos, es poco probable que esta tenga éxito desde el comienzo. No faltará quien se resista a hacer determinada tarea y afirme que el nuevo proceso, supuestamente más simple, en verdad no funciona. Los líderes deben tener la fortaleza y la determinación para celebrar los beneficios de la simplificación, al tiempo que reconocer que el cambio puede ser difícil. Deben insistir una y otra vez en la idea de que la vida de los trabajadores mejorará si se racionalizan los procesos y los productos. Es decir, no solo habrá una mejoría en los estados financieros, sino que los trabajadores se sentirán más productivos: compartirán los beneficios. Los líderes que insisten en el imperativo de la felicidad, esto es, los que tienen una mentalidad de lo simple, son los que mayores probabilidades de éxito tienen.

Atributo de liderazgo # 5: compromiso personal

Hace algunos años mi equipo empezó a trabajar con un cliente del sector editorial. El líder era un individuo agradable que se desempeñaba en un alto cargo en el departamento de Recursos Humanos. Había solicitado nuestros servicios para que le ayudáramos a desarrollar habilidades de innovación en los miembros de su equipo y para que contribuyéramos a subirles la moral. No obstante, había un problema: aunque nuestro cliente era muy bueno para hablar, no era tan bueno para actuar. Le interesaba mucho dejarme en claro que otros departamentos de la compañía exigían informes que carecían de verdadero valor, pero no estaba dispuesto a admitir que él también le asignaba a su gente tareas inútiles.

Un ejemplo sobresaliente de este fenómeno es el informe operativo mensual (IOM). Nadie en el departamento de Recursos Humanos entendía cuál era su valor, y al personal le tomaba horas hacerlo. Así, los empleados del departamento se inventaron una pequeña prueba para sacar a flote la verdad. Uno de los subordinados directos de mi cliente reunía toda la información para el IOM, pero luego se abstenía de pasarla. En lugar de eso, durante tres meses consecutivos, después de terminar cada informe, metía el documento en un cajón del escritorio. Desde su punto de vista, la prueba del valor del IOM consistía en averiguar si alguien pedía consultarlo. Dado que nadie lo hizo, para él era obvio que tanto él como sus compañeros estaban perdiendo el tiempo.

¿Cree usted que este empleado se sintió inspirado al saber que su jefe estaba en plan de simplificar? Por supuesto que no. A su modo de ver, esa supuesta simplificación era el equivalente a poner pintalabios a un marrano. Eran meras palabras, sin contenido de fondo. Sus colegas estaban de acuerdo. La frustración de todos aumentó, lo mismo que su hostilidad y su resentimiento, pues estaban convencidos de que la organización no tenía ningún sentido del respeto por el trabajo que de verdad importa.

Si usted es un líder que aspira a comunicar una ética de la simplificación a su equipo, tendrá que ser un ejemplo de los comportamientos asociados con ella, y deberá reforzar esos comportamientos. Si usted no está preparado para simplificar su propio entorno de trabajo, no dé a las personas que trabajan bajo su dirección la orden de hacer recortes.

Atributo de liderazgo # 6: firmeza

El director general de diseño de Apple, Jony Ive, quien también fue la mano derecha de Steve Jobs, tiene fama de ser el cerebro de algunas de las creaciones más icónicas de Apple, entre las que se cuentan el iPod, el iPad y el reloj Apple. El propio Jobs llamó, en cierta ocasión, «compañero espiritual» a Ive. No es ninguna exageración decir que Ive sabe más que cualquiera sobre la simplicidad. Si hay una persona que encarne el diseño con simplicidad, esa persona es Ive.

Varios años después de la muerte de Jobs, Ive atribuía parte del éxito de quien fuera su jefe a su sorprendente habilidad para ir al meollo de cada reto. Jobs logró mantenerse firme en los asuntos más importantes, aunque tuviera otras preocupaciones rondándole en la cabeza. Pero no fue solo eso. Para que sus colaboradores apartaran cualquier distracción, Jobs les preguntaba a Ive y a otros: «¿Cuántas veces has dicho que no en el día de hoy?[12]». El mensaje que envió Jobs con esta frase fue: asume el control. Jobs no quería que Ive fuera cada cinco minutos a su oficina a pedirle autorización para todas las decisiones marginalmente significativas. No quería que Ive sintiera miedo de lanzarse a la acción. Por el contrario, buscaba darle autoridad y esperaba que hiciera uso de ella. Si Ive decía que no en sus labores cotidianas, eso significaba que estaba tomando decisiones reales según su propio criterio.

Además de todo lo anterior, Jobs quería que Ive y los demás miembros del equipo se sintieran cómodos a la hora de poner límites a algunos proyectos y decir «no». Sabía que una cultura del consenso a ultranza dentro de la compañía Apple supondría su ruina. Si los trabajadores se sentían atemorizados de oponerse a la corriente, Apple perdería su posición dominante. Jobs tenía razón. Los líderes que se proponen adelantar campañas de simplificación hasta el final deben deshacerse de la necesidad de buscar consensos. Las organizaciones complicadas están llenas de personas que dicen no poder hacer nada porque alguien, en algún departamento, no ha dado su aprobación, o porque los miembros de otro equipo no les han enviado las especificaciones. Los líderes que funcionan con una mentalidad de la simplicidad pasan por alto estas quejas. Toman decisiones de forma rápida y clara, además de que incitan a aquellos que trabajan a su lado a hacer lo mismo.

Tabla 5.2 Atributos de líderes comprometidos con la simplificación

Seis características de líderes que simplifican. ¿Usted las tiene?	
1.	**Valentía**. A usted no le da miedo cuestionar lo establecido. Se siente cómodo con los cambios y lo desconocido. Desafía a las personas que son innecesariamente complejas.
2.	**Sensibilidad minimalista.** Usted conoce el valor de reducir. Busca eliminar barreras o labores que le impiden hacer un trabajo más valioso. Su postura siempre es: «¿Es esta la manera más simple de hacer las cosas para alcanzar nuestra meta?».
3.	**Orientación hacia los resultados.** La simplicidad no es para usted una simple cuestión de recortar costos. Lo que le interesa es obtener resultados claros y establecer responsabilidades.

Seis características de líderes que simplifican. ¿Usted las tiene?	
4.	**Concentración.** Usted no se rinde. Saca adelante sus metas persistiendo en sus esfuerzos, a pesar de la resistencia que encuentra. Para usted, la crítica es una manera de obtener información y fortalecer su punto de vista. No permite que la forma habitual de trabajar se convierta en un obstáculo insuperable para la simplificación a largo plazo.
5.	**Compromiso personal.** Para usted, las palabras y las acciones van de la mano. Busca maneras de simplificar y lo hace, al tiempo que empodera a otros para que hagan lo mismo.
6.	**Firmeza.** A usted le gusta que las cosas avancen rápido. No permite que una cultura donde el consenso se convierte en un lastre se interponga en sus planes.

4. Un relato para reflexionar

Hace algunos años dirigí un taller en una importante compañía de seguros estadounidense. Hago sesiones similares todo el tiempo, para dar a los equipos de grandes compañías la motivación y las herramientas para adoptar el imperativo de la simplicidad. Aquel día, me sentía muy complacida de estar reunida con los miembros de una de las mejores divisiones de la compañía. Mi público comprendía instintivamente el tema que yo estaba exponiendo, y le emocionaba la perspectiva de trabajar en diversos asuntos que eran fuentes de frustración. En mi oficio, uno sabe cuándo se ha sintonizado con el público y ha transmitido correctamente el mensaje. Este era uno de esos días.

Los participantes estaban haciendo el ejercicio que les había planteado y yo caminaba por todo el salón, observando las acciones del grupo y tomando nota de la forma como superaban los obstáculos propuestos. En un momento dado, me dio sed y me fui al fondo del salón a buscar un vaso de agua. Yo estaba de pie junto a la mesa y alcanzaba a escuchar a algunos de los ejecutivos que habían organizado el taller y me habían invitado a darlo. Más que participar, estaban observando a sus subordinados desde la distancia.

Lo que me llamó la atención fue su actitud. Estos ejecutivos creían en el concepto: sabían que la simplicidad era clave para su éxito colectivo. Sin embargo, también percibían que los más altos ejecutivos, sus jefes, no estaban convencidos. Los altos directivos habían demostrado un gran compromiso verbal: afirmaban que la compañía estaba preparada para emprender el camino de la simplicidad. Pero las personas que estaban en el salón veían pocas probabilidades de que los altos ejecutivos implementaran o apoyaran las soluciones que el grupo había recomendado ese día. Sentían que la complejidad era el *statu quo* de la compañía y que nada iba a cambiar.

Era evidente que los empleados comprometidos que estaban trabajando en mi ejercicio, en aquel salón, en algún momento comprenderían cómo eran en realidad las cosas. Por mucho que quisieran incorporar la simplicidad en el *modus operandi* de la compañía, estos jóvenes trabajadores tenían que descubrir, tarde o temprano, que los altos directivos no estaban genuinamente interesados en el asunto. Por desgracia, esto es típico. ¿Por qué los empleados se sienten atrapados en la complejidad? En buena medida, porque los dirigentes no se toman el problema en serio. En el ejemplo de la compañía Fidelity, que citamos al comienzo de este capítulo, los líderes trabajaban para alcanzar una mayor simplicidad, a pesar de lo que afirmaban los detractores de su idea. En este último ejemplo, los detractores eran los propios líderes.

Si los ejecutivos de su organización no se comprometen con el propósito de la simplificación, los avances en ese sentido serán poco significativos. No se logrará maximizar la oportunidad de hacer que la simplicidad se convierta en una ventaja competitiva. El esfuerzo debe venir desde arriba, y se requiere una cualidad de liderazgo que muchas veces escasea: la valentía. Es necesario dar un salto de fe, estar convencido de que liberar a las personas para que se dediquen a pensar en asuntos de alto nivel producirá réditos. También se requiere una mentalidad específica, es decir, la voluntad, la visión hacia el futuro y la fortaleza para hacer que la simplicidad se convierta en una realidad. ¿Tiene usted, como líder, estas características? En caso negativo, ¿por qué no?

Desde luego que el nivel de complejidad de una organización no lo determinan exclusivamente las personas que están en el grado superior de la escala jerárquica. Sin importar cuál sea su cargo, usted también tiene el poder para emprender el camino que lleva a hacer que la simplificación se haga realidad. Al igual que los altos directivos, usted tiene el deber ético de no inundar de complejidad inútil a las personas que trabajan con usted y de ponerse en la tarea de simplificar lo que hace. En los próximos dos capítulos encontrará las herramientas idóneas para que usted y su equipo puedan identificar dónde simplificar, cómo hacerlo y cómo hacer que la cultura de la simplicidad eche raíces fuertes en su organización.

6. La caja de herramientas de la simplicidad

«El escultor produce su hermosa obra quitando los fragmentos de mármol que no se necesitan. Se trata, pues, de un proceso de eliminación».
Elbert Hubbard[1]

Si usted es amante de los antiguos dibujos animados, tal vez recuerde la serie *G. I. Joe*, en la que había una franja de anuncios de interés público al final de cada episodio. El propósito de estos anuncios era enseñarles a los niños qué hacer en caso de peligros como cables eléctricos sueltos o personas extrañas que ofrecen llevar los niños a su casa. Al final del anuncio, salía un chico diciendo: «¡Ahora ya lo sé!», y la voz del narrador añadía: «Y saber es tener ganada la mitad de la batalla».

En el caso de la complejidad ocurre algo similar: comprender cuál es el problema es tener ganada la mitad de la batalla. Sin embargo, la segunda parte es muy importante, pues implica emprender ciertas acciones. Muchas de las iniciativas de simplificación fracasan porque los empleados y los gerentes, a pesar de ser bien intencionados y tener clara la existencia de la complejidad, no saben cómo hacerle frente. Sus esfuerzos carecen de algunos componentes esenciales (como apoyo ejecutivo, dedicación de tiempo y concentración), pero, sobre todo, se hacen sin contar con las herramientas y los marcos de acción adecuados, que permitan llevar la iniciativa de la intención a la acción. En consecuencia, estos esfuerzos terminan ahogados en un mar de ambigüedades.

Uno de mis clientes, que es una de las compañías de bienes de consumo más reconocidas del mundo, ofrece un buen ejemplo. En el verano del 2014, una división de la organización, encargada del manejo de varias de las principales marcas de la compañía, decidió poner en marcha la iniciativa de la simplicidad. Los miembros de la alta gerencia tenían plena conciencia de que la complejidad era un lastre para el negocio. Esta división en particular era una de las más reguladas de la compañía (debido a las marcas que manejaba), y sus líderes reconocían que ninguna iniciativa que condujera a hacer reformas internas reduciría los niveles de supervisión por parte del gobierno. No obstante, todo el mundo estaba de acuerdo en afirmar que una racionalización del trabajo interno —desde el proceso de producción hasta la innovación en el trabajo cotidiano— podría darle al negocio una ventaja competitiva sustancial.

Los altos directivos reunieron a doce personas que trabajaban en toda la división: ingenieros, ejecutivos de ventas, expertos en marketing, expertos en finanzas, etc. Todas las funciones tenían un lugar en la mesa (y este es un ingrediente básico para que la iniciativa funcione). Es importante anotar que los doce participantes se ofrecieron de forma voluntaria para este propósito y estaban sinceramente convencidos de la importancia de los efectos de un trabajo más simple en la división. Todos conversaron sobre las diversas maneras como la simplicidad puede estimular la innovación, aumentar el sentido del compromiso de los empleados y fortalecer el desarrollo profesional.

Lo primero que hizo el grupo fue una encuesta de observación de la división en general, para percatarse mejor de cómo percibían sus colegas la simplificación. ¿Cómo definían los empleados el término? ¿Sabían qué beneficios podía aportarle al negocio? Las personas que respondieron la encuesta aportaron sus nociones sobre lo que podría considerarse una definición de la simplificación y por qué era importante. Los empleados consideraban que la simplificación eliminaría barreras para poder hacer un trabajo más significativo e importante y contribuiría a eliminar tareas innecesarias. Si todo salía según lo deseado, la simplificación crearía una cultura que abriría las puertas al pensamiento creativo. Una vez que se hizo claridad sobre la definición y el propósito, el grupo central de doce participantes identificó metódicamente las áreas de complejidad dentro del negocio y pidió a los colegas dar sugerencias sobre cuáles aspectos se podrían simplificar y de qué manera podría lograrse.

A pesar de este comienzo promisorio, la iniciativa no tuvo arrastre. Un año después, prácticamente se la había echado al olvido. ¿Por qué? En primer lugar, el equipo nunca hizo una definición y priorización adecuada de las áreas que requerían simplificación. El grupo identificó veinte áreas de trabajo, pero las áreas no estaban bien definidas. En consecuencia, los empleados perdieron tiempo clave intentando aclarar los conceptos, en lugar de emprender acciones concretas. «¿Cuál es la diferencia —preguntaba la gente— entre una iniciativa de simplificación y un proyecto de simplificación?» También preguntaban: «¿Qué tienen en común un documento de simplificación y un informe de simplificación?» La simplificación se convirtió en un ejercicio estéril de filosofía y semántica.

Cuando el grupo finalmente estableció prioridades con respecto a las áreas por simplificar en primer lugar, se llevaron a cabo sesiones de lluvia de ideas para generar soluciones. Por desgracia, estas sesiones eran demasiado generales y en ellas no se planteaban preguntas que generaran nuevo pensamiento. En consecuencia, las soluciones no eran lo suficientemente específicas y muchas de ellas ni siquiera tenían que ver con el tema. Además de eliminar pasos en tareas o procesos particulares, las soluciones del grupo no lograban abordar procesos colectivos de trabajo y, más bien, se concentraban en asuntos relacionados con la motivación individual. Los miembros del equipo proponían cosas como aumentos de salario, incentivos de desempeño, reconocimiento por parte de sus superiores e, incluso, mejores refrigerios y alimentación para las reuniones. ¿Qué tenía esto que ver con racionalizar los informes o con cualquier otra área significativa de la simplificación?

Los miembros del equipo se repartieron las ideas que podían servir y quedaron de encontrarse para hacer la propuesta del plan en unas semanas. Cuando se volvieron a encontrar, eran muy pocos los que habían logrado producir algo. Habían estado ocupados resolviendo asuntos urgentes. El desarrollo habitual de las actividades laborales no les permitía avanzar. Dado que el esfuerzo no estaba bien pensado y que se requería mucha energía para avanzar, los participantes empezaron a perder el entusiasmo. En palabras de uno de los gerentes, «ese esfuerzo fue flor de un día».

Este grupo, al igual que muchos otros, no comprendió a cabalidad la importancia de la simplificación. No aprehendió un concepto fundamental de este libro: si el trabajo funciona, la cultura funciona. Si los miembros del equipo lo hubieran tenido claro, muy pronto se habrían dedicado a revisar los detalles del trabajo, las minucias, las cosas que los frustran día a día, que los hacen desperdiciar su valioso tiempo, que crean un estrés innecesario, sin importar cuántos aumentos de salario les hagan o qué alimentos les den durante las reuniones. Para que se produzca una simplificación efectiva es necesario, en primer lugar, que determinemos cuáles tareas y acciones individuales no están agregando valor y, en segundo lugar, que eliminemos lo nocivo. Una vez los empleados comiencen a emplear su tiempo en cosas valiosas —tareas que están a la altura de su tiempo y que cumplen un propósito útil en la organización— la cultura organizacional deseada empezará a florecer.

Miles de veces hemos escuchado a la gente decir: «Sí, la cultura de la compañía donde yo trabajaba estaba bien, pero me retiré porque odiaba el trabajo que me tocaba hacer».

Es una frase que se repite una y otra vez.

1. Algunas ideas erradas sobre la simplificación

Para que usted y su equipo se concentren en llevar a cabo el verdadero trabajo de simplificación, es necesario hacer acopio de las herramientas adecuadas. En este capítulo presentó varios ejercicios clave que con mi equipo ya hemos puesto a prueba en otras ocasiones y hemos perfeccionado en algunas de las compañías más importantes e innovadoras del planeta. Comencé a desarrollar estas herramientas para nuestros clientes al cabo de un largo periodo de investigación sobre la complejidad. Mi equipo había recolectado un montón de material impreso sobre la complejidad: notas, papeles, ideas, estadísticas, etc. Sin embargo, como lo he relatado, nos sorprendió comprobar que no había herramientas diseñadas para ayudar a los equipos y a los individuos a simplificar asuntos o hábitos laborales generales de manera directa y sin tener que contar con un presupuesto abultado.

Ante este panorama, nos dispusimos a crear esas herramientas. Confieso que no fue fácil. De hecho, en muchas ocasiones era dolorosamente complicado entender lo que conlleva la simplificación y cómo debemos abordarla. En primer lugar, hicimos una lista de las barreras que nos impiden (ya sea como individuos, como equipo o como organización) hacer más sencillo el trabajo. Las preguntas que nos planteamos fueron: ¿Por qué es tan difícil iniciar el camino de la simplificación? ¿Cuáles son los tropiezos más comunes? ¿Qué podemos hacer nosotros para ayudar a las personas a eliminar esas barreras más rápido y lograr que la simplificación ocurra con mayor frecuencia?

Al reflexionar sobre esas cuestiones, salieron a flote algunas ideas erróneas que son comunes a la hora de atacar el problema de la complejidad. En primer lugar, las personas que buscan simplificar suelen no ver la importancia de que sus colegas identifiquen el hecho de tener un problema, antes de pasar a resolverlo. (Si en su equipo hay personas que consideran que no hay ningún problema de complejidad, usted nunca logrará resolverlo. De hecho, lo único que logrará es estrellarse contra un muro). En segundo lugar, las personas que buscan simplificar suelen intentar atacar primero cosas que son muy grandes. Cualquier esfuerzo de simplificación debe dividir las tareas en partes que sean tan pequeñas como se pueda. Solo en ese momento podrán los trabajadores entenderlas y sentir que pueden emprender acciones al respecto.

En tercer lugar, hay una gran diferencia entre organizar y simplificar. El hecho de que una cosa esté organizada no significa, en absoluto, que sea simple. A decir verdad, muchas cosas complicadas están bien organizadas, lo cual no las hace más valiosas ni menos molestas.

Permítame citar un ejemplo. Tengo dos hijos, que hacen muchas actividades extracurriculares, y yo, por mi parte, debo cumplir con mis obligaciones laborales. Por esa razón, pertenezco a grupos en los que cada vez nos turnamos para transportar a los chicos en un solo automóvil. La gran mayoría de esos grupos no funcionan. ¿Por qué? No es por falta de organización. Estos grupos se valen de herramientas como horarios en línea, aplicaciones de calendarios, sistemas de recordación, grupos de chat para alertas, y se hacen intercambios de información de contacto y direcciones con la suficiente antelación. Ahora bien, cuando dos personas nuevas entran al grupo («Hola. ¡Ahora tendremos que pasar menos tiempo manejando!»), la complicación aumenta. Los cinco chicos que viajan en el automóvil viven en lugares diferentes, repartidos por toda la ciudad. Por ello, cuando dejamos a todos los chicos en sus casas después de las actividades extracurriculares, nos demoramos una hora más que cuando no estábamos en el grupo. Mensajes de texto vienen y van para hacer actualizaciones de la programación, además de correos electrónicos por triplicado para confirmar quién va a manejar tal día, a tal hora, y determinar cuál va a ser el orden de recogida. Sí, muy organizado, pero, sobre todo, terriblemente complicado.

En cuarto lugar, la gente confunde la mejora con la simplificación. Simplificar equivale a sustraer. En la mejora, es posible que haga falta la sustracción, pero también se necesita la adición. Yo prefiero oír a los empleados conversar de las maneras de eliminar o racionalizar, que, de mejorar, porque la mentalidad que se requiere es muy diferente. No quiero mejorar una desventurada reunión añadiendo más correos electrónicos para aclarar las cosas. Lo que me gustaría es ver cómo se pueden eliminar o racionalizar las partes de la reunión que están causando el problema. Como hemos visto, las mejoras son, a veces, la forma de crear el monstruo: buenas intenciones, pero con resultados adversos.

Por último, la simplificación no es un proyecto, sino un principio operacional: es la *manera como trabajamos*. Mucha gente ve la simplificación como un proceso similar al de la limpieza de primavera que se hace en las casas o como quitar la maleza de un jardín. Hacerlo una vez no significa que la maleza o el revoltijo van a desaparecer para siempre. Cambiar un hábito es difícil, y la simplificación debe ser una prioridad si queremos que funcione.

2. Cinco pasos para la simplicidad

Con estas ideas como punto de partida, identificamos cinco pasos concretos para poner en marcha la simplificación.

1. **Claridad.** Todos iniciamos nuestro recorrido de la simplificación reconociendo la carga que implica la complejidad, no solo en nuestras organizaciones sino en nuestra vida personal. Por otra parte, reconocemos hasta qué punto dependemos de la complejidad o qué tanto hemos contribuido a crear la complejidad existente, es decir, de qué manera hemos perpetuado el *statu quo* sin siquiera darnos cuenta.
2. **Identificación.** Una vez hacemos conciencia de la complejidad, sacamos a la luz las áreas de nuestro trabajo o nuestras tareas específicas que crean obstáculos frustrantes para nosotros (por ejemplo, porque no añadimos valor o porque desperdiciamos nuestro tiempo de manera inútil) y decidimos cuáles oportunidades de simplificación vale la pena implementar. Durante esta etapa también comenzamos a comprender por qué es tan difícil abandonar los sistemas existentes y cuáles son los comportamientos individuales y organizacionales que crean esas complejidades. Nos hacemos una idea de cuánto tiempo y energía requiere la simplificación y cuánto valor podemos crear mediante la simplificación.
3. **Priorización.** Luego de identificar las oportunidades de simplificación, el paso a seguir es establecer prioridades. Debemos evaluar las oportunidades usando una ecuación que podemos formular como: «tiempo *versus* valor». Evaluamos cuáles complicaciones son las que más entorpecen nuestro trabajo, cuáles problemas son los más difíciles de erradicar y dónde podemos obtener mayores beneficios con la misma inversión.
4. **Ejecución.** Una vez identificamos las oportunidades, debemos pasar a la fase de la ejecución, hacer las cosas de otra manera y realizar ajustes en tiempo real. Para ello se requieren esfuerzo y valentía, además de una mentalidad orientada a la simplificación y un compromiso de todo el personal.
5. **Formación del hábito.** La simplificación no se obtiene de un solo golpe, sino que toma tiempo. Debe convertirse en una forma de operar, el modo como usted aborda todo lo que hace. Para que la simplicidad haga parte esencial de la cultura organizacional, su función como líder es tomarse el tiempo de explicar sus propósitos y beneficios. Es necesario tomar las medidas necesarias para garantizar que la simplicidad se

convierta en un hábito. En el siguiente capítulo desarrollaré este punto, presentaré herramientas que le ayudarán a fortalecer el compromiso de su organización o su equipo en relación con la simplicidad.

Una vez determinamos esos pasos, mi equipo y yo comprendimos que debíamos crear herramientas individuales para superar cada barrera y permitir a los trabajadores avanzar en cada etapa de la manera más fácil posible. Encuestamos a más de 300 clientes, colegas y amigos, para saber cómo abordaban *ellos* la complejidad. Hicimos preguntas como: «Si usted fuese a formular preguntas que contribuyeran a crear simplicidad o eliminar la complejidad en su organización, ¿qué preguntaría?». También les pedimos a los encuestados que nos dieran ejemplos puntuales de casos en los que su compañía simplificó algo y, en consecuencia, se facilitó el trabajo de algún modo.

Obtuvimos unas respuestas maravillosas, y nos sorprendió ver la cantidad de gente entusiasmada ante el reto de hacer frente a la complejidad. Nuestros clientes empezaron a pasar la encuesta a sus amigos y colegas, quienes, a su vez, nos enviaron las respuestas a nosotros. Adicionalmente, publicamos en Twitter las dos preguntas e invitamos a nuestros miles de seguidores y a los más de 20 000 destinatarios de nuestro boletín informativo a que nos enviaran tácticas de simplificación creadas por ellos mismos. Con este cúmulo de información nueva, comenzamos a enfocarnos en los lugares dentro de las organizaciones donde suele agazaparse la complejidad.

3. Crear herramientas de simplificación

Cuando terminamos de analizar y organizar las ideas que reunimos, empezamos a diseñar las herramientas. Con el fin de optimizar la relevancia de cada herramienta, enfatizar la responsabilidad y generar acción inmediata, decidimos no trabajar a nivel de toda la empresa, sino que creamos ejercicios destinados para el uso de individuos, equipos y unidades de negocio. Pusimos las herramientas a prueba una y otra vez, haciendo los cambios pertinentes. A partir de las nociones aprendidas, preparamos ejercicios que se concentrarían en cada etapa. Cada uno de ellos pasó por varias pruebas y por diversos cambios. Finalmente, logramos producir una caja de herramientas que podía servir de complemento a las diversas metodologías de optimización del trabajo (entre ellas, Lean), para ayudar a quienes quieran emprender acciones relacionadas con la simplificación.

Use las herramientas que expongo a continuación, para centrarse en los detalles específicos de su trabajo. Escoja las que mejor se adaptan a las necesidades de su organización. Los ejercicios que se proponen en algunas de las herramientas no le tomarán más de media hora (sin entrenamiento). Muchos de ellos son modulares, lo cual le permite empezar con las dos primeras fases o hacerlas todas en un solo bloque, dedicándole más tiempo.

La simplificación no es fácil, pero creemos firmemente que no debe ser complicada, onerosa ni agotadora. En particular, no es necesario esperar para hacer un largo proceso formal de revisión. Es posible hacer progresos ahora mismo: siéntese con sus colegas y empiece a usar nuestras herramientas. A continuación, las presento en el mismo orden de los cinco pasos hacia la simplificación.

HERRAMIENTA 1
50 Preguntas para simplificar

Una vez haya terminado de hacer el diagnóstico, tal como se plantea en el capítulo 3, y haya tomado conciencia de su problema de complejidad, viene la siguiente etapa. ¿Cómo identificar casos específicos de complicación innecesaria? ¿Cómo empieza usted a eliminarlos? Nuestro primer ejercicio, «50 preguntas para simplificar» le ayudará con el paso 2 del proceso de simplificación: la identificación.

Sin importar si usted está buscando un punto de partida para la simplificación, si quiere resolver un punto clave o si quiere implantar un nuevo proceso o procedimiento, estas preguntas le permitirán hacer una radiografía certera para llevar a cabo la simplificación. Este ejercicio puede usarse en conjunto con el «Diagnóstico de la complejidad», que revela áreas específicas de complejidad dentro de su organización, o puede usarse como herramienta individual para la solución de problemas. Si su compañía decide emprender el camino de la simplificación, la herramienta «50 preguntas para simplificar» puede convertirse en parte del proceso de toma de decisiones en todos los ámbitos de su negocio, desde las reuniones hasta la tercerización, pasando por las comunicaciones.

En la herramienta «50 preguntas para simplificar» se organizan las preguntas en torno a una definición de la simplificación compuesta por cuatro elementos. También añadimos una quinta categoría, diseñada para ayudarle a determinar si algún elemento de su negocio merece atención especial. Usted deberá prestar atención a los cinco aspectos, para poder empezar a hacer el trabajo que realmente importa, pues algo puede ser simple según mi definición, pero carecer de utilidad o sentido para su organización en particular, dada su misión o su objetivo.

Veamos las categorías básicas formuladas en forma de preguntas:

- **¿Es valioso?**

  Estas preguntas le ayudarán a decidir si algo es necesario o merece que usted le dedique tiempo.

- **¿Es mínimo?**

  Estas preguntas le ayudarán a decidir si algo ha sido racionalizado o reducido a su mínima forma posible.

- **¿Es comprensible?**

  Estas preguntas determinan si la comunicación sobre un tema es lo más clara posible.

- **¿Es repetible?**

  Estas preguntas le permiten decidir si algo está lo más automatizado y reproducible posible.

- **¿Es accesible?**

  Estas preguntas le ayudan a determinar si una fuente de información está lo más disponible posible.

Usted puede utilizar estas sugestivas preguntas junto con las demás herramientas que ofrecemos aquí o puede utilizar cada una de manera individual, para que, así, los empleados hagan lluvia de ideas y creen soluciones relacionadas con la simplicidad. Para que el uso de estas preguntas sea más eficaz, escoja una de las siguientes opciones:

- **Variación # 1:** haga el ejercicio de manera individual.
- **Variación # 2:** haga el ejercicio en grupo. Sepárelo por equipos y asigne a cada equipo un área de complejidad.
- **Variación # 3:** un líder escoge cinco preguntas en las áreas de complejidad relevantes y luego las envía a los participantes, para que las respondan antes de la reunión. Después el grupo discute las soluciones propuestas.

Veamos cómo funciona el proceso.

Paso 1. Defina el reto de simplificación (5 minutos)

Explicite claramente el reto de esta sesión de simplificación usando las palabras más específicas que pueda. Estos son algunos ejemplos: «Aumentar la productividad dando al departamento x acceso a la información y» o «Mejorar el intercambio de información en tiempo real entre los departamentos de Marketing y de Ventas». Si el problema de complejidad de su organización parece demasiado abrumador y no resulta fácil ser específico, formule un reto general como: «Simplificar los procesos diarios y mensuales que se usan en nuestro departamento».

Pasos 2 y 3. Escoja entre una y tres áreas de complejidad y responda cinco preguntas en cada área (40 minutos)

Use su reto de simplificación para determinar cuáles áreas de complejidad son las que más requieren de su atención. Por ejemplo, si su reto es «Aumentar la productividad dando al departamento x acceso a la información y», escoja cinco preguntas en las áreas de complejidad «Repetible» y «Accesible». Si formuló un reto general, concéntrese en las áreas «Mínimo» y «Valioso». Cuando lleve a cabo este ejercicio como grupo, separe al grupo en equipos y asigne a cada uno un área específica de complejidad.

Revise todas las preguntas en su área seleccionada de complejidad y escoja cinco que apunten a la causa madre de su reto (también puede escribir sus propias preguntas). En el paso 4, usted convertirá las respuestas en soluciones.

Paso 4. Genere de tres a cinco soluciones para simplificar (30 a 60 minutos)

¿Tercerizar ciertas funciones resolverá su problema? ¿Qué pasaría si elimina por completo la tarea o el proceso dificultoso? ¿Cuáles aspectos o pasos podrían eliminar para racionalizar el proceso en general? Genere soluciones, bien sea de manera individual o bien sea en grupo, usando un tablero o un papelógrafo.

Si identifica soluciones que se pueden implementar de inmediato, no dude en colocarlas en un lugar prioritario de su agenda. Si identifica soluciones que tendrían un alto impacto, pero requieren investigación adicional, asigne responsabilidades a determinados individuos (o determinados equipos), señale plazos claros y programe una reunión de seguimiento antes de que concluya la sesión.

Por cuestiones de espacio, aquí he consignado solo algunas de las preguntas. Al final del libro, el lector encontrará la lista completa de las «50 preguntas para simplificar».

- **¿Es valioso?**

  Si la compañía se incendiara en la noche y tuviéramos que empezar de cero al otro día, ¿cuál es el asunto más crucial al que debería dedicarse el personal?

  Me acabo de ganar un viaje que inicia dentro de veinticuatro horas. ¿Cuáles son las cosas más importantes que debo dejar hechas antes de irme?

- **¿Es mínimo?**

  Si un nuevo presidente ejecutivo empezara a trabajar mañana en nuestra compañía, ¿cuáles procesos consideraría de inmediato como una pérdida de tiempo?

  Por cada cosa nueva que añadimos a nuestra línea de productos en fase de desarrollo, ¿qué podemos eliminar? (¿cuál proceso, reunión o llamada?).

- **¿Es comprensible?**

  ¿Podría explicar esto con claridad a cualquier persona externa a mi grupo de trabajo?

  ¿Qué jerga puedo eliminar en este documento o mensaje?

- **¿Es repetible?**

  Si automatizáramos algunos o todos estos procesos y tareas, ¿quién se beneficiaría?

  ¿Puede este proceso replicarse fácilmente para otros equipos o mercados?

- **¿Es accesible?**

  ¿Cómo pueden los clientes hacer negocios con nosotros de una manera más fácil?

  ¿Otros departamentos o divisiones se beneficiarían si tuvieran acceso a nuestros sistemas o información?

  ¿Nos beneficiaríamos nosotros si empoderáramos a otros departamentos para que hagan más de ese trabajo?

Estas preguntas tienen el propósito de servir como recurso o guía para estimular el pensamiento. Hay que usarlas según convenga, de acuerdo con las circunstancias, ya sea de manera individual o en grupo, escogiendo las preguntas más relevantes para la tarea en cuestión. Veamos cómo funciona.

El solo hecho de responder a las «50 preguntas para simplificar» no basta para que la simplificación ocurra. Sin embargo, el ejercicio le dará una visión más extensa y profunda de dónde se agazapa la complicación dentro de su negocio.

HERRAMIENTA 2
Tabla de simplificación

Supongamos que usted no tiene en mente una tarea específica que quiera simplificar o que solo dispone de un momento al final de una reunión para poner a su gente a pensar sobre el tema. En este caso, puede usar la Tabla de simplificación. No se deje engañar por su brevedad: se trata de una herramienta muy eficaz.

La herramienta fue creada en junio del 2015. Crear una caja de herramientas era una de las tareas pendientes de mi compañía. Aunque yo había planteado en detalle las herramientas que servirían de soporte a cada etapa de nuestro proceso de simplificación, me encontraba en un punto muerto. Temía que si avanzaba demasiado en el desarrollo de nuestra caja de herramientas y luego recibía retroalimentación que añadía trabajo a lo ya recibido, me vería obligada a volver a hacer el ejercicio desde el comienzo. Una perspectiva nada agradable.

Le anuncié a mi equipo que, a partir de ese día, crearíamos una herramienta nueva por semana y la pondríamos a prueba durante una hora, cada lunes por la mañana. Yo fui la primera en crear una: creé una tabla diseñada para ayudar a los trabajadores a identificar dónde se encontraba la complejidad en sus organizaciones. Dado que uno de los mayores obstáculos que enfrentamos al abordar la complejidad es que no sabemos por dónde comenzar, consideré que era necesaria una herramienta que permitiera sumergirse rápidamente en el problema. El nombre que le puse fue *tabla de simplificación*. Solo contenía seis preguntas: ni más ni menos. Fin de la tarea.

A la mañana siguiente, le di a mi equipo diez minutos para responder las preguntas en forma de lluvia de ideas. El salón se quedó en total silencio. Todos escribían sin parar. Como cosa sorprendente, un empleado escribió en una larga lista las complejidades que había experimentado en su cargo, a pesar de que solo llevaba dos semanas trabajando con nosotros. ¡Dios mío! ¿Qué clase de compañía complicada dirigía yo? Al cabo de diez minutos, les pedí que se detuvieran: había llegado el momento de compartir. ¡Y vaya si compartieron! Fue maravilloso descubrir que una técnica tan sencilla le permitía a un equipo descubrir docenas de formas de hacer mejor su trabajo, sin emplear mucho tiempo.

Mis colaboradores tenían excelentes percepciones sobre las cosas que complejizaban su trabajo, desde su propio comportamiento («Persigo a mis clientes para que me den pedacitos de información. Les escribo diez correos, aunque podría escribirles uno solo, una semana después. Para entonces, el cliente tendrá más detalles y yo podré obtener la información de una sola vez»), hasta labores que yo, como jefe, les pedía, sin darme cuenta de que eso les hacía perder inútilmente el tiempo («¿Por qué el departamento de Marketing se tiene que quedar a escuchar durante treinta minutos el informe de productos nuevos en desarrollo al final de nuestra reunión semanal de seguimiento?»), y cosas que sus compañeros hacían pero que no necesitaban hacer (Trevor le sugirió a Katherine dejar de meter datos en dos sistemas diferentes, pues era una labor innecesaria y redundante; Katherine le sugirió a Trevor aumentar la productividad de sus llamadas a clientes potenciales, usando una lista más corta de «Preguntas que no pueden faltar»).

En una hora logramos reducir complicaciones en 17 tareas. ¡Diecisiete! Todos estábamos muy entusiasmados y pensamos: «¿Por qué no hicimos esto antes? ¿Cuándo podemos hacerlo otra vez?». Algunas tareas se eliminaron, otras se tercerizaron con un proveedor y otras se racionalizaron. Más aún, encontramos varias maneras para mejorar la tabla misma.

Lo formidable de la tabla de simplificación es que define áreas fáciles y eficaces de trabajo para la simplificación. Úsela en un grupo pequeño o en una reunión. Cada participante debe tomarse cinco minutos para identificar las tareas más redundantes, complejas o que más tiempo consumen y, luego, otros cinco minutos para describirlas.

Tabla 6.1 Tabla para la simplificación de áreas fáciles y eficaces

Paso 1: ¿Qué es complejo, redundante o consume mucho tiempo?		Paso 2: ¿Por qué?	Paso 3: ¿Cómo cambiarlo? (Especifique tácticas para simplificar cada tarea, tales como racionalizar, tercerizar o eliminar).
Ejemplo: ¿Cuál es la tarea que más tiempo le consume?	Las propuestas trimestrales para los clientes, donde se definen los eventos, el marketing y los programas de relaciones públicas recomendados.	Cada propuesta implica muchas imágenes, mucho formato, además de que tengo que buscar el contenido en oficinas que funcionan en otros husos horarios. Los archivos son de muchos autores y las versiones son diferentes, lo cual dificulta encontrar el archivo más actualizado. Saco el contenido de cinco versiones diferentes para producir un documento maestro.	Reducir el número de imágenes a una por página. Usar solo el formato básico. Usar la herramienta de colaboración de Google docs para que solo haya una versión y cada departamento sea responsable de agregar su contenido.
1. ¿Cuál es la tarea que más tiempo le consume a usted?			
2. ¿Cuál es la tarea que más tiempo les consume a sus colegas?			
3. ¿Cuál es el aspecto más complejo de su trabajo?			

Paso 1: ¿Qué es complejo, redundante o consume mucho tiempo?		Paso 2: ¿Por qué?	Paso 3: ¿Cómo cambiarlo? (Especifique tácticas para simplificar cada tarea, tales como racionalizar, tercerizar o eliminar).
4. ¿Cuál tarea redundante le gustaría eliminar de la descripción de su cargo?			
5. ¿Cuál tarea pequeña es la que más le roba tiempo?			
6. ¿Cuál tarea le gustaría eliminar de sus responsabilidades hoy?			

Después de que los participantes hayan tenido tiempo de escribir sus respuestas, discuta los siguientes puntos, a fin de identificar las tareas que añaden la menor cantidad de valor. Cada equipo debe procurar eliminar o, por lo menos, suspender tantas tareas como miembros del equipo haya.

1. ¿Cuáles soluciones excepcionales, que permiten ahorrar tiempo, propusieron los miembros del equipo para las tareas que más les consumen tiempo?
2. ¿Puede alguna de esas soluciones aplicarse a las tareas de otros miembros del equipo?
3. ¿Hay duplicación de tareas entre los miembros del equipo? En caso afirmativo, ¿puede una sola persona llevar a cabo esa tarea?
4. Entre las tareas que los empleados desearían poder eliminar, ¿de cuáles es posible deshacerse ahora mismo? ¿Cuáles puede suspender por treinta días? En un mes, reexamine el valor de esas tareas, en grupo o en reuniones con una sola persona.

Una advertencia útil: una vez usted haya identificado las fuentes claves de complejidad en su trabajo, le sorprenderá comprobar lo muy obvias que eran. Es probable que usted supiera que algo no andaba bien, pero nunca le había dado la cara a esta realidad. A lo mejor levantaba las cejas y apretaba los dientes, pero nunca se sentó a pensar si había una manera de arreglar las tareas que le impedían hacer el trabajo que en verdad quería hacer. Las dos siguientes herramientas están diseñadas explícitamente para adoptar una conciencia más precisa de este fenómeno. Cuando usted vea las barreras, podrá hacer frente a los retos que implica eliminarlas.

HERRAMIENTA 3
Matar la complejidad

Hasta el momento nos hemos concentrado en herramientas diseñadas para llevar a cabo las dos primeras etapas del camino de la simplificación: tomar conciencia de la complejidad en general e identificar los diversos elementos presentes en sus rutinas y negocios. La siguiente herramienta, llamada *matar la complejidad*, sirve no solo para identificar la complejidad en la que usted se mueve, sino que, además, le ayudará a establecer cuáles complicaciones deben convertirse en el blanco principal de sus acciones.

Matar la complejidad identifica cuáles elementos de su propia experiencia le consumen su tiempo. Luego lo obliga a decidir cuáles de esas tareas que consumen tanto tiempo son realmente valiosas. Al usar esta herramienta con una unidad de negocio o un equipo, incluya por lo menos un alto líder que tenga la autoridad para eliminar de inmediato tareas de bajo valor, cuando sea posible. Tras usar esta herramienta, todos los participantes deben quedar con la sensación de que fueron escuchados; más aún, el líder debe comprometerse con ellos a emprender las acciones pertinentes más adelante. Lo ideal es que los líderes dediquen noventa minutos a la actividad.

Paso 1. Rellenar la tabla de simplificación (10 minutos)

Una semana antes de la reunión programada del grupo, envíe la tabla de simplificación a todas las personas que van a asistir y pídales que la rellenen. Analizar las tareas claves que consumen tiempo en su trabajo les permitirá a los participantes adoptar la mentalidad correcta cuando comience el ejercicio y los llevará a pensar de manera crítica sobre las tareas que más les consumen tiempo en sus labores del día, de la semana, del mes, del trimestre y del año. Es importante tener presentes los siguientes lineamientos:

Tabla 6.2 Plantilla de la tabla de simplificación

TAREAS			
Diarias	Semanales	Mensuales/ Trimestrales	Anuales
1	1	1	1
2	2	2	2
3	3	3	3
4	4	4	4
5	5	5	5

Las tareas deben estar relacionadas con su unidad de negocios (no deben ser del nivel corporativo).

Solo se deben incluir tareas relacionadas con el trabajo (no deben ser reivindicaciones personales).

Es importante dividir las tareas más grandes en tareas más pequeñas (por ejemplo, cierto tipo de reuniones, presentaciones específicas, diferentes tipos de correos electrónicos).

Paso 2. Identificar las cinco tareas que más tiempo consumen (15 minutos)

El día de la reunión el grupo debe juntarse en un salón con suficiente espacio en las paredes para poner papelógrafos o tableros y alguien debe asumir la labor de anotar las respuestas de los miembros del grupo. Cuando todos se hayan reunido, los miembros del grupo deben tomarse 10 minutos para revisar su tabla de simplificación y anotar cinco de las tareas que más consumen tiempo, cada una en un papelito con adhesivo o pósit. Luego, el grupo debe iniciar una conversación sobre las siguientes cinco preguntas:

1. ¿Cuáles son las tareas que más nos consumen tiempo?
2. ¿Qué hace que consuman tanto tiempo?
3. ¿La mayoría de esas tareas son diarias, mensuales, etc.?
4. ¿Se puede alterar la frecuencia de esas tareas, para que quede más tiempo? (Por ejemplo, pasar de ser diaria a mensual).

5. ¿Hay duplicación de tareas entre los miembros del equipo? En caso afirmativo, ¿puede una sola persona hacer la tarea?

Paso 3. Evaluar las cinco tareas que más tiempo consumen (15 minutos)

A continuación, cada miembro del equipo debe revisar la escala de definiciones que siguen y asignar un número según la descripción que mejor se ajuste al nivel de complejidad (promedio) para cada una de las cinco tareas que más tiempo consumen. El número se escribirá en cada papel con adhesivo correspondiente.

Tabla 6.3 Escala del nivel de complejidad

1 Muy compleja	2 Algo compleja	3 Algo simple	4 Muy simple
Extremada-mente difícil	Difícil	Fácil	Muy fácil
Es única	No es fácil de repetir	Ciertas partes son repetibles	Repetible
Detestable	Tediosa	No es desagradable	Puede ser disfrutable
Nadie más la puede hacer	Pocos pueden hacerla: requiere entrenamiento	Mucha gente puede hacerla	Cualquiera puede hacerla
Lleva mucho tiempo hacerla	Lleva cierto tiempo hacerla	Lleva poco tiempo hacerla	No lleva nada de tiempo hacerla

Se deben enumerar los pósit por cada tarea y el grupo debe pasar unos cuantos minutos hablando sobre respuestas a las siguientes preguntas:

1. ¿Fue difícil asignar un nivel de complejidad o de simplicidad a alguna tarea en particular? ¿A cuál?
2. ¿Recibió una misma tarea diferentes calificaciones respecto a su nivel de complejidad? ¿Por qué?
3. ¿La mayoría de las tareas están categorizadas en una sola área del continuo de complejidad?

4. ¿Qué ocurre con el grupo en general?
5. ¿Se ubican ciertas categorías de tareas casi siempre en la misma área del continuo de complejidad?
6. Si la mayor parte de nuestras tareas se categorizan como complejas o muy complejas, ¿cuál es la causa de tanta complejidad?

Paso 4. Localice dos tareas en la matriz de la simplicidad *versus* valor (25 minutos)

A continuación, cada participante debe escoger dos tareas entre las cinco que más tiempo consumen (serán las dos tareas que la persona más quiera modificar). En cada caso, y en el contexto de cada organización, determine qué tan valiosa es cada tarea. Pida a cada miembro del grupo que considere las siguientes preguntas:

1. ¿La tarea resuelve un problema?
2. ¿La tarea sirve para atender una necesidad esencial del cliente?
3. ¿La tarea les permite a los líderes tener ideas para tomar decisiones?

Sobre la base de las respuestas a estas preguntas, cada persona debe estar ahora en capacidad de determinar si cada tarea tiene un valor alto, bajo o intermedio. Cada persona debe usar este conocimiento para ubicar sus dos tareas en la matriz (puesta en un gran tablero en el salón), según su grado de complejidad o simplicidad. Por ejemplo, si la tarea de una persona es muy compleja, pero tiene bajo valor, debe estar ubicada en el cuadrante 1 (parte inferior izquierda). Si la tarea es simple pero valiosa, debe estar ubicada en el cuadrante 4 (parte superior derecha).

Ahora usted dispone de un mapa que le permitirá concentrar su atención. La manera como usted maneje o mejore cada una de las tareas que requieren tiempo y atención depende del lugar de la matriz donde se las ha ubicado. Comience con el mejor cuadrante (el superior derecho), que corresponde a las tareas que son, al mismo tiempo, simples y valiosas. Perfecto. ¡Déjelas quietas! Luego, fíjese en el cuadrante inferior izquierdo, el de las tareas complejas que tienen poco valor. Estas son las peores: se obtiene poco beneficio por un gran esfuerzo. ¡Elimine esas tareas!

Los cuadrantes superior izquierdo e inferior derecho son los más delicados. El inferior derecho corresponde a las tareas simples que tienen poco valor. Si las puede eliminar, muy bien, pero esas no implican mayor carga. El cuadrante superior izquierdo contiene tareas que son complejas pero valiosas. Este es el punto donde usted debe pensar con detenimiento: ¿Hay una manera más sencilla de llevar a cabo esas tareas? ¿Qué se puede hacer para racionalizar el proceso? No es posible eliminar estas tareas, pues son valiosas. No obstante, son su meta principal en cuanto a oportunidad de simplificación.

A continuación, el grupo debe generar respuestas para las siguientes preguntas:

1. ¿Qué clase de tareas están representadas en cada cuadrante (por ejemplo, elaboración de informes, presentaciones)?
2. ¿Ocurrió que para una misma tarea se dieron diferentes niveles de valor, según la visión de cada miembro del equipo?
3. ¿Pasamos la mayor parte de nuestro tiempo en tareas valiosas?
4. Sobre la base de lo visto aquí, ¿tenemos una cultura de la simplicidad o de la complejidad? ¿A qué creo que se debe eso?
5. ¿En nuestro grupo (o en nuestra organización) se premia la simplicidad o la complejidad?
6. ¿Qué podrían hacer los líderes para premiar la simplificación en el lugar de trabajo?

Paso 5. Lluvia de ideas para encontrar soluciones (25 minutos)

Por último, el grupo debe revisar las tareas para precisar cuáles debe eliminar, tercerizar o simplificar. El cuadrante donde cada individuo anotó sus dos tareas servirá de guía para concebir la manera como se deben simplificar las tareas. Después de esta discusión, los miembros del grupo deben reunirse por parejas. Cada una de ellas escribirá en el formulario que viene a continuación las dos tareas que habían ubicado en la matriz. Tomando en consideración el cuadrante donde se ubicaron las tareas, las parejas deben hacer lluvia de ideas para plantear soluciones para cada tarea, ya sea eliminándola, tercerizándola o volviéndola más simple (menos redundante, más repetible, más eficiente, etc.).

Cada solución y cada estrategia deben consignarse en la siguiente tabla.

Tabla 6.4 Tabla de soluciones y estrategias

LISTA DE TAREAS	ESTRATEGIA	SOLUCIÓN	SIGUIENTES PASOS
	Seleccione la casilla pertinente	**Haga lluvia de ideas y encierre en un círculo la mejor solución**	**Haga una prueba piloto, obtenga proveedores para tercerizar, etc.**
1.	Eliminar		
	Tercerizar		
	Racionalizar mediante...		
2.	Eliminar		
	Tercerizar		
	Racionalizar mediante...		

Las discusiones deben girar en torno a las siguientes preguntas:

1. ¿Las soluciones que se propusieron se clasificaban en una sola categoría (eliminación, por ejemplo)? ¿Por qué?
2. ¿Qué se necesita para implementar estas soluciones?
3. ¿Hay algo que le impida poner en práctica estas soluciones?
4. Recomendación: ¿cuáles son los tres cambios con los que nos comprometeremos ahora mismo?

Una cosa que me encanta de esta herramienta es que nos impide ver nuestras rutinas diarias como una simple lista de cosas por hacer. Todos tenemos tareas por cumplir. La gente nos pide cosas que ocupan parte de nuestro tiempo. Sin embargo, rara vez nos tomamos el tiempo para pensar: ¿Cuáles elementos de esa lista merecen *realmente* mi tiempo? ¿Cuáles cosas debo hacer sin ninguna duda y cuáles son un espanto? Establecer cuáles tareas son valiosas y cuáles son inútiles nos permite ser más cuidadosos con nuestro tiempo. De ahora en adelante, usted podrá dedicarse más al propósito de alcanzar sus metas.

HERRAMIENTA 4
Matar las normas estúpidas

La herramienta matar la complejidad, explicada anteriormente, funciona bien cuando un grupo tiene tiempo y margen de maniobra. Si usted necesita una solución más rápida, aquí le presento una alternativa que le ayudará a identificar, priorizar y ejecutar el camino hacia la simplicidad, concentrándose en las normas. A todo el mundo le encanta porque es simple. Se llama *matar las normas estúpidas*.

Al igual que matar la complejidad, la herramienta matar las normas estúpidas es relevante para todos los empleados de todos los niveles, incluidos los altos líderes. Además, tiene una ventaja: cada colaborador puede hacer el ejercicio, solo o con un colega, en menos de una hora. Solo se necesita la tabla de la página siguiente, un tablero (si el ejercicio se hace en grupo), marcadores de colores, lápices o bolígrafos y un bloc de pósit.

Veamos cómo funciona.

Tabla 6.5 Tabla para matar las normas

Normas internas	
¿Cuáles sistemas o protocolos lo frustran en el trabajo?	Norma # 1:
	¿Matarla o modificarla?
	¿Cómo?
¿Cuáles procesos/informes/formularios eliminaría o simplificaría para facilitar su trabajo?	Norma # 2:
	¿Matarla o modificarla?
	¿Cómo?
¿Cuáles normas lentifican su trabajo o le impiden hacerlo?	Norma # 3:
	¿Matarla o modificarla?
	¿Cómo?

Normas relaciones con el cliente	
¿Qué es lo que habitualmente frustra a nuestros clientes en relación con lo que hacemos?	Norma # 1:
	¿Matarla o modificarla?
	¿Cómo?
¿Qué dificulta hacer negocios con nosotros? ¿Por qué los clientes escogen a la competencia y no a nosotros?	Norma # 2:
	¿Matarla o modificarla?
	¿Cómo?
¿Qué cosa cambiaría de inmediato para favorecer a los clientes, si pudiera hacerlo?	Norma # 3:
	¿Matarla o modificarla?
	¿Cómo?

Paso 1. Identificar las normas estúpidas (15 minutos)

Usando las tablas, haga una lista de tres o más normas que sean frustrantes o que hagan más lento su trabajo y su productividad. Luego decida si esas normas se deben matar o modificar. Puede concentrarse solamente en las normas internas o en las normas de relaciones con el cliente. Cuando esté decidiendo cuáles normas escoger, tenga presente lo siguiente:

- Normas rojas frente a normas verdes: Las normas rojas dependen del gobierno y sería ilegal no cumplirlas, así que no se las puede tocar. Todas las demás son normas verdes, y esas sí las puede cambiar.
- Concéntrese en su unidad de negocios: Si se concentra en las normas que afectan al área en la que usted opera, estará en una mejor posición para determinar si la norma hay que matarla o modificarla.
- No es una sesión de quejas: Este ejercicio es una oportunidad ideal para adelantar una discusión productiva sobre lo que no funciona, pero es necesario concentrarse en las soluciones. El objetivo es no quejarse ni irse por las ramas.
- Reescriba la norma: Si, por alguna razón, no puede matar la norma, dé sugerencias específicas sobre cómo modificarla y hacerla menos frustrante.

Consejo para el éxito

Los líderes deben responder con objetividad y no a la defensiva cuando los miembros del grupo compartan sus listas de normas estúpidas.

Discutir en grupo

- ¿Cuántas personas lograron citar al menos tres normas? ¿Y cinco? ¿Diez? Compartir ahora mismo con el grupo.
- ¿Fue fácil encontrar normas que se deben matar o cambiar? ¿Por qué?
- ¿Fue más fácil el trabajo de lluvia de ideas para las normas internas o para las relaciones con los clientes? ¿Por qué?
- ¿Cuántas de nuestras sugerencias son, en realidad, normas corporativas (por contraposición a ideas sobre la forma como deben hacerse las cosas)?

Paso 2. Ubicar dos normas estúpidas en la matriz (10 minutos)

A partir de las tablas, escoja dos normas que merezca mucho la pena matar o cambiar y anótelas en papeles autoadhesivos separados. Hágase las siguientes preguntas:

- En mi opinión, ¿sería fácil o difícil matar la norma?
- En mi opinión, ¿matar esta norma tendría un alto impacto en mi unidad de negocio?

Después de dar sus respuestas, usted debe estar en capacidad de determinar si matar cada norma tendría un alto impacto en el negocio, un impacto bajo o un impacto intermedio. Use esta información para ubicar las dos normas en la matriz (puesta en un gran tablero en el salón), de acuerdo con la facilidad para matarla y el impacto que esa eliminación tendría en el negocio. Por ejemplo, si usted cree que la norma tiene bajo impacto y es difícil de matar, ubíquela en el cuadrante uno (inferior izquierda). Si tiene alto impacto y es fácil de matar, ubíquela en el cuadrante cuatro (superior derecha). Aquí no hay respuestas correctas o equivocadas, pues es usted quien define dónde va cada tarea, según su propia perspectiva.

Consejos para el éxito

Los líderes deben tomar nota de cualquier norma que aparece más de una vez, pues esto indica la presencia de un área problemática en el negocio. Por lo general, los participantes ubican las normas en la parte superior de la cuadrícula, y a la gran mayoría de ellas en la casilla superior izquierda. Por otra parte, la casilla inferior derecha también puede estar llena. Muy pocas normas quedarán clasificadas en la casilla inferior izquierda, así que es importante llevar a cabo una discusión objetiva sobre el verdadero impacto o la facilidad de la implementación.

Busque las normas que aparecen en la casilla superior derecha de la matriz. Estas son fáciles de cambiar y tienen un alto impacto en el negocio. Matarlas le permitirá al equipo obtener un logro rápido.

Paso 3. Evaluar y discutir en grupo (20 minutos)

Los miembros del equipo deben ahora compartir las razones por las que escogieron sus dos normas y por qué creen que hay que matarlas o modificarlas. Use las preguntas que vienen a continuación para guiar la conversación.

- ¿En cuál cuadrante quedaron ubicadas la mayoría de las normas?
- ¿Hay similitudes en los tipos de normas que quedaron en la matriz? (¿Están casi todas ellas relacionadas con los informes? ¿Con los procesos de Recursos Humanos? Etc.).
- Si la mayoría de nuestras normas quedaron clasificadas en el cuadrante superior derecho (fácil de implementar y de alto impacto), ¿por qué hasta ahora no habíamos hablado de eliminarlas?
- ¿Cuál(es) norma(s) debemos matar de inmediato?
- ¿Cuál(es) normas(s) debemos modificar de inmediato?

Paso 4. Matar las normas estúpidas (10 minutos)

Ha llegado el momento de la verdad... y de la acción. Escoja a un empleado y pídale que vote por la norma que es necesario matar. Luego, hágalo. Ahí mismo. Si es posible, mate unas cuantas más. También puede hacer otra cosa, que también está bastante bien: mate una norma por unos cuantos meses y prométales a sus empleados que, si nadie echa la norma de menos, el cambio será permanente[2].

Discutir en grupo

- ¿Algo nos impide matar más normas?
- En caso afirmativo, ¿qué podemos hacer para cambiar eso?
- ¿Deberíamos hacer este ejercicio varias veces al año?
- ¿Por lo general, las normas estúpidas suelen provenir de una división o unidad específica de negocio? ¿Qué pasaría si la invitáramos a una sesión de eliminación de normas, para explorar el asunto de manera conjunta y encontrar soluciones?

El valor de la herramienta matar las normas estúpidas me resultó aún más evidente después de trabajar con Liz Tinkham, directora administrativa senior de Accenture. Tinkham buscaba continuamente maneras de generar mayor innovación y valor para su principal cliente, un gigante de la industria de la alta tecnología. Con este propósito en mente, quería dar a su equipo de liderazgo nuevas herramientas para continuar cuestionando los supuestos en torno a la manera como se hace el trabajo, además de plantear nuevos caminos de eficiencia tanto a nivel interno como con el cliente. Tinkham intuía que debían de existir normas, procesos y otras barreras dentro de su equipo, aunque ella no era consciente de estos, que eran un obstáculo para un mejor desarrollo del trabajo.

Tinkham nos pidió dar un taller centrado en la innovación para cerca de 40 de sus subordinados directos, entre los que había tanto líderes experimentados en la cuenta como miembros más jóvenes de todo el mundo. El grupo tenía profesionales en todas las disciplinas, incluyendo tecnología, ventas, marketing y estrategia. Tinkham quería garantizar que todas las personas con cargos de responsabilidad tuvieran la oportunidad de aportar al cambio.

Pasamos la mañana revisando diversas técnicas, y en la sesión de la tarde le presentamos al grupo la herramienta matar las normas estúpidas. Los miembros del grupo formaron parejas y al cabo de 15 minutos de intensas discusiones propiciadas por el uso de la herramienta, los colegas de Tinkham generaron una lista de 41 normas que se debían eliminar o cambiar. Cada una quedó consignada en pósit. Tinkham revisó con el equipo todas y cada una de las notas pósit, eliminó varias ahí mismo, explicó algunas y acordó asumir otras. Es interesante anotar que muchas de esas supuestas normas en realidad no lo eran, se trataba de malentendidos que nadie se había tomado la molestia de examinar.

Por ejemplo, muchas de las normas que se eliminaron se relacionaban con reuniones a las que la gente se creía obligada a asistir, aunque en realidad no debía hacerlo. Tinkham corrigió estas percepciones y aclaró cuáles eran las tres reuniones mensuales a las que su equipo de líderes debía realmente asistir.

Otro ejemplo de tarea que los trabajadores percibían como una norma, cuando no lo era, es que algunos creían que era necesario presentar ciertos formularios y datos financieros para poder proponer nuevas ideas de venta para que fueran aprobadas. Para Tinkham, entender la fuente del malentendido y dar ciertas explicaciones fue maravilloso, porque también empoderaba a los presentes en el salón a emprender acciones respecto a un malentendido.

Al finalizar el ejercicio, solo unas cuantas reglas no se habían eliminado o clasificado como malentendidos. Algunas de esas reglas eran exigencias de nivel corporativo que, al modo de ver del grupo, se debían cambiar, pues eran más difíciles de eliminar. Sin embargo, siempre pensando en el beneficio de Accenture, Tinkham le pidió al equipo atacar también esas reglas, pues era probable que alguna persona del nivel corporativo, que simplemente estaba haciendo su trabajo, la hubiera creado sin entender el impacto que esta tendría más adelante. Luego, las demás reglas se repartieron entre los líderes que estaban presentes en el salón. Su compromiso era hacer algo al respecto y dar noticias de los resultados al equipo.

Así describió Tinkham la sesión: «Tuvimos animados debates sobre algunos de estos tipos de supuestas normas». Y añadió: «Necesito que mis líderes siempre estén eliminando obstáculos para nuestros equipos y nuestros clientes. Con este ejercicio lo logramos de una manera muy fácil». Para concluir el ejercicio, Tinkham invitó a su equipo de liderazgo a cuestionar continuamente cualquier cosa que pudiera representar un obstáculo[3].

HERRAMIENTA 5
Tácticas de simplificación

Ahora que usted ha establecido prioridades en lo que respecta a cuáles complicaciones atender primero, ha llegado la hora de ejecutar. Desde cierta óptica, esta debería ser la fase más sencilla, pues cuando usted descubre aspectos de su vida que son innecesariamente complejos, adoptar las alternativas más simples parece no plantear dilemas. Si eso no ocurre, examinar cómo otras personas han actuado frente al reto de la complejidad puede ser el camino.

Mi equipo y yo creamos una larga lista de tácticas de probada eficacia, agrupadas en diversas categorías relacionadas con nuestro diagnóstico de complejidad, del capítulo 3. Con más de 70 tácticas de simplificación disponibles (desde las «sesiones para combatir la burocracia» de Google hasta los «miércoles sin reuniones» de Airbnb), su equipo dispondrá de los instrumentos idóneos para atacar la complejidad y mejorar la forma de hacer el trabajo.

Esta herramienta es relevante para los trabajadores en todos los niveles de la escala jerárquica y puede usarse de manera individual (simplemente sáltese el paso 4, que es la discusión en grupo) o de manera grupal (poniendo a los equipos a escoger tácticas para áreas específicas del negocio). La totalidad del ejercicio debe tomar tan solo 35 minutos (si se hace de manera individual) o 90 minutos (si se hace en grupo).

Paso 1. Escoja al menos tres áreas de negocio (5 minutos)

Consulte el diagnóstico de complejidad que usted mismo rellenó, para facilitar la identificación de las áreas de su negocio que ameritan atención. Si todavía no ha usado la herramienta de diagnóstico, revise las 11 áreas de negocio que verá a continuación y encierre en un círculo por lo menos tres que sean las fuentes de mayor complejidad en su trabajo cotidiano.

Tabla 6.6 Áreas de negocio

Organizacional		Individual	
Visión/ Comunicación	Estrategia/ Planificación	Reuniones	Presentaciones
Estructura organizacional	Operacional	Correos electrónicos, llamadasy mensajes	Valor del tiempo de los empleados
Recursos humanos	Productos/ Servicios	Informes	

Pasos 2 y 3. Revise las tácticas dentro de las áreas de negocios (10 minutos) y escoja al menos dos tácticas por área (de 20 a 40 minutos)

Lea cada una de las tácticas en sus áreas de complejidad y marque la casilla junto a la táctica de simplificación más eficaz para su organización. No pierda de vista los objetivos macro de la empresa en el momento de escoger las tácticas individuales. Por ejemplo, si la planeación estratégica es un área de complejidad y su meta es finalizar más rápido su plan estratégico anual, escoja una táctica que apoye esa meta.

Área organizacional

Visión y comunicación

- Cambiar el lenguaje, cambiar la mentalidad. La comunicación entre los altos líderes y los empleados debe ser simple y concisa. Elimine la jerga y los clichés de los mensajes y propicie un lenguaje auténtico que no necesite decodificación. La simplificación —en las palabras y en los hechos— es la clave para producir un cambio en la mentalidad de los empleados y para pasar del miedo a la libertad y de la dependencia al empoderamiento.
- Hacer la prueba del jardín de infantes. ¿Puede usted explicar su documento/presentación/propuesta/contrato a un niño de cinco años? Continúe depurando el trabajo hasta que quede lo más simplificado posible.

- Dejar de colgar actualizaciones en todas partes. Siga el consejo de la firma consultora Box of Crayons y concentre sus esfuerzos en las redes sociales, limitándose a una o dos: las que sean más relevantes para su negocio.

Estructura organizacional

- Maravilla en una sola hoja. Si su estructura organizacional requiere de cinco diapositivas y convenciones en montones de colores para entenderla, es necesario simplificar. Pida a su equipo (o a la organización entera) que le envíe una sola hoja con la organización estructural simplificada.
- Sintonizar las metas de cada grupo con la simplificación. Para implantar la simplificación en toda la empresa establezca unos parámetros universales (por ejemplo, reducir en 20 % las reuniones, matar por lo menos diez normas estúpidas al año, etc.) que afecten a todos los grupos de la estructura organizacional y responsabilice a todos de la simplificación.
- Empoderar a sus subordinados directos con la toma de decisiones. Encargue a cada miembro de su equipo de tomar dos decisiones esta semana sin consultar con usted. En la siguiente reunión de seguimiento, hablen sobre esas decisiones. Expanda esta conducta a tres, cinco, diez o más decisiones por semana y enlace la toma de decisiones con el desempeño individual o con una medición de simplificación para su departamento.

Recursos humanos

- Definir las funciones por resultados, no por tareas. En este momento las descripciones de los puestos de trabajo se centran en los procesos y no en los resultados. Redefina las funciones en su organización, de tal manera que la medición del éxito esté ligada a los resultados. Por ejemplo, «escribir de tres a cinco comunicados de prensa al mes» se puede convertir en «generar veinte o más menciones en prensa al mes». Este enfoque pone menos el énfasis en el «cómo» y más en el «qué». Sirve para entrenar las habilidades de resolución creativa de problemas de los empleados y los empodera para concentrarse en lo que realmente importa: los resultados.

- Reducir los criterios de la evaluación de desempeño. La compañía de productos para la salud Abbott redujo el número de ítems en las evaluaciones de desempeño, lo cual produjo un gran impacto en el negocio.
- Eliminar o replantear las revisiones anuales de desempeño. Siga el ejemplo de Accenture y deshágase del papeleo de las revisiones anuales de desempeño. En lugar de hacer el ejercicio de retroalimentación una sola vez al año, los gerentes de esta compañía de servicios profesionales hacen a sus empleados evaluaciones más frecuentes y menos formales, para obtener una mejoría en tiempo real. Consejo de los profesionales: ligue los criterios de evaluación con la estrategia, de tal forma que los empleados comprendan los impactos de su desempeño en el negocio desde el punto de vista estratégico.
- Hacer retroalimentación breve como un trino. Después de culminar un evento importante o llegar a una meta clave, envíe una minirrevisión a los participantes; pídales respuestas breves, como las de un trino de Twitter (140 caracteres o menos), sobre el desempeño del equipo y las habilidades clave y señale qué es necesario mejorar la próxima vez.
- Reexaminar la política de transferencias. Haga que la política de transferencia funcione para los empleados, tal como lo hizo el Cosmopolitan de Las Vegas. El personal cuestionó la norma según la cual los empleados no podían ser transferidos a otra área del negocio si no habían transcurrido por lo menos seis meses desde la contratación. Ahora el personal puede ser transferido en el momento en que surja la necesidad.
- Reducir el proceso de inducción de los empleados. Elimine las inducciones largas y ofrezca aprendizaje sobre pedido durante la carrera de un empleado. Centre la inducción en lo básico, con una breve reunión dedicada a preguntas y respuestas, entre dos y cuatro semanas después de la fecha de inicio, cuando el empleado tenga una mejor idea de cuáles son sus responsabilidades.
- Establecer vacaciones flexibles/ilimitadas. Reduzca el número de horas que el personal de Recursos Humanos y los directivos pasan gestionando los días de vacaciones de los empleados, tal como lo hizo la compañía de servicios de entrega a domicilio

Deliv. Si el tiempo de vacaciones afecta el desempeño o la calidad del trabajo de un empleado, empodere a los gerentes para ajustar las políticas para ese individuo.

- Limitar los precios de los hoteles, no la variedad de estos. Para dar a los empleados que viajan por negocios mayor flexibilidad en la ubicación y el tipo de hotel, la compañía farmacéutica Novartis añadió 40 cadenas de hoteles a sus políticas de viajes.
- Convocar sesiones de simplificación. Haga algo parecido a las sesiones de producción de ideas (*Idea Jam*) de IBM. En ellas, más de 300 000 empleados en todo el mundo participan en un empeño de exploración y resolución de problemas. Invite a su organización (y a partes interesadas externas, tales como clientes) a proponer ideas para simplificar áreas complejas de su negocio.
- Premiar y dar reconocimiento a los simplificadores. Premie públicamente a los empleados que participaron con éxito en la eliminación de un proyecto, tarea o política inútil. El refuerzo positivo no es un concepto nuevo, y está claro que tiene el poder de multiplicar el valor de la simplificación en todo su negocio.

Planificación estratégica

- Hacer de la simplificación un elemento obligatorio de la planificación estratégica. Por cada nueva estrategia que se añada al plan anual, elimine una iniciativa que venga desde el año anterior. Identificar lo que deben dejar de hacer los equipos el próximo año es tan importante como definir lo que deben empezar a hacer.
- Ejecutar la planificación estratégica anual en un trimestre (o menos). Archivar el plan estratégico hasta el año siguiente es tan ineficaz como no tener ningún plan. Para garantizar que su compañía cumpla con las metas estratégicas propuestas, póngalo en práctica en un plazo no mayor a los 90 días.
- Llevar registro. Haga un seguimiento del desempeño estratégico de su organización a lo largo del año, mediante un sistema como los cuadros de mando integral u otros.

- Eliminar los comités de aprobación. Empodere a un solo experto con la autoridad para tomar decisiones según una programación determinada.

Operacional

- Matar las normas estúpidas, como lo hizo HBO. Cuando la cadena de televisión por cable llevó a cabo este ejercicio por primera vez, se identificaron y eliminaron más de 100 normas estúpidas, para liberar tiempo y reducir los cuellos de botella. Mediante un Google Doc, el grupo continuó sugiriendo otras normas estúpidas que convenía eliminar, y otras secciones de la organización adoptaron esta práctica. La práctica de eliminar normas estúpidas se extendió a toda la compañía y entró a formar parte de las mejores prácticas.
- Recortar frases inútiles de los contratos. Reduzca la longitud de sus contratos de 100 a 20 páginas, como lo hizo uno de los grupos de GE. Convoque al departamento Legal y al de Negocios y propónganse la meta de reducir la longitud de los contratos o de encontrar maneras de racionalizar los contratos que se usan con mayor frecuencia.
- Abrir un carril rápido. Deshágase de los cuellos de botella de su negocio y anuncie que todos los ítems que se pueden poner en práctica y cumplen con los criterios establecidos deben obtener luz verde. Los únicos ítems que no deben estar en el carril rápido son los que requieren revisión o aprobación adicional.
- Dejar de pedir recibos. Esto, para ítems en los informes de gastos que cuesten menos de 75 dólares (o el monto que usted considere adecuado para su negocio).
- Aumentar los límites de gastos discrecionales. A fin de minimizar los formularios y las aprobaciones. Monitoree y ajuste las políticas solo si es necesario.
- Establecer mínimos/máximos para los precios de los contratos, a fin de agilizar las negociaciones. La compañía farmacéutica alemana Boehringer Ingelheim estableció unos mínimos de propuestas y eliminó la necesidad de aprobaciones para cada propuesta. Siempre y cuando se cumplieran los mínimos de precios, era innecesaria la aprobación de un gerente, de tal forma que las negociaciones podían avanzar más rápido.

- Obtener soluciones externas. Junte a personas de diferentes áreas de su organización para hacer lluvia de ideas y crear soluciones para los retos operacionales de cada una. Una visión nueva de una persona externa puede servir para encontrar nuevos caminos (en lugar de hacer una lista de obstáculos).
- Ubicar posibles duplicaciones del trabajo. Dialogue con otras divisiones para determinar si se hace trabajo redundante en cada sector aislado. En caso de ser así, decida si ese trabajo se debe eliminar en un grupo y si hay que centralizarlo o compartirlo.
- Llevar a cabo una auditoría de proveedores. Revise todas sus relaciones actuales con los proveedores para evaluar si una disminución de estos y una consolidación de los servicios puede reducir el papeleo o garantizar precios más bajos.
- Canalizar tareas similares en una sola fuente. La franquicia europea PizzaExpress dejó de asignar la tarea de partir limones para los cocteles a los meseros y se la pasó al personal de cocina, más experimentado y eficiente para ello. Con un cambio tan simple como ese, la compañía ahorró un número significativo de horas, lo que se tradujo, a su vez, en un importante ahorro monetario.
- Implementar un sistema sencillo de aprobaciones. Haga como GE, que redujo el número de aprobaciones a dos niveles: su jefe y el jefe de este.

Productos y servicios

- Eliminar. Siga el modelo de Sprint. Esta compañía de telecomunicaciones reconoció que la «llamada de bienvenida» de su programa de marketing no añadía valor al negocio, y decidió eliminar el servicio. Con esta sencilla decisión, Sprint pudo hacer un recorte de 22 millones de dólares en su presupuesto operativo. Revise con frecuencia su oferta de productos y servicios de manera objetiva, y elimine aquellos que implican un desperdicio de valiosos recursos, de tal manera que pueda hacer espacio para la innovación. Para incentivar este comportamiento en toda la empresa, premie a la gente que identifique áreas del portafolio que no den buenos rendimientos sobre la inversión.

- Para obtener ideas innovadoras, hay que dejar de pedirlas. Cambie frases aburridas, como: «¿Quién tiene una buena idea para nuestro siguiente nuevo producto?», por planteamientos sugestivos que, aunque pueden parecer un disparate en teoría, pueden resultar transformadores. Por ejemplo: «Montar un negocio que compita con mi actual empleador» es una idea que puede propiciar su despido. Sin embargo, en el contexto de esta táctica, puede iniciar una valiosa conversación sobre cómo evitar las crisis. Una empresa competidora explotaría las mayores debilidades de su empresa, lo cual daría pie a una discusión sobre lo que puede hacerse para transformar las fallas en fortalezas. Para obtener ideas, revise la siguiente lista:
    - Si le dieran carta blanca, ¿cuáles ideas harían que lo despidieran?
    - Nombre tres soluciones gratuitas para este problema.
    - Nombre tres soluciones que no requerirían ninguna inversión de tiempo.
    - ¿Qué ideas suyas le darían un ataque de nervios al director ejecutivo?
    - ¿Qué cosa jamás imaginaría nuestra competencia que nosotros haríamos?
    - Nombre tres pequeños cambios que le encantaría implementar hoy.
    - ¿Qué cambiaría para resolver este problema?
- Mantener la simplicidad, como lo hace Google. Clasificada como una de las mejores compañías del mundo, según el índice de Global Brand Simplicity, Google mantiene intencionalmente la simplicidad de su motor de búsqueda y otros productos.

Área individual

Reuniones

- Eliminar las reuniones estúpidas, como lo hizo Sprint. Tras hacer una revisión de todas las reuniones convocadas en un año, desde reuniones individuales hasta reuniones de seguimiento, pasando por eventos, encuentros fuera de la oficina y reuniones del equipo, Sprint decidió eliminar el 30 % de ellas. Haga su propia auditoría de reuniones y deshágase de aquellas que no añaden valor o que ya no cumplen con su propósito original.

- Decir no. Después de realizar una auditoría de reuniones para determinar cuál era su costo en tiempo y en recursos, la compañía de servicios Accenture empoderó a sus gerentes para rechazar reuniones, sin ningún sentimiento de culpabilidad.
- Establecer los miércoles sin reuniones. Siga el ejemplo de Airbnb, a fin de disponer de más horas de trabajo ininterrumpido.
- Hacer reuniones de pie. Este tipo de reuniones son menos cómodas para todo el mundo, lo cual lleva a hacerlas más cortas.
- Poner un temporizador. Ponga un límite de tiempo a las reuniones, como lo hizo la división para distribución en el hogar de HBO. Si se lleva registro del tiempo y se limita la reunión a una hora, todo el mundo estará atento y no se perderá tiempo.
- Reprogramar los sistemas automáticos de citas. Programe los ajustes de su Outook o iCal de una hora a treinta minutos para los nuevos eventos. Haga cambios manualmente solo si para cumplir el objetivo la reunión debe tardar más de treinta minutos.
- Comenzar las reuniones citando metas y terminarlas citando tareas. Exija que la agenda de la reunión incluya la meta de esta y envíela con anticipación a los invitados. De la misma manera, exija que los pasos a seguir se definan al final de la reunión.
- Establecer una etiqueta para las reuniones. Póngala en el intranet y en los salones de reuniones para estimular la eficiencia, la puntualidad y la preparación de los participantes.
- Simplificar el material para las reuniones. Fijando un límite en las reuniones financieras trimestrales a un máximo de dos diapositivas de PowerPoint, Novartis logró reducir el tiempo de esas reuniones y mejorar la preparación de todos los participantes.
- Finalizar las reuniones 15 minutos antes de completar la hora. Haga que el estándar pase a ser de 45 minutos por reunión

Correos electrónicos, llamadas, mensajes

- Establecer horas sin correo electrónico. La compañía británica Ten Alps prohibió los correos en las mañanas, de manera que los empleados puedan dedicar ese tiempo a generar ideas, en lugar de responder correos.
- Cancelar la suscripción. Cancele la suscripción a cualquier boletín que no le añada valor a su vida.
- Implantar cuotas de correos electrónicos. En las organizaciones donde la cantidad de correos es abrumadora, los empleados reciben más de 200 en un solo día. Una medida severa de simplificación consiste en establecer un número máximo de correos al día (empezando por usted mismo), cuyo límite es de 20 a 30 correos por día. Una vez se llegue al tope, se cierra el correo electrónico por el día. Con este nivel de simplificación aumenta la conciencia de lo que se envía, a nivel de toda la organización, y se reforma el hábito de enviar correos superfluos.
- Limitar a tres el número de personas en la casilla CC, dentro de la compañía. De esta manera, Ferrari logró que sus empleados hablaran más y escribieran menos.
- Usar aplicaciones como Slack o WhatsApp. Use estas aplicaciones para reducir el número de correos electrónicos internos.
- Poner la nota «No responder este correo». Para los casos en los que simplemente se envía un correo con información, del cual no se requiere respuesta, escriba «No responder a este correo» en la línea de asunto. Utilizando esta táctica, una unidad de negocio de Merck redujo el nivel de correos de su grupo en un 20 %.
- Responder a los correos no urgentes. Responda estos correos en un momento fijo del día.
- Resumir el mensaje en la línea de asunto. Y dejar el cuerpo del correo en blanco.
- Usar el teléfono. Para resolver cualquier asunto que no se haya resuelto con tres correos, use el teléfono.
- No escribir correos largos. Resuma los puntos clave en el cuerpo del mensaje. La información larga y detallada debe dejarse para los anexos.

- Eliminar los buzones de voz. Coca-Cola y JP Morgan Chase pusieron en práctica esta estrategia. Eliminando esta forma anticuada de mensajes para la mayoría de los empleados (solo algunos equipos que atienden clientes la conservaron), JP Morgan Chase ahorró más de 8 millones de dólares.
- Limitar las llamadas internas a 12, 25 o 50 minutos. El beneficio de estas cifras poco tradicionales es tener mayor conciencia del tiempo y menos distracciones. Las llamadas con estas duraciones permiten tener tiempo adicional para emprender las acciones pedidas en la llamada.
- Adoptar el modo avión. Para concentrarse en un trabajo valioso, ponga su teléfono inteligente en modo avión, colóquelo en un cajón y revise sus mensajes solo al cabo de una hora.
- Dejar las llamadas semanales y volverlas bimensuales. La división de distribución doméstica de HBO modificó la frecuencia de las llamadas de intercambio de información clave para la alta gerencia y las volvió bimensuales. De esa manera, ahorraron tiempo y aumentaron la calidad de la información intercambiada.

Informes

- Convocar a muchos participantes para obtener ideas sobre la simplificación. ¿Son los informes la principal fuente de complicación? Haga uso del *crowd-sourcing* para buscar soluciones, e impleméntelas. Reconozca públicamente a los empleados por sus ideas valiosas e incentive una mayor simplificación.
- Auditar los informes. ¿Contribuye su departamento con valiosos informes o algunos de ellos ya no son tan útiles? ¿Hay otra división que compile información duplicada? Analice los informes en cuya elaboración participa su división, para determinar posibles maneras de racionalizar o eliminar.

Presentaciones

- Solo tres ideas centrales. Las investigaciones señalan que el público solo recuerda tres puntos de cualquier presentación. Por eso, ahorre tiempo y resuma en tres puntos sus ideas esenciales y arme en torno a ellas su presentación.

- No hacer reuniones con presentaciones de PowerPoint. Si admite solo resúmenes ejecutivos de una página, los autores de las presentaciones proporcionarán tan solo la información más fundamental.
- Utilizar Google Docs. Utilice esta herramienta para finalizar presentaciones y propuestas entre múltiples autores o partes interesadas.
- Usar un formato sencillo y pocos gráficos. Reduzca el tiempo que dedica a preparar las presentaciones (y evite al personal dolores de cabeza), poniendo solo un gráfico por página y evitando muchas convenciones con fuentes y colores.

Valor del tiempo del personal

- Convocar a reuniones de simplificación. Organice un ejercicio formal (como matar la complejidad) en el que se invite a los miembros del equipo a identificar tareas que son complejas o que no añaden valor al negocio. Junto con los participantes, los líderes deben contribuir a la lluvia de ideas sobre formas de eliminar, tercerizar o simplificar esas tareas en la sesión.
- Llevar a los gerentes a soluciones orientadas a los resultados. Entrene a los gerentes para transformar las sesiones de quejas. Pregúnteles qué le gustaría lograr con este diálogo. Esta táctica permite redireccionar la conversación, de tal manera que no se digan frases como «Mi colega siempre tiene la primera opción a la hora de escoger las vacaciones», sino frases como: «Quiero escoger las fechas de mis vacaciones de verano y necesito que usted revise mi petición esta semana, para poder planificar». Al estimular a los empleados a que formulen sus quejas como deseos, una frase como: «Detesto el nuevo proceso de contratación» se transforma en: «Me gustaría que el nuevo proceso de contratación incluyera solo un nivel de aprobación y pudiera hacerse en tres días o menos».
- Prioridades en la mañana = mejores decisiones todo el día. Cuando hacemos un esfuerzo consciente todas las mañanas para concentrarnos en metas específicas, hay menos probabilidades de que la tarde se nos vaya en distracciones o asuntos no programados.

- Poner el trabajo valioso en el calendario. Aparte dos o tres horas del día para hacer el trabajo más valioso para las partes interesadas.
- Eliminar una actividad actual antes de añadir una nueva. Esta regla de oro de la simplificación pone el énfasis en el respeto del tiempo de los empleados, así como en un examen detallado de las responsabilidades actuales.
- Comité de eliminación de las tonterías. La compañía británica Richer Sounds creó el comité de eliminación de las tonterías, en el que los gerentes reducen la burocracia limitando los sistemas y el papeleo improductivos.
- Convertir los viernes en días de cierre. Use las tardes de los viernes para finalizar los asuntos inconclusos de la semana.
- Establecer períodos de pausa. Para estimular a los empleados y lograr que pasen más tiempo pensando y generando ideas que asistiendo a reuniones o respondiendo correos, un departamento de la compañía Fidelity pone un letrero que dice «cuidado» alrededor de ciertos cubículos, a ciertas horas de la semana. La compañía Intel implementó períodos de aislamiento entre la 1:00 p.m. y las 5:00 p.m. de los viernes.
- Haga sesiones de lucha contra la burocracia, como lo hace Google. A los participantes se les da la libertad de identificar y erradicar los obstáculos para la productividad y la eficiencia.
- ¿A quién beneficia este proceso? Antes de simplificar un proceso o procedimiento, divídalo en etapas e identifique quién se beneficia con la información. Si la respuesta siempre es «nadie», elimínelo.
- Reemplazar un proceso principal con una solución alternativa. Si el personal ha creado una solución alternativa para acelerar cierto proceso, considere la posibilidad de convertirla en el nuevo protocolo. Defina sus criterios respecto a qué constituye una mejor solución (*x* cantidad de tiempo o *y* cantidad de dinero ahorrada) y pida a sus empleados encontrar soluciones alternativas para otros procesos complejos.

Paso 4. Proponga tácticas y discútalas en grupo (de 20 a 40 minutos)

Discuta en grupo los siguientes puntos:

1. ¿Cuáles fueron las tácticas que todo el mundo seleccionó? ¿Estamos de acuerdo en cuáles son las tácticas que se deben implementar?
2. ¿Tendrá cada una de nuestras tácticas un alto impacto en nuestras áreas de complejidad?
3. ¿Se conectan nuestras tácticas directamente con nuestras metas? En caso afirmativo, escriba las tácticas para cada área. En caso negativo, continúe discutiendo con su grupo hasta que las tácticas vayan en el mismo sentido de las metas.

4. El lado positivo de las cosas

En el 2015, uno de nuestros clientes internacionales invitó a mi equipo a compartir nuestra experiencia con un grupo multidisciplinario (más o menos 24 empleados, entre los que había desde ingenieros hasta diseñadores, pasando por vendedores y coordinadores de servicio al cliente). Desde que llegamos, fue evidente que el grupo sería excelente: todo el mundo estaba lleno de energía y de entusiasmo.

Nuestra primera misión era ayudar al grupo a ser «menos obediente» y a estar más alerta ante nuevas maneras de trabajar con sus clientes. Comenzamos con un ejercicio interactivo llamado la aeronave. Cada participante debía hacer una aeronave de papel y cinta en tan solo sesenta segundos. Los participantes trabajaron juiciosamente en sus diseños, sin pérdida de tiempo. Doblaron el papel y pusieron a prueba el diseño de las alas usando grandes cantidades de cinta. Cuando el tiempo se acabó, cada participante lanzó su avión. Los más exitosos no volaron más de dos metros por el salón.

El facilitador de la sesión les preguntó a los participantes si consideraban que habían cumplido la tarea. Todos asintieron. Luego les dijo que él tenía en mente un diseño alternativo, uno que quizá podría llegar más lejos, y les preguntó si querían verlo. Todos tenían curiosidad y dijeron que sí. Ahí venía el momento «eureka». El facilitador arrugó el papel, formó una bola y la lanzó hasta el otro lado del salón. Los participantes miraron sorprendidos. El facilitador les recordó las instrucciones: hacer una aeronave, no un avión. Los participantes se habían precipitado a sacar conclusiones y dedicaron su tiempo a crear alas, a jugar con diseños de colas, etc. No habían tomado en consideración maneras alternativas (y más obvias) de cumplir con la meta.

Las suposiciones de los participantes les habían impedido generar un mayor número de ideas y mejores soluciones. En ese momento, los miembros del grupo tomaron conciencia de cómo la complicación se interpone en el camino de unos profesionales llenos de buenas intenciones. «A veces hacemos las cosas más complicadas, cuando existen soluciones muy simples», concluyó uno de los participantes.

Una vez terminamos la primera fase del proceso de simplificación (la claridad), pasamos a las siguientes tres (identificación, priorización y ejecución). Nuestro cliente nos había dado suficiente tiempo para profundizar, y así comenzamos uno de los ejercicios más exhaustivos de todos: matar la complejidad. Los participantes se sentaron en sus mesas, dispuestos a eliminar la complejidad y a simplificar su propio trabajo. Sin embargo, necesitaban ayuda para percibir mejor el meollo del problema.

Les pasamos la tabla diseñada para permitirles a los miembros del grupo identificar en qué actividades gastaban su tiempo. Les pedimos a los participantes que anotaran todas sus tareas e hicieran una clasificación de su trabajo en función del tiempo (frecuencia o duración): tareas diarias, semanales, mensuales, anuales. El salón quedó en silencio. Les dimos solo diez minutos, pero dos personas pidieron más tiempo. Examinar la manera como uno gasta su tiempo no es tan fácil como parece. Rara vez se nos pide que pensemos en todas las tareas que definen nuestros días. No obstante, hacerlo casi siempre resulta muy revelador.

En este caso, el ejercicio fue tan catártico que un miembro del grupo preguntó si los participantes podían incluir tareas de su vida personal (una pregunta razonable, si tenemos en cuenta que, por causa de las tecnologías, muchas veces se borran las líneas divisorias entre el hogar y el trabajo). Sin embargo, para que el ejercicio no perdiera su norte, les pedimos que se limitaran a las tareas relacionadas con el trabajo del grupo.

Una vez terminaron esta parte del ejercicio, formaron un círculo para compartir sus listas. Allí descubrieron que pasaban la mayor parte de su tiempo en tareas generales. Tal como lo oye. Las grandes barreras de complejidad no eran producto de procesos a nivel de toda la compañía ni estaban relacionadas con regulaciones de la industria en general. Las culpables eran las pequeñas tareas, áreas en las cuales los individuos tenían la capacidad para producir cambios. ¿Cuáles?

- Reuniones internas. Muchos miembros del grupo pasaban hasta la mitad del día en reuniones. Aunque en ocasiones estas reuniones eran útiles y productivas, con mucha frecuencia no lo eran.

- Revisar y responder correos. Recibían muchos correos (unos 100 al día) y no había un sistema para organizarlos.
- Informes. Cada dos días se les pedía a los miembros del grupo enviar información sobre un nuevo producto. Cada informe tomaba mucho tiempo, pero no había manera de evitarlo. Todos consideraban que el sistema era terrible y lleno de duplicaciones. No había consenso sobre su relevancia.
- Presentaciones. Entre las presentaciones se incluían los informes a los clientes y las presentaciones internas. Se hacían semanalmente y, sin lugar a duda, añadían valor, pero quitaban mucho tiempo.

Los miembros del grupo cambiaron su manera de ver el trabajo al abordarlo desde esta perspectiva. «Es increíble la cantidad de tiempo que pierdo haciendo esas cosas», afirmó un participante. Ahora bien, aunque entender cómo invertían su tiempo era importante, la parte más crítica era determinar si pasaban ese tiempo haciendo un trabajo significativo. Esa pregunta los llevó al siguiente reto: priorizar y luego eliminar o racionalizar las tareas con mayor relevancia.

En este punto, les pedimos a los participantes que pensaran en las diez tareas en las que más gastan tiempo y que asignaran a cada una un nivel específico de complejidad. Usamos una escala de 1 a 5 pero les prohibimos asignar a cualquier tarea el número 3, para no quedar en un nebuloso terreno intermedio. Los participantes anotarían cada tarea en un papel pósit, junto con la cifra de complejidad.

Como penúltimo paso, les pedimos a los participantes analizar el valor subyacente de cada tarea. Para ayudarles a determinar si una tarea tenía mucho o poco valor, les pedimos que se hicieran la siguiente pregunta: «¿Esta tarea resuelve un problema, cubre una necesidad esencial de un cliente, ayuda a los líderes a entender un asunto para tomar decisiones?». Luego les mostramos la matriz de la página 195, para establecer un contraste entre simplicidad y valor. De esta manera, llevamos a los participantes a pensar con mayor profundidad si estaban gastando su tiempo en un trabajo valioso.

Por último, comenzamos a generar las soluciones. Le pedimos a cada persona que escogiera una tarea de su tabla, que fuera compleja (y, por lo tanto, requiriera simplificación) o de bajo valor (y requiriera eliminación o mejora). Después les pedimos que hicieran lluvia de ideas para generar soluciones. Así, por ejemplo, si la tarea era «reuniones internas», algunas preguntas podrían ser: «¿Qué podría yo hacer para que las reuniones internas sean más valiosas? ¿De qué formas puedo lograr que las reuniones internas hagan un uso más eficiente del tiempo? ¿Cómo puedo saber si debo asistir a una reunión o no?». Luego les pedimos a los participantes reunirse en parejas y, después de la lluvia de ideas, solicitamos a todos los miembros del grupo sus ideas y sus tácticas de simplificación. Veamos algunos de esos aportes:

- «Afortunadamente, mi pareja para este ejercicio trabaja en finanzas. Le expliqué el proceso, que es complicado y consume mucho tiempo, de revisar el pronóstico mensual. Luego mi compañera me explicó el proceso a mí y ahora entiendo cómo funciona. Esa comprensión me ahorra mucho tiempo y evita complejidad».
- «Hay reuniones improductivas a lo largo de todo el mes. Duran todo el día. Lo más importante que identificamos es que no estamos preparados, razón por la cual no logramos tener reuniones productivas y exitosas. Debemos tener una idea más clara sobre lo que significa hacer buenas reuniones. Una solución de un cliente es poner en las paredes de los salones de reuniones seis claves para una reunión eficaz».

Un elemento importante en la fase de conclusión consistió en pedir a los participantes que se comprometieran con algunas tácticas de simplificación, y nosotros compartimos algunas de las nuestras. A continuación, expongo algunas de las tácticas de simplificación propuestas por los participantes:

- Establezca reglas y procesos para tener reuniones exitosas. Sea puntual con el inicio de las reuniones. Tenga un plan claro y asigne tareas antes de empezar.
- Aplauda los datos específicos y evite la vaguedad.
- Para que el liderazgo sea menos complejo, los miembros del equipo deben estar comprometidos y el equipo debe asumir la responsabilidad de las decisiones.

- Ponga en cierto lugar del calendario el letrero «no molestar» y hágalo respetar.
- Concéntrese primero en los asuntos más importantes, de tal manera que las cosas pequeñas y urgentes no le roben el tiempo.
- Hable más cara a cara y mande menos correos electrónicos.
- Empodere al equipo para resolver los problemas si los miembros pueden encontrar una solución.
- Escriba correos más cortos, con viñetas. Para correos muy largos y con gran cantidad de información, incluya en la parte superior del mismo dos frases en negrilla que resuma los puntos principales (por ejemplo: nuestro acuerdo y acciones).

El día que pasamos con este grupo fue todo un éxito. Es cierto que no resolvimos todos los problemas ni llevamos a cabo un rediseño en la manera como nuestro cliente hace negocios, pero sí le ayudamos al equipo a asumir el control de uno de los elementos más frustrantes de la vida profesional moderna: la sensación de que nuestros esfuerzos, en muchos casos, producen un efecto menor del que podrían producir.

Use las herramientas presentadas en este capítulo. Experimente con ellas. Todos tenemos la capacidad de hacer mejoras significativas a nuestro trabajo, sin tener que llevar a cabo un largo proceso tipo Six-Sigma. Si trabajamos de manera conjunta con nuestros colegas, podemos indagar en los detalles y los matices de nuestro trabajo, de tal manera que eliminemos lo que no añade valor y nos acerquemos cada vez más al trabajo que realmente importa.

7. Sea el abanderado de la simplificación

«La capacidad para simplificar equivale a eliminar
lo innecesario, de tal manera que
lo necesario pueda expresarse».
Hans Hofmann[1]

Ya tenemos claro que la simplicidad es buena para los negocios en general, pero ¿es buena también para los líderes de manera individual? La respuesta parece ser un «sí» rotundo. Hace varios años Steve Strelsin, un experimentado director ejecutivo, que también contribuyó a fundar el servicio legal en línea Axiom, llevó a cabo un proyecto de investigación para estudiar el comportamiento de los directores ejecutivos, en colaboración con la Harvard Business School. Strelsin reunió a un grupo de ejecutivos de diversas ramas y les hizo preguntas sobre la manera como asumían su papel de liderazgo. Luego, hizo una gráfica de sus respuestas en comparación con los registros de sus logros.

Sus hallazgos fueron muy llamativos[2]. Strelsin les hizo a los directores ejecutivos una pregunta fácil: «¿Cómo describiría usted el aspecto más importante de su trabajo en la organización?». Los directores ejecutivos cuyas compañías no tenían un desempeño estable destacaban tareas como crear una visión, construir una cultura corporativa concreta o desarrollar una estrategia específica de negocios.

Sin embargo, cuando Strelsin les hacía la misma pregunta a directores ejecutivos de compañías líderes en su área, la mayoría afirmaba que su misión personal, por encima de todo lo demás, era simplificar la vida de las personas que trabajaban en la compañía. Buscaban la simplicidad de diversas maneras: hacían más sencillas sus estrategias, para que tanto colegas como subordinados pudieran concentrarse en los retos más importantes. Simplificaban las jerarquías para que las compañías pudieran ejecutar las estrategias de manera más eficaz. Establecían como prioridad la comunicación en una prosa clara, que inspirara a los demás a colaborar en el cumplimiento de la misión de la compañía. En suma, los ejecutivos más exitosos del estudio de Strelsin se destacaban en sus trabajos porque no se limitaban a verse a sí mismos como directores ejecutivos, sino que asumían el papel de abanderados de la simplificación.

Los resultados de Strelsin apuntan hacia dos importantes conclusiones para las organizaciones. En primer lugar, la simplificación no es un evento que ocurre una sola vez, como cuando se hace una limpieza de primavera. Es necesario cultivar y profundizar en el tiempo ese objetivo de propiciar un trabajo que sea mínimo, comprensible, repetible y accesible. La simplificación debe ser un hábito y una manera de afrontar los retos que se presentan día a día. Debe ser parte de cada momento y cada decisión. Y debe estar firmemente arraigada en la cultura del negocio y en la manera de ser de cada empleado. Muchas compañías fracasan en su empeño de simplificación porque no la integran con la suficiente profundidad en su funcionamiento. No simplifican el trabajo que todos hacen, es decir, no hacen de la simplicidad un elemento definitorio de la cultura.

Hablamos mucho sobre la cultura corporativa, pero creo que hemos perdido de vista el verdadero significado de este concepto. La cultura no la determinan unas paredes pintadas con colores vivos, unos salones de trabajo común con grandes tableros blancos ni la comida orgánica de las cafeterías. Es mucho más que eso. Fundamentalmente, es un comportamiento, la manera como se hace el trabajo. Es el nivel de estrés en diversos tipos de reunión. Es el sentido informal sobre el tipo de comportamiento que se permite y sobre lo que está más allá de lo permitido. Por supuesto que la comunicación tiene su papel: las políticas, los manuales, los afiches y demás, pero esos no son los únicos espacios donde se define la cultura. La mayor parte de esta se desarrolla a través de las interacciones cotidianas que la gente tiene con sus compañeros. La cultura es el trabajo que hacemos a diario.

Un segundo elemento al que apunta la investigación de Strelsin es que cualquier organización interesada en la simplificación requiere de un fuerte compromiso por parte de las directivas. Cuando una organización no logra simplificar los procesos de trabajo en todos los niveles, casi siempre se debe a un vacío de liderazgo. Los altos ejecutivos no han asumido para su propio trabajo un compromiso con la simplificación. Tal vez afirmen verbalmente el valor de la simplificación, pero no hacen nada por eliminar los obstáculos para llegar a ella. Permiten que persistan comportamientos que crean y refuerzan la complejidad a diario. Los empleados perciben que la simplificación no es una iniciativa fundamental que reciba el apoyo de la totalidad de la organización. De este modo, se hace más difícil convencer a los trabajadores de los niveles básicos de reformar sus hábitos de trabajo y de deshacerse de prácticas y procedimientos que parecen cómodos, pero que son una barrera para sus colegas.

Muchas veces los líderes no asumen la simplificación porque no saben qué hacer, y no porque no quieran hacerlo. A pesar de todo lo que se ha escrito sobre la simplificación, los líderes no cuentan con un libro de guía coherente que les permita inculcar la simplicidad en la forma de trabajar de sus subordinados. Esto es cierto para los líderes en todos los niveles jerárquicos de las organizaciones, y no solo en el nivel ejecutivo. Si usted es gerente de división, director de departamento o vicepresidente de una unidad de negocio, también tiene en sus manos la oportunidad de eliminar la complejidad y ayudarle a su equipo a trabajar en lo que importa. Los ejercicios del capítulo anterior le servirán para desarrollar una iniciativa de simplificación puntual, pero no le dicen qué hacer para convertir la simplificación en un hábito.

No se preocupe. Es mucho lo que usted puede hacer ahora, sin tener que esperar a un proceso de revisión formal. En este capítulo usted encontrará doce estrategias para integrar la simplicidad a la manera de ser de su organización, ya sea que esté compuesta por 100 000 empleados o solo por unos cuantos. Estas estrategias son producto de mi trabajo con cientos de compañías y de mis entrevistas con ejecutivos y gerentes de todos los niveles. Cada una de ellas refleja mis conocimientos de primera mano sobre lo que funciona y lo que no funciona. No todas las estrategias serán apropiadas para todas las organizaciones o todos los individuos. Sin embargo, tomadas en conjunto, brindan a los líderes el conocimiento para avanzar en la simplificación con paso firme.

Cuando trabaje con estas estrategias, me gustaría que imagine que le fue asignado el papel de abanderado de la simplificación, no de su compañía, sino del área que usted controla dentro de su organización hoy en día. Si nadie le reporta a usted, piense cómo puede usar estas estrategias para eliminar la complicación en su propio trabajo. Si cierto número de personas dependen de usted, piense cuál de estas estrategias podría servir para eliminar las complicaciones en las rutinas de esas personas. Si usted ocupa un cargo en los niveles superiores de la escala jerárquica, extracte de esas doce estrategias algunas ideas para garantizar que cada miembro del personal que está por debajo de usted tenga la oportunidad de hacer una mayor cantidad de trabajo significativo en el día.

1. Estrategia #1. Establecer una visión

Es fácil proclamar que queremos simplificar el trabajo, pero para obtener el apoyo sostenido de las personas con las que trabajamos (para hacer de la simplicidad una forma de ser) es necesario ofrecer una imagen de lo que implica la simplificación y lo que se logrará con ella. Si usted se toma el tiempo de elaborar su visión de la simplificación, evitará generar posibles confusiones y les dará a sus compañeros una noción clara de lo que pueden hacer para satisfacer sus expectativas. Si explica cuál es el interés de asumir el camino de la simplicidad, es decir, si plantea una visión, esa visión puede motivar a sus subordinados a tomar mejores decisiones. Un planteamiento sencillo le hará ganar adeptos, al poner en claro su deseo de que el equipo haga un trabajo valioso y lleno de sentido.

Para aumentar el entusiasmo en torno a la simplificación, involucre a los otros en la formulación de los detalles de su visión. Hay mayores posibilidades de que una visión tenga acogida si todo el mundo puede participar. Comience por hacer un sondeo entre los miembros del equipo, ya sea de manera formal o informal, para que hagan su aporte. Pregúnteles cómo creen ellos que la simplificación puede beneficiar a todos en su propósito común. Luego incorpore sus contribuciones y dé crédito a cada uno delante de sus compañeros.

Recordemos el caso de Brad Katsuyama, el héroe de libro de Michael Lewis, *Flash Boys*, quien fundó su compañía IEX explícitamente para combatir las complicaciones intencionales que habían invadido los mercados de capitales. El proceso de comprar y vender títulos se había vuelto tan complejo que, según las palabras de Lewis, los corredores de bolsa estaban llenándose los bolsillos gracias a la ignorancia de sus víctimas. Katsuyama quería crear un negocio que prometía unas condiciones más justas. ¿Cómo alcanzar esa meta? A través de la simplicidad. IEX se posicionó como un «centro de marketing justo, simple y transparente, dedicado a la protección de los inversionistas»[3]. Así me explicó el asunto: «En IEX, existe una razón central por la que la gente nos busca. Es una declaración de misión: usamos un lenguaje sencillo, que la gente entiende y que no implica conflicto. Cada decisión que tomamos está íntimamente relacionada con nuestra misión. Nuestra toma de decisiones es muy sencilla: hace que el mundo se vea en blanco y negro[4]».

Todos entendemos intuitivamente que tener una visión y comunicarla es importante. No obstante, la mayoría de los líderes tienen dificultad para crear una visión clara. Mi equipo desarrolló un sistema sencillo para ayudarle a usted a crear una visión adecuada. Con el uso de la herramienta que se describe a continuación, usted podrá formular una visión de simplificación en poco más de media hora. Además, podrá lograrlo de manera individual o en equipo.

HERRAMIENTA
Declaración de visión sobre la simplicidad

Paso 1. Rellenar la tabla (30 minutos)

Lea las preguntas que se plantean a continuación y respóndalas con toda honestidad. En primer lugar, escriba lo que piensa debajo de cada pregunta. Cuando esté listo, pula cada respuesta para formar una oración, según los enunciados propuestos en la columna de respuestas.

Tabla 7.1 Visión sobre la complejidad

Preguntas	Respuestas
1. ¿Por qué la simplificación es importante para nosotros?	La simplificación es importante porque:
2. Al simplificar, ¿cuáles tres cosas tendrán un impacto importante en nuestro trabajo o negocio?	Las tres simplificaciones con mayor impacto serán:
	1.
	2.
	3.
3. ¿De qué maneras podemos experimentar mayor simplicidad en nuestro cotidiano laboral?	Diariamente veremos pequeños cambios como:
4. Si simplificamos nuestra manera de trabajar, ¿cuál será el resultado (financiero, en términos de comportamientos, de ahorro de tiempo, etc.)?	Podremos medir resultados como:
5. ¿Cuándo sabremos si nuestra unidad de negocio (o nuestro trabajo) se ha simplificado?	Nos hallaremos en un estado de simplificación cuando esto ocurra:
6. ¿Cuál habilidad nueva de simplificación utilizaremos a diario?	La gente será más...

Preguntas	Respuestas
7. De aquí a un año, ¿cómo se habrá convertido la simplificación en un hábito?	La simplificación se convertirá en un hábito si...
8. Mirando retrospectivamente, ¿cuál era nuestro mayor obstáculo para la simplificación?	El mayor obstáculo que debemos superar es...
9. Si no hubiéramos hecho de la simplificación un hábito, ¿qué habría ocurrido?	Si no hacemos de la simplificación un hábito, el resultado será...
10. ¿Qué nos ayudará a lograr la simplificación, tanto a nivel personal como profesional?	La simplificación le permitirá a nuestro negocio:
	A los colegas:
	A mí mismo(a):
11. En una oración, ¿qué significa la simplicidad para nosotros?	La simplicidad es...

Paso 2. Comparta las respuestas y discútalas con su equipo (30 minutos)

Si está trabajando en grupo, forme parejas y comparen las respuestas. Utilice las siguientes preguntas para estimular los intercambios de opiniones:

- ¿Cuáles son las similitudes entre nuestras respuestas?
- ¿Cuáles son las diferencias entre ellas?
- ¿Cuáles respuestas son el reflejo de que la simplificación es un valor central para nuestro negocio?
- De esas respuestas, ¿cuáles son las tres que contienen las afirmaciones más prometedoras para la visión de simplificación de nuestra empresa? (Voten, si es necesario).

Paso 3. Redacte una declaración de visión de la simplicidad (30 minutos)

Use las respuestas colectivas a las preguntas 10 y 11 de la tabla para facilitar la creación de una declaración concisa sobre qué es la simplicidad y qué le aportará al negocio.

Paso 4. Solicite retroalimentación y revise (60 minutos)

Envíe su declaración de visión de la simplicidad a mentores, compañeros y socios de confianza, tanto dentro como fuera de la organización, y pídales que identifiquen debilidades y hagan recomendaciones sobre maneras de subsanarlas. Como alternativa, puede invitar a la totalidad de la organización a trabajar de manera conjunta en la versión final. Una vez termine la tarea, comparta la visión con toda la empresa.

- Obtenga retroalimentación. Pida a sus colegas y a unos cuantos socios de confianza por fuera de la compañía que le den retroalimentación sobre la visión y cuestionen su eficacia. ¿Es clara la visión? ¿Está desprovista de jerga especializada? ¿Es inspiradora? ¿Está orientada a los resultados?
- Busque apoyo. Comparta las preguntas con su equipo. ¿Cuál es su reacción? ¿Qué cambiarían? ¿Cómo les gustaría hacer de la simplificación una realidad?
- Haga una encuesta. Use las preguntas de la tabla para crear una encuesta para su equipo (o para la organización en general, si es pertinente). Pídales que respondan las preguntas y compárelas con las suyas propias. ¿Cuáles fueron las similitudes y las diferencias clave?

2. Estrategia #2. Hacer de la simplicidad una parte integrante de su estrategia a largo plazo

Una vez haya definido su visión sobre la simplificación, necesitará una estrategia para alcanzar esa meta. Muchas compañías tienen dificultades con la planificación estratégica, pues se concentran en estándares trimestrales más que en objetivos a largo plazo. En cierta ocasión, uno de mis clientes dijo en tono jocoso una frase muy cierta: «La planificación estratégica nunca termina... solo le hacemos interrupciones periódicas. Y es una lástima, pues un componente de la planificación corporativa que debería ser una ventaja se ha convertido en una carga». Jeff Spencer, quien se desempeñó como director de estrategia en Merck Canadá, explicó el problema de manera sucinta: «La gente no solo quiere oír hablar sobre una estrategia. Quiere oír hablar sobre acciones y resultados».

Se han escrito muchos libros sobre cómo mejorar la planificación estratégica. Sin embargo, lo esencial aquí es no perder de vista que la simplicidad es una parte vital del proceso. La simplicidad no debe ser solo el tema de un afiche en la cafetería. La planificación de largo plazo debe tomar en cuenta lo que se va a eliminar del trabajo, a fin de concentrarse mejor, en lugar de solo pensar en lo que se quiere añadir.

Cuando las compañías consideran diversas maneras de crecer, casi siempre hacen énfasis en lo que van a añadir en su menú de oferta de productos y servicios: nuevos adornos, nuevos servicios de categoría superior, una trampa más llamativa. En ocasiones se trata de una estrategia razonable, pero con demasiada frecuencia las complicaciones que surgen al añadir productos o funcionalidades pueden deteriorar las ventajas contempladas. Al dar un paso estratégico, conviene pensar si no sería mejor eliminar o vender una porción de su portafolio, en aras de la simplicidad.

En el 2014, Procter & Gamble (P&G) decidió que la mejor manera de hacer crecer su negocio era vender una menor cantidad de productos. Dentro de su portafolio de cuidados capilares ciertas marcas estaban creciendo, como Head & Shoulders y Pantene, pero otras

—que se vendían a los salones de belleza y a consumidores interesados en tinturarse el pelo— estaban estancadas, en el mejor de los casos. La diversidad de los productos ofrecidos por la compañía estaba debilitando al equipo de marketing, y los productos más rentables no estaban obteniendo la atención debida. La complicación estaba robándose la energía de la compañía.

El entonces presidente ejecutivo, A. G. Lafley, tomó una decisión difícil. En lugar de asignar muchos recursos a los productos de belleza periféricos, P&G los vendería a Coty. Como lo explicó Lafley, la idea central era racionalizar y hacer más eficientes las operaciones de P&G. En último término, Lafley quería crear «negocios mucho más simples, más fáciles de operar, en los que sea más fácil crecer y crear valor [...]. El gran cambio ha consistido en limitar las opciones [y] regresar a una innovación equilibrada y a una productividad verdaderamente centrada en la creación de valor[5]». Es difícil abandonar una marca o vender un activo. Esta acción puede hacerle sentir como si estuviera dándose por vencido. No obstante, simplificar su portafolio lo llevará a concentrarse de manera más efectiva en lo que queda. Así lo explica Ron Ashkenas, experimentado consultor de gestión y especialista en cambio organizacional: «Para simplificar, es buena idea comenzar por los productos. Sin embargo, la gente se aferra a ellos (el ego pesa mucho) y es difícil decirles a los clientes que ya no vamos a seguir ofreciendo un producto[6]».

Igual que los jardineros sensatos, los líderes destacados podan cuidadosamente lo que no hace falta, pues saben que eliminar lo que sobra producirá mejores resultados en el futuro. En 1997, Steve Jobs afirmó: «Me siento tan orgulloso de las cosas que no hemos hecho como de las que sí hemos hecho. La innovación consiste en decir no a mil cosas[7]». Tenía toda la razón.

3. Estrategia #3. Racionalizar las capas gerenciales

En 1944 la Oficina de Servicios Estratégicos (OSS), precursora de la CIA, escribió un manual de campo para sus agentes, con el objetivo de sabotear diversas organizaciones, a nombre de la seguridad nacional estadounidense. El manual contenía una estrategia particularmente irritante: la complicación. La OSS ordenaba a los saboteadores «insistir en hacerlo todo a través de varios canales. Nunca permitir que se tomen atajos para acelerar las decisiones [...] [y] multiplicar los procedimientos y aprobaciones de las instrucciones [...]. Asegurarse de que tres personas tengan que aprobarlo todo, cuando una sola bastaría[8]».

Es extraño pensar en la complicación como un medio de saboteo, pero debió de ser una herramienta muy eficaz. Con la acumulación de múltiples niveles de gerencia, se vuelve muy demorado el proceso que hace que una buena idea llegue hasta arriba, y también se necesitan muchas aprobaciones para obtener el efecto deseado. Las personas que ocupan cargos de autoridad están alejadas de la realidad de base. Al respecto, dice Ashkenas: «Cuando hay muchos niveles de gerencia, los gerentes senior quedan aislados de lo que realmente ocurre. En cada nivel se presenta la realidad de una manera diferente, de tal forma que el gerente senior no conoce la verdad[9]».

No es que todas las organizaciones deban simplificar al extremo su estructura gerencial (si a un solo gerente le reportan demasiadas personas, no tendrá el tiempo suficiente para dedicarles su atención), pero niveles adicionales de gerencia cuestan dinero, toman tiempo y demoran las decisiones. Un estudio encontró que añadir un nuevo gerente a una empresa acarrea más trabajo: en promedio, el que haría uno y medio trabajadores. Y no es porque el nuevo gerente cree más ideas, sino porque esa nueva capa de gerencia añade una capa adicional de complicación[10].

Eliminar capas, tal como lo han hecho Bain & Company y otras compañías, es ahora moneda corriente entre quienes quieren suprimir redundancias. No es necesario traer asesores externos para identificar aquello que usted ya entiende. Racionalice su propia gerencia. Analice la función de cada persona en la actual estructura jerárquica. ¿Hay redundancias? ¿La gente trabaja en compartimientos aislados? Compare sus estructuras jerárquicas con las de otros actores. Cuando usted se compara con la competencia, ¿observa que se requieren más aprobaciones para cada decisión concreta? Haga cambios razonables. ¿Podría usted —sin abrumar a sus empleados— aumentar el control que ejercen ciertos roles y funciones? Responda cuidadosamente estas preguntas y luego considere si puede superar a su competencia.

4. Estrategia #4. Simplificar la toma de decisiones

En Merck Canadá se estaba preparando una iniciativa de simplificación a nivel de toda la compañía, y el equipo de liderazgo identificó un reto frecuente. En demasiados casos, los empleados autorizados a tomar decisiones les pedían autorización a sus jefes. Esta acción generaba demoras innecesarias y sobrecargaba a los gerentes. Los altos líderes no sabían por qué los empleados estaban tan reacios a asumir mayor responsabilidad personal, pero finalmente concluyeron que los empleados temían equivocarse. Al trasladar la decisión a un nivel más arriba, eludían un deber[11].

Uno de mis clientes, un gerente senior encargado de análisis de riesgos en una compañía de calificación financiera, observó que algo similar ocurría en su organización. Se sentía muy frustrado, pues las diez personas que le reportaban directamente se negaban a tomar decisiones independientes, así que decidió instaurar una nueva política: cada uno de sus subordinados tenía la obligación de tomar dos decisiones a la semana sin pedir su aprobación. En un comienzo, recibía correos electrónicos donde le decían: «¿Puedo invitar a Roberto a la reunión de mañana?». Y su respuesta era: «Ese es exactamente el tipo de decisiones que puedes tomar sin consultarme». Al fin, sus colaboradores entendieron el mensaje. Mi cliente estaba feliz de tomar veinte decisiones menos a la semana. Con el tiempo subió el nivel, así que pidió que se tomaran más decisiones sin consultarlo. Seis meses después, descubrió que debía hacerles más preguntas a sus subordinados para mantenerse al corriente de lo que pasaba[12].

En Merck Canadá los empleados que tenían subordinados directos se negaron a tomar decisiones que sus colaboradores estaban autorizados a tomar por sí solos. Los resultados fueron impresionantes. Los empleados que antes eludían el compromiso asumieron la responsabilidad de sus propias decisiones. Prestaban más atención, para estar seguros de tomar la decisión correcta, en los tiempos estipulados, y se sentían más dueños de los resultados.

Los líderes también pueden simplificar la toma de decisiones empoderando a los empleados de atención al público. Los líderes del Commerce Bank querían que el personal respondiera mejor a las solicitudes de los clientes, y para ello hicieron que el proceso de negar una solicitud se volviera más complicado que atenderla. Si el empleado se inclinaba por hacer lo que un cliente quería, podía tomar por sí mismo esa decisión. ¡Muy simple! Sin embargo, si quería negarse, debía obtener la aprobación del gerente. En esencia, se requerían dos pasos para decir que no y uno para decir que sí.

En muchas compañías el hecho de no aclarar quién debe tomar determinadas decisiones lentifica los procesos. Si las firmas dedican menos tiempo al manejo de la matriz, tendrán más tiempo para trabajar en lo que importa. Así lo explicó Jeff Woods, de SAP: «Llevamos a cabo un estudio sobre la simplificación en Wharton para comprender la relación entre tecnología y complejidad. En la investigación, les preguntamos a los empleados qué tipo de complejidad obstaculizaba su trabajo. Los participantes citaron la toma de decisiones y la complejidad de los procesos (por encima de la complejidad tecnológica). No es la tecnología misma sino la manera de usarla lo que crea la complejidad[13]».

Tómese el tiempo para revisar el proceso de toma de decisiones de su organización. Asuma el reto, junto con sus colegas, de reducir o eliminar el número de personas requeridas para aprobar o revisar decisiones particulares. Para poner en movimiento el proceso, pregúntese:

1. ¿Cuál es el menor número posible de personas que podemos requerir para aprobar un informe/documento/gasto?
2. ¿Cuánto dinero puedo permitir que alguien gaste sin exigir papeleo o un informe?
3. ¿Cuáles informes/requisitos/papeles podemos dejar de exigir en nuestros procesos de aprobación ya mismo?

5. Estrategia #5. Establecer mediciones claras

Antes de embarcarnos en cualquier tipo de simplificación, es necesario que tengamos una idea de cómo se va a medir el resultado. Nada es más nocivo para una iniciativa prometedora que la ausencia de pruebas de que el esfuerzo funcionó. Sin pruebas, no faltará quien trate de atribuir las mejoras a factores que no tienen nada que ver o de culpar a la iniciativa de fallos no relacionados con ella.

¿Cuál es la mejor manera de hacerle seguimiento al progreso de la simplificación? Según mi experiencia, las mediciones pueden ser suaves y cualitativas o duras y cuantificables. No solo deben medir el progreso en relación con la eliminación de la complejidad, sino que, además, deben promover cambios positivos en el comportamiento. Sobre todo, deben dejar en claro si la simplificación está contribuyendo a resultados positivos en el negocio.

Cuando trabaja con sus clientes, Ron Ashkenas suele aconsejarles no implementar nuevas mediciones. Por el contrario, sugiere que «incrementen las expectativas utilizando las mediciones actuales. De esa manera, si las ventas están en cierto nivel, se pide aumentar la meta en un 15 %, lo cual puede requerir que se hagan negocios de maneras muy diferentes[14]». Al fin de cuentas, el objetivo no es solo simplificar, sino usar la simplicidad como una herramienta para mejorar el desempeño. Aumentar las expectativas puede llevar a los trabajadores a reducir la complejidad, en busca de mejores resultados.

La herramienta que se describe a continuación, mediciones de la simplificación, ayuda a los líderes individuales, a los equipos y a las unidades de negocios. Tal como lo mencioné, las mediciones pueden ser duras y cuantificables o blandas y cualitativas, pero cada una de ellas debe concentrarse en una parte de su negocio que necesite simplificar. Unas mediciones adecuadas pueden servir para cumplir algunos propósitos, como reducir los informes y las capas de gerencia, o para aumentar los niveles de retención. Así, se podrían alcanzar las metas de su empresa y se podría estimular un cambio de comportamiento positivo. La herramienta mediciones de la simplificación le servirá como guía y, sobre todo, como prueba del éxito de la simplificación.

HERRAMIENTA
Mediciones de la simplificación

Paso 1. Identificar y discutir los objetivos de la simplificación (60 minutos)

En grupo, use las siguientes preguntas para discutir sus objetivos de simplificación y determinar cuáles mediciones servirán para hacer seguimiento a sus esfuerzos.

- ¿En cuáles áreas de su negocio tendrá la simplificación el mayor impacto?
- ¿Cuáles procesos y sistemas clave deben simplificarse para crear ese impacto?
- ¿Cuáles cambios de corto plazo servirán para alcanzar los logros necesarios que impulsarán la simplificación?
- ¿Cuáles cambios de largo plazo esperamos obtener mediante la simplificación?
- ¿Cuáles comportamientos dentro de nuestra organización deben cambiar? ¿Cuáles comportamientos relacionados con la simplificación deben convertirse en hábitos?
- ¿Qué tipos de resultados indicarán quc hemos alcanzado nuestras metas de simplificación?
- ¿Cómo visibilizamos en toda la empresa nuestra selección y monitoreo de las mediciones?

Paso 2. Seleccionar las mediciones de simplificación (30 minutos)

Designe un líder para que se encargue de anotar las mediciones propuestas en un tablero, o pida a los participantes anotar sus opciones preferidas en papeles adhesivos. Escoja entre cinco y siete mediciones manejables, y, si quiere, cree mediciones adaptadas para sus circunstancias particulares. Tenga presentes los siguientes puntos:

- Vincule las mediciones con la estrategia general de su organización. Escoja mediciones que beneficien tanto a su unidad de negocios como a la compañía entera.
- No descuide las consecuencias involuntarias. Si quiere hacer seguimiento a un aspecto como «recortar costos gracias a la eliminación de reuniones», asegúrese de que esa medición no lleve a la gente a eliminar, sin reflexionar, la mayor cantidad de reuniones posible. Pues puede haber reuniones que ayuden a evitar las redundancias y aumentar el flujo de trabajo. Eliminar reuniones valiosas como esa puede acarrearle más gastos a la empresa; por eso, es muy importante comunicar los objetivos, en lugar de hacer referencia exclusiva a las mediciones. Considere la posibilidad de adaptar las mediciones según sus necesidades (por ejemplo, controlar los costos mediante la eliminación de reuniones largas), en los casos en que pudiera tener efectos secundarios negativos.

Tabla 7.2 Mediciones para la simplificación

Medición de visión / comunicación	Medición de organización estructural	Medición de recursos humanos	Medición de estrategia y planificación	Medición operacional
Disminución del tiempo gastado en comunicaciones por redes sociales irrelevantes	Aumento en la toma de decisiones del personal, gracias a una organización estructural simplificada	Disminución del número de niveles de aprobación para contratar candidatos cualificados	Disminución en el número de comités de aprobación	Número de contratos redactados de manera más breve Empleados que eliminan formalidades administrativas de sus actividades diarias
Disminución del número de frases con jerga complicada, de los líderes para los empleados	Aumento de la comunicación entre equipos o divisiones, gracias a una organización estructural simplificada	Disminución del número de criterios para la evaluación de desempeño	Tiempo ahorrado gracias a la disminución en el número de comités de aprobación	Tiempo ahorrado gracias al número de contratos más breves Disminución en el número de firmas para aprobaciones

<table>
<thead>
<tr><th>Medición de visión / comunicación</th><th>Medición de organización estructural</th><th>Medición de recursos humanos</th><th>Medición de estrategia y planificación</th><th>Medición operacional</th></tr>
</thead>
<tbody>
<tr><td rowspan="2">Aumento de la comprensión del personal sobre las razones por las que la simplificación es valiosa para el negocio.</td><td rowspan="2">Aumento en el empoderamiento de los empleados, gracias a una organización estructural simplificada</td><td rowspan="2">Tiempo ahorrado gracias a la reducción de los criterios en la evaluación de desempeño</td><td rowspan="2">Disminución del tiempo usado para finalizar y aprobar el plan estratégico anual.</td><td>Disminución de solicitudes de apoyo técnico para la solución básica de problemas</td></tr>
<tr><td>Aumento en la coherencia de los procesos entre las diversas líneas de negocios</td></tr>
<tr><td rowspan="2"></td><td rowspan="2"></td><td rowspan="2">Aumento en el número de bonos o premios concedidos por simplificar</td><td rowspan="2">Disminución del tiempo para finalizar y aprobar el presupuesto del año fiscal</td><td>Aumento en el tiempo que los empleados pasan ahora interactuando con los clientes</td></tr>
<tr><td>Disminución en el tiempo para procesar solicitudes o aprobaciones de los empleados o los clientes</td></tr>
<tr><td rowspan="2"></td><td rowspan="2"></td><td rowspan="2">Disminución de los equivalentes de tiempo completo por esfuerzos de simplificación</td><td rowspan="2"></td><td>Disminución en el tiempo de respuesta en el servicio al cliente</td></tr>
<tr><td>Número de políticas, procesos o procedimientos simplificados</td></tr>
</tbody>
</table>

Medición de visión / comunicación	Medición de organización estructural	Medición de recursos humanos	Medición de estrategia y planificación	Medición operacional
		Aumento en el número de empleados entrenados en simplificación		Reducción en el número de proveedores activos
				Número de procesos automatizados
		Número de funciones duplicadas que se eliminan		Disminución en el número de preguntas de los clientes/ proveedores sobre nuestros contratos
				Tiempo ahorrado gracias a la automatización de procesos
		Ahorros en costos por la eliminación de funciones duplicadas		Tiempo ahorrado gracias a la eliminación de formularios
				Número de normas estúpidas eliminadas
		Aumento de la cantidad de gente reconocida por simplificar		Número de redundancias eliminadas
				Número de formularios eliminados
		Disminución en el número de políticas de recursos humanos		Tiempo ahorrado gracias a la eliminación de redundancias
		Aumento de retroalimentación positiva sobre la cultura corporativa en encuestas a los empleados		Aumento de los proyectos terminados a tiempo

Medición de visión / comunicación	Medición de organización estructural	Medición de recursos humanos	Medición de estrategia y planificación	Medición operacional
		Aumento en la tasa de retención de los empleados		
		Disminución en la pérdida de empleados		
		Aumento de la satisfacción de los empleados		

Medición de productos y servicios	Medición de reuniones	Medición de correos/ llamadas	Medición de informes	Medición de presentaciones	Medición de valor del tiempo del personal
Número de pasos o niveles eliminados en el proceso de desarrollo de productos	Número de reuniones eliminadas	Disminución del volumen total de correos internos	Número de informes eliminados	Tiempo ahorrado gracias a la eliminación de presentaciones de PowerPoint en las reuniones internas	Número de actividades eliminadas con el fin de hacer espacio para otras nuevas
Disminución en el número de pasos para llegar a interactuar con el cliente	Disminución en la cantidad de tiempo que gastan los empleados en reuniones	Tiempo ahorrado gracias a la disminución de las llamadas internas a 12, 25 o 50 minutos	Tiempo ahorrado gracias a la eliminación de informes innecesarios	Tiempo ahorrado gracias a la implementación de Google Docs u otras herramientas de colaboración	Aumento de la productividad gracias a la implantación de segmentos de tiempo sin interrupciones, para la generación de ideas

Medición de productos y servicios	Medición de reuniones	Medición de correos/ llamadas	Medición de informes	Medición de presentaciones	Medición de valor del tiempo del personal
Número de proyectos poco rentables eliminados de la cartera de productos en fase de desarrollo	Ahorro de costos gracias a la eliminación de reuniones	Tiempo ahorrado gracias al número limitado de copias en los correos electrónicos internos	Reducción del número de informes revisados en el proceso de toma de decisiones	Tiempo ahorrado gracias a un formato sencillo y menor número de gráficos en las presentaciones	Tiempo ahorrado por canalizar en una sola cabeza tareas similares
Disminución en las observaciones de los clientes sobre los productos, los servicios o el sitio web	Tiempo ahorrado gracias a la simplificación del material para las reuniones internas	Dinero ahorrado gracias a la eliminación de los buzones de voz	Reducción de la información duplicada que se recolecta para los informes		Dinero ahorrado por canalizar en una sola cabeza tareas similares
Disminución en el tiempo para comercializar nuevos productos/ servicios	Disminución en el volumen general de invitaciones a reuniones internas	Tiempo ahorrado gracias a volver bimestrales las llamadas semanales	Tiempo ahorrado gracias a la reducción del trabajo duplicado para los informes		Número de tareas eliminadas por simplificar sesiones o pasos burocráticos
Número de productos, servicios o unidades de inventario (SKU) sacados de circulación	Aumento del número de personas que rechazan invitaciones a reuniones	Aumento de la productividad gracias al establecimiento de zonas sin correo electrónico			Tiempo ahorrado por simplificar sesiones o pasos burocráticos
Aumento de la retroalimentación positiva de los clientes	Aumento de los niveles de comodidad respecto a la eliminación de reuniones				Los empleados parecen menos abrumados con su carga de trabajo.

Paso 3. Discutir las mediciones propuestas (30 minutos)

Discuta en grupo las siguientes preguntas:

- ¿Cuáles mediciones escogió cada uno (entre cinco y siete)?
- ¿Cuáles de esas mediciones sirven para cumplir nuestros objetivos de logros rápidos, cambios a largo plazo o cambios de comportamiento?
- ¿Estamos de acuerdo respecto a esas cinco o siete mediciones? (En caso negativo, hagan una votación).

Paso 4. Establecer una línea de base, unas metas y una programación (20 a 60 minutos)

Usted necesitará una línea de base para hacer el seguimiento del progreso relacionado con cada medición de simplificación. Si una de sus mediciones es número de informes eliminados y su unidad de negocios actualmente genera treinta informes al año, quiere decir que su línea de base son los 30 informes (tal vez sea necesaria una investigación adicional para hacer bien este paso). Sea realista a la hora de fijar sus metas y programación. Lo que se busca es motivar a los equipos, no abonar el terreno para el fracaso. Por eso, es importante compartir las metas y la programación con toda la organización, así como estar abierto a la retroalimentación.

Consejos para el éxito

Los pasos de esta herramienta están diseñados para darle a usted la mejor oportunidad de integrar la simplicidad en su compañía. Sin embargo, ciertos matices pueden afectar la utilidad de la medición, según las necesidades de la compañía. Recuerde que la clave aquí es crear un impulso inicial, para que los primeros logros se conviertan en algo más sostenible. Así como el fracaso de las mediciones puede obstaculizar el avance, un éxito inmediato servirá para estimular a sus colegas y colaboradores a participar con más ahínco en el esfuerzo de simplificación.

Los siguientes consejos pueden resultarle muy útiles.

- Ponga a prueba sus mediciones. ¿En verdad entienden los empleados las mediciones y las metas y su papel individual en el seguimiento de la simplificación? Haga una prueba piloto de sus mediciones con un grupo pequeño antes del lanzamiento formal de la estrategia, y haga los ajustes necesarios.
- Designe personas encargadas de hacer los seguimientos. Evite quedarse corto de información, y centralice los datos relacionados con cada medición en una persona. Comunique quién es el responsable de cada seguimiento.
- No mantenga estáticas las mediciones. Revise las mediciones para hacerles los cambios pertinentes. Si usted y su equipo lograron alcanzar las metas y les sobró tiempo, sean más ambiciosos con la meta o con el tiempo designado para alcanzarla.
- Manténgase informado. Lleve una hoja con las mediciones actuales a las reuniones trimestrales con sus jefes. Si presenta una información sucinta y bien organizada, los altos directivos podrán tomar decisiones que orientarán la simplificación en tiempo real.

Tabla 7.3 Prueba piloto de las mediciones

<table>
<tr><th>Nuestra medición</th><th>Línea de base actual</th><th>Meta ¿A dónde queremos llegar?</th><th>Programación ¿Cuándo debemos lograrlo?</th></tr>
<tr><td>Ejemplo: Disminución de la cantidad de tiempo gastado en reuniones.</td><td>40 %</td><td>20 %</td><td>Dentro de un año.</td></tr>
<tr><td rowspan="2">Ejemplo: Disminución en el número de niveles de aprobación para contratar candidatos cualificados.</td><td rowspan="2">3</td><td>1 nivel para empleos por debajo del director.</td><td rowspan="2">De inmediato.</td></tr>
<tr><td>2 niveles para empleos superiores.</td></tr>
<tr><td>Escriba sus mediciones.</td><td></td><td></td><td></td></tr>
<tr><td>Escriba sus mediciones.</td><td></td><td></td><td></td></tr>
<tr><td>Escriba sus mediciones.</td><td></td><td></td><td></td></tr>
</table>

6. Estrategia #6. Crear un código de conducta para la simplificación

La simplificación funciona, en parte, porque establece principios rectores en lugar de proponer reglas prescriptivas. Nos lleva a definir los límites externos de la conducta, en lugar de dictar la manera exacta como los subordinados deben manejar cada situación. La simplicidad invita a los individuos a asumir una mayor responsabilidad frente a sus opciones y a que pongan en práctica su ingenio para resolver problemas. Por supuesto, el reto consiste en asegurarse de que los individuos no usen esa nueva autoridad para crear más complejidad. Como se vio en capítulos anteriores, las personas caen en la complejidad por muy diversas razones, como el miedo, la aversión al riesgo y el ego.

Para contrarrestar ese impulso, mi equipo creó el código de conducta para la simplificación, un empeño que toda organización debería acoger. Nuestra inspiración fue Google, pues esta compañía, en un esfuerzo por aumentar la productividad, publicó un manifiesto que formula «nueve reglas para los correos electrónicos[15]». Nuestro código de conducta es más general, y establece un estándar que invita a cada individuo a no desperdiciar el tiempo de nadie ni crear trabajo innecesario. Adicionalmente, nuestro código de conducta empodera a la gente para señalar la complejidad de otros. En esencia, el código de conducta para la simplificación funciona porque nos hace sentir vergüenza al escoger la complicación. Por último, este código establece una serie de comportamientos o permisos que todo el mundo puede señalar cuando trata de hacer que la simplificación ocurra a diario.

HERRAMIENTA
Código de conducta para la simplificación

Me comprometo a simplificar todo lo que hago.

Para eso, voy a...

1. Eliminar redundancias y trabajo innecesario, y empoderar a mi equipo para que haga lo mismo.
2. Evitar crear falsas urgencias.
3. Detenerme si creo que algo es innecesario.
4. Usar un lenguaje claro, sin jerga empresarial, en mi comunicación.
5. Ser breve en mis correos, documentos, reuniones y conversaciones.
6. Ser decisivo y limitar la cantidad de información que necesito para tomar una decisión.
7. Empoderar a otros para que tomen decisiones sin consultarme.
8. Dar a otras personas acceso a la información (salvo cuando sea ilegal).
9. Decir NO cuando sea posible.

El código es muy específico, así que es posible que no se adapte del todo a su propia situación. Por esa razón, mi equipo creó una herramienta cuyo propósito es ayudarle a usted a desarrollar su propio código de conducta. Esta herramienta le permitirá, en no más de una hora, comunicar los comportamientos y opciones específicos para la simplificación que su organización debe asumir. También sirve para identificar cuáles comportamientos se deben evitar para reducir el trabajo innecesario y respetar el tiempo del otro. Al final de este ejercicio, usted habrá creado y distribuido un código de conducta para la simplificación que todos los miembros de la organización deberán respaldar.

Paso 1. Responda las preguntas del código de conducta (15 minutos)

Responda las siguientes preguntas con oraciones cortas y específicas, concéntrese en los comportamientos y los hábitos que usted quiere transformar. Si lleva a cabo este ejercicio en grupo, trabajen las preguntas entre todos.

- ¿Cuáles comportamientos relacionados con la simplificación debe asumir el personal de nuestra organización en su día a día?
- ¿Cuáles comportamientos añaden trabajo innecesario y se deben evitar de hoy en adelante?
- ¿Qué les impide simplificar a nuestros colaboradores en la organización? ¿Qué podemos hacer para eliminar esos obstáculos?
- A partir de hoy, ¿cuáles tareas específicas deben hacer menos las personas que trabajan en nuestra organización?

Paso 2. Redacte un código de conducta para la simplificación (30 minutos)

Use el ejemplo de la página anterior, así como sus respuestas del paso 1 para redactar el código de conducta para la simplificación. Consejo: evitar las oraciones en dos partes, como «si ocurre x, entonces y» o «haré *x*, a menos que *y*».

Me comprometo a simplificar todo lo que hago. Esto significa que haré lo siguiente:

1. ____
2. ____
3. ____
4. ____
5. ____
6. ____

7. ____

8. ____

9. ____

10. ____

Paso 3. Finalizar y compartir con la organización (15 minutos)

Una vez haya terminado el *código de conducta para la simplificación*, compártalo con la organización, junto con un corto mensaje personal donde se explique por qué la simplificación es esencial para la salud y la felicidad general de la compañía. Invite a los destinatarios del correo a firmar, datar y exhibir el código en las oficinas, como un recordatorio unificador de la manera como todos deben asumir el trabajo cotidiano a largo plazo.

7. Estrategia #7. Crear un equipo de simplificación

¿Quién debe liderar el esfuerzo de simplificación? Desde luego, se necesita apoyo inmediato en los niveles superiores de la escala jerárquica, pero para que la simplificación se convierta en un hábito se necesita mucho más: un equipo adecuado que lidere. No se trata de conformar un cuerpo de policía de la simplicidad; el objetivo no es conformar una guardia de honor compuesta por gerentes de nivel intermedio que vigile a todo el mundo y le dé palmadas en las manos por generar complicación. Lo que se busca es encontrar maneras de facilitar la simplificación, de tal manera que el personal de base y los gerentes se adueñen de lo que está ocurriendo en la compañía.

En una entrevista que me concedió Michael Bungay-Stanier, de la compañía Box of Crayons, el ejecutivo me explicó que «es necesario tener un grupo central para liderar la simplificación, pero la meta última es que ese equipo rote o desaparezca. La función de sus miembros es convertirse en facilitadores para que todo el mundo simplifique. De lo contrario, la gente no se sentirá responsable de simplificar, pues considera que ese es el trabajo del equipo de simplificación. Si se hace esa división, la gente va a decir: "Bueno, que se preocupen ellos por eso; yo sigo con lo mío, como de costumbre. Obviamente, eso no funciona[16]».

Las compañías deben pensar detenidamente, antes de decidir a quién van a empoderar para facilitar la simplificación en toda la empresa. Jim Daly, de Affinion Group, afirmó en cierta ocasión: «Un cargo específico de simplificación es nocivo para ese propósito. Es muy difícil para una persona que ha funcionado de cierta manera abandonar o reemplazar esos hábitos. Se necesita mucha energía para superar la inercia que viene de decisiones pasadas, incluso cuando una nueva forma de operar simplifique mucho las cosas[17]». Las empresas pequeñas pueden cambiar las culturas sin necesidad de crear nuevos grupos especiales de trabajo o departamentos, pero tal vez eso no sea posible para las compañías grandes. Una opción consiste en crear un equipo de gerentes de proyecto, encargados de:

- Analizar las unidades de negocios o equipos funcionales para determinar qué se debe simplificar.
- Compilar, gestionar y monitorear un inventario de posibles áreas de simplificación.
- Pedir a algunos voluntarios que promuevan ciertas iniciativas de simplificación en algunas partes del negocio.
- Ofrecer técnicas y herramientas para atacar la complejidad (véase el capítulo 6).

Es posible que algunas compañías quieran que el equipo de simplificación desaparezca gradualmente, a medida que la simplificación se vaya arraigando en la organización. No obstante, suele ocurrir que la rotación de los empleados hace necesario adoptar un sistema más formal. Para mantener el grupo fresco y a los empleados comprometidos, institucionalice el equipo, pero rote a sus miembros con frecuencia.

Si no se cuenta con un grupo dedicado explícitamente a la simplificación, las exigencias del trabajo cotidiano harán que sea imposible ver cuáles son las mejores prácticas en otras compañías y pedir los aportes y la retroalimentación de los clientes. Adicionalmente, las barreras intelectuales pueden impedir que los empleados de un área o departamento aprecien los impactos más amplios de la complejidad. La directora jurídica de IDEO, Rochael Soper Adranly, destaca la importancia de liberarse de las perspectivas estrechas de los compartimentos estancos. En una reflexión sobre el trabajo de su equipo, esta ejecutiva observó que «con demasiada frecuencia, los grupos legales de las organizaciones están separados, e, incluso, aislados del resto de la compañía. En IDEO, para ser efectivos necesitamos identificar a todas las partes interesadas que tienen que ver con el equipo legal e integrarnos con el resto de la organización. Desde nuestra perspectiva, el equipo legal debe estar al servicio de las necesidades del negocio y no al revés[18]».

Aunque un equipo de simplificación puede ser vital, tenga cuidado de no sobrecargarlo con todo el trabajo. La forma de ser de la simplicidad exige que, en último término, los empleados se apropien de su parcela de complejidad. Las personas que van a vivir con el nuevo régimen racionalizado necesitan sentirse comprometidas con su éxito. Al fin y al cabo, el objetivo es que ellas hagan un trabajo que importe y tenga sentido. Por lo tanto, los facilitadores de la simplicidad deben procurar crear coaliciones para que las personas colaboren y creen soluciones propias. También deben publicitar y promover las soluciones cuando surjan. Como decía el antiguo jefe de estrategia de Merck Canadá, Jeff Spencer: «¡Celebre en grande![19]».

A la hora de seleccionar a los miembros del equipo de simplificación, es importante pensar en personas capaces de liderar el proceso con energía. Al preguntarle a Spencer cuáles eran, en su opinión, los atributos de un simplificador, esta fue su respuesta:

> «No son borregos. No buscan los espacios cómodos y seguros que se derivan de la complejidad. No se esconden tras las cosas complicadas. Son agentes del cambio. Son personas que van contra la corriente y tienen mucha resiliencia. Asimismo, son personas orientadas hacia los resultados. Les gusta la elegancia y la sensación de intemporalidad que vienen con la simplicidad. [...] Son pragmáticos y eficientes porque saben que las cosas simples sobreviven, mientras que las cosas complicadas no tienen una larga vida y son menos escalables. Necesitan tener una clara comprensión del problema y lo han vivido de primera mano, o han trabajado duro para comprenderlo. De otra forma, el asunto no sale bien[20]».

Spencer también es directo en la forma de comprometer a los simplificadores:

> «Es necesario que ellos den ejemplo, pero no les ponga encima toda la carga. Permítales simplificar algo que de verdad les importe, apóyelos, ayúdeles a entregar resultados tangibles, agradézcales y luego use sus logros como una forma de crear impulso, así como para motivar y comprometer a los otros. Aunque el reflejo sea acudir siempre a las mismas personas, una y otra vez, evite caer en esa trampa, para no desgastar a los entusiastas, antes de haber logrado arraigar la mentalidad de la simplicidad en toda la organización».

Mi equipo preparó una serie de preguntas que usted puede formular cuando vaya a enganchar a los empleados para su equipo de simplificación (o, también, para cualquier cargo, en la medida en la que la simplificación se convierta en un elemento sustancial de su cultura corporativa). ¿Es posible reconocer a un simplificador en una primera entrevista? Desde luego que sí, siempre y cuando tenga a su disposición las siguientes preguntas. No necesita hacerlas todas: seleccione las que más se adapten a sus propósitos. Estas preguntas le ayudarán a establecer el nivel de idoneidad de una persona en las diferentes partes del proceso de simplificación, tales como identificar y eliminar complejidades innecesarias. La utilización de la totalidad de la herramienta le tomará alrededor de una hora y quince minutos.

HERRAMIENTA
Entrevista para enganchar simplificadores

Paso 1. Escoja entre diez y quince preguntas relevantes (30 minutos)

Examine las 34 preguntas y marque con una x la casilla junto a la pregunta relacionada específicamente con los comportamientos que usted quiere propiciar en su negocio. Si la meta es, por ejemplo, empoderar a los empleados para que cuestionen la complejidad, escoja una pregunta del grupo de Ejecución, como: «Cuando usted encuentra resistencia frente a sus esfuerzos de simplificación, ¿cuál es su reacción?». Si necesita empleados que puedan reconocer y erradicar la complejidad en su trabajo diario, escoja una pregunta relacionada con la identificación, como: «¿Qué le facilitaría hacer su trabajo actual (o anterior)?». No dude en añadir preguntas hechas a la medida de sus necesidades.

Claridad

- ¿Puede usted nombrar a una persona que haya simplificado con éxito un negocio o una industria?
- ¿Cuál compañía o individuo es modelo de simplicidad? ¿Y de complejidad?
- En su opinión, ¿cuáles son las principales causas de la complejidad organizacional?
- ¿Cómo puede usted saber si está trabajando en una organización donde la simplicidad es importante?
- ¿Cuáles son las características de una organización enfocada hacia la simplicidad?

Identificación

- ¿Puede usted señalar algunos indicadores graves de complejidad?
- Si usted estuviera al frente de nuestros esfuerzos de simplificación, ¿por dónde comenzaría?

- En su opinión, ¿dónde se agazapa, por lo general, la complicación? ¿Por qué?
- ¿Puede usted nombrar una situación en la que detectó una complejidad excesiva, que nadie más reconocía?
- ¿Qué obstaculiza el cumplimiento de las metas en su trabajo?
- ¿Cuál es el asunto más básico que interfiere en el desempeño de su trabajo?
- ¿Qué le facilitaría hacer su trabajo actual (o anterior)?
- En el último mes, ¿le pidieron hacer algún trabajo que resultó ser una pérdida total de tiempo? ¿Qué le gustaría haber hecho o dicho para evitarlo?
- Si un colega suyo está haciendo un trabajo que no le agrega valor al negocio, ¿manifiesta usted su opinión? Explique su respuesta.
- ¿Puede usted recordar una situación en la que era obvio que su equipo o su organización tenía un problema de complejidad? ¿Cómo lo resolvió?
- ¿Qué razones dan los trabajadores para no simplificar cosas que son innecesariamente complicadas?

Priorización

- Si usted pudiera hacer algo (mencione una cosa) en su trabajo (actual o anterior) para simplificar instantáneamente su labor, ¿qué haría?
- ¿Cuáles serían las dos actividades devoradoras de tiempo que erradicaría de su trabajo anterior o actual? ¿Por qué esas en particular?
- ¿Puede usted compartir un ejemplo en el que se haya sentido frustrado por una compañía que hacía las cosas complicadas a propósito?
- Actualmente estamos rediseñando el sitio web de nuestra compañía para reflejar un enfoque de simplificación. ¿Qué elementos existentes eliminaría usted para lograrlo?
- En 140 caracteres o menos, ¿qué trino escribiría para convencernos de que usted es el simplificador adecuado para hacer este trabajo?

Ejecución

- ¿Puede mencionar un ejemplo de solución exitosa creada por usted para simplificar un proceso o sistema frustrante? ¿Se convirtió esta en el nuevo protocolo?
- Cuando se encuentra con un individuo que hace las cosas innecesariamente complicadas, ¿cómo actúa usted?
- ¿Cómo mediría la simplificación en una organización?
- ¿Cuáles circunstancias son óptimas para alcanzar la simplicidad?
- ¿Preferiría crear un nuevo producto/servicio desde cero o simplificar un producto/servicio actual que está plagado de complejidad?
- ¿Puede mencionar una situación —ya sea de su vida personal o profesional— en la que se haya visto abrumado por la complejidad y haya encontrado una manera de simplificar las cosas?
- En su opinión, ¿qué les impide a las personas con agendas innecesariamente complicadas simplificar y liberar tiempo?
- Cuando usted encuentra resistencia frente a sus esfuerzos de simplificación, ¿cómo actúa?
- ¿Cuáles serían los tres objetivos, que formen parte de la descripción de su trabajo, que eliminaría usted? ¿Por qué?

Formación de hábitos

- En su opinión, ¿cuáles comportamientos individuales contribuyen a la simplificación?
- ¿Cuáles son los hábitos o comportamientos gerenciales que contribuyen a la complejidad? ¿Cómo se los puede modificar?
- Si es contratado, sugiera algunas maneras para hacer de la simplificación un hábito en su grupo.

Paso 2. Incorporar las preguntas al proceso de contratación (45 minutos)

Durante las entrevistas, busque en las respuestas ejemplos de la postura de los candidatos respecto a la simplificación. Los verdaderos simplificadores pueden explicar su filosofía de una manera fácil y entusiasta, y pueden mencionar casos sobre un proceso o una tarea que racionalizaron o eliminaron exitosamente. Son sinceros respecto a las resistencias que encontraron en el camino, y pueden hacer relatos detallados y de primera mano sobre sus experiencias.

De manera similar, tenga cuidado con los candidatos que generalizan o que hablan utilizando jerga empresarial en lugar de ser específicos. Si escucha frases sobre «minimizar la burocracia» o «deshacerse de las trabas administrativas», en las que no se ofrecen ejemplos personales, lo más probable es que su entrevistado tienda hacia la complejidad y el *statu quo*. Así mismo, encienda sus alarmas si las únicas anécdotas que puede compartir el entrevistado son noticias empresariales conocidas o descripciones de segunda mano sobre la simplicidad en acción.

La utilización de las preguntas propuestas en esta herramienta, sumadas a otras de su propia cosecha, le permitirá tener mayores oportunidades de contratar a un simplificador, y no a un adepto de la complejidad.

8. Estrategia #8. Enfocarse

Una vez que se haya identificado el potencial de la simplicidad, será difícil no querer propagar la buena nueva y emprender otra iniciativa de simplificación. Sin embargo, no es conveniente precipitarse. A la gente le cuesta concentrarse durante largos períodos de tiempo. Tratar de llevar la simplificación a todas partes puede resultar contraproducente, y es posible que termine no llevándola a ninguna parte. La simplificación se puede convertir en simple ruido de fondo. Los empleados asentirán con la cabeza cuando alguien resalte las virtudes de esta, pero seguirán actuando como siempre una vez se termine la conversación.

Para sostener el impulso de la simplificación, es necesario establecer prioridades y crear una cadena de éxitos sustanciales. En primer lugar, determine cuáles sistemas y procesos son los que más requieren simplificación. Luego, seleccione un grupo de proyectos claves que merezcan la atención del equipo de simplificación de un trimestre al otro.

Buena parte del éxito de la iniciativa de simplificación en Merck Canadá se debió a su capacidad para enfocarse. Como lo explicó Jeff Spencer, «las organizaciones solo pueden asimilar una cantidad limitada de cambio en un momento dado. Tómese el tiempo para digerir y efectúe un cambio antes de pasar al siguiente. De lo contrario, ese cambio no echará raíces[21]». En los tres primeros meses de la iniciativa de simplificación de Merck, el equipo encargado se enfocó inicialmente en un solo cambio: simplificar las reuniones. Esto equivalía a desarrollar mejores prácticas en los siguientes aspectos: número de personas invitadas a una reunión, material que cada participante debía leer previamente, forma de fijar la agenda, estrategia para resolver sin demora un conflicto, cómo definir el resultado esperado y cuánto tiempo debía durar cada reunión. «Lograr que todo el mundo se enfocara en un cambio a la vez sirvió para que los empleados tuvieran la energía y la concentración necesarias para producir un cambio real», afirmó Spencer.

Chetan Chandavarkar, director senior de Pitney Bowes, asumió una postura similar para promover la simplicidad entre los miembros de su equipo. Dijo, «Siempre les digo que la mejor manera de simplificar consiste en concentrarse en tres cosas. Hay que obligarse a resolver o explicar tres cosas, ya sea en los correos electrónicos, en las agendas de las reuniones, en las actas de constitución de proyecto, en las presentaciones de PowerPoint. Ceñirme a esta regla de las tres cosas me ha ayudado a concentrar mi pensamiento y mi expresión[22]».

A la hora de priorizar, busque oportunidades para anotarse éxitos rápidos que le permitan entusiasmar a la organización. Es posible que la política de viajes de su compañía sea la complicación más irritante a la que deba hacer frente, pero reformar esa política será terriblemente difícil. En ese caso, empiece con otro proyecto más sencillo. Estas son algunas sugerencias:

- Eliminar tareas molestas que toman tiempo, pero no le aportan ningún valor a la compañía (véase, en el capítulo 6, la herramienta matar la complejidad).
- Deshacerse de las redundancias.
- Eliminar los informes que no aportan valor o que nadie lee.
- Cuestionar la necesidad de reuniones recurrentes.
- Acortar las presentaciones.
- Reducir el número de aprobaciones.
- Hacer una evaluación de todas las reuniones que tenga durante un año y acortar la lista en un 50 %.
- Reducir la cantidad de formatos o reducir la cantidad de información que se pide en los formatos y los documentos.
- Establecer un día de limpieza. Recuerde que reducir el desorden contribuye a concentrarse. Pida a todo el mundo que detenga sus actividades y elimine todo lo que no necesite o lo que ha acumulado inútilmente. Esto incluye correos electrónicos, contratos, documentos de trabajo, etc.

Es increíble la diferencia que pueden marcar unos pocos y pequeños cambios. Si usted puede deshacerse de algunos pasos fastidiosos, podrá crear un margen de maniobra que podrá usar para concentrarse en oportunidades de simplificación más sustanciales. De esta manera, se le dará impulso a la iniciativa de simplificar.

Liz Tinkham, directora administrativa senior de Accenture, tuvo la valentía de ofrecerse como blanco para la primera ronda. Trajo a su equipo de liderazgo desde diversos lugares del mundo (personas que trabajaban en una de las cuentas más importantes de la compañía), con el fin de discutir ideas que promovieran la innovación. Les pidió que hablaran abiertamente sobre las reglas que eran un obstáculo para las ideas innovadoras (incluso si ella misma las había implantado). Para Tinkham no fue fácil ponerse en esa posición de vulnerabilidad, pero el ejercicio fue muy eficaz. Eso es, precisamente, lo que hacen los grandes líderes. Una vez dejó en claro que su intención era que los miembros del equipo descubrieran qué representaba para ellos un obstáculo, todos pusieron sobre la mesa diversos casos de cuellos de botella.

En muchas ocasiones, las frustraciones de su equipo no eran producto de una regla en particular, sino de malentendidos que Tinkham podía corregir sin problema. En algunos casos, en los que unas reglas aparentemente innecesarias implicaban un escollo para el equipo, Tinkham explicó que las directrices habían sido creadas a nivel corporativo, pero aclaró que estaba dispuesta a llevar el asunto a los altos líderes, con la esperanza de eliminar o modificar dichas directrices. El rápido progreso que lograron hacer con tan solo un ejercicio motivó al equipo a trabajar en otros retos de simplificación. Con su actitud, Tinkham dio un excelente ejemplo, pues no se puso a la defensiva, sino que propició la generación de ideas. Así, cuando los miembros del equipo de liderazgo regresaron a trabajar con sus respectivos equipos, tenía una mayor apertura frente al hecho de eliminar complicaciones innecesarias. Muchos de ellos usaron con sus colaboradores y con sus clientes la herramienta matar las normas estúpidas[23].

9. Estrategia #9. Aumentar el compromiso de los empleados

En cierta ocasión, Agnelo Fernandes, vicepresidente senior de Destination Hotels, me llamó y me dijo que «la gente es el corazón de cualquier negocio y, por lo tanto, de cualquier complejidad. Si uno influye en su comportamiento, se verán los resultados[24]». Para mantener a los empleados entusiasmados con la simplificación, establezca un lazo entre sus logros en esta materia y su compensación. ¿Son buenos los empleados para identificar y eliminar la complejidad? ¿Sugieren maneras para simplificar el trabajo? ¿Cuestionan la verdadera necesidad de las reglas o los procesos? ¿Cumplen con el código de conducta para la simplificación? Imagine los beneficios de una compañía que da premios para logros, tales como:

- El mayor número de reuniones eliminadas.
- La mayor cantidad de tiempo ahorrado gracias a la creación de informes, contratos o procesos estandarizados y racionalizados.
- Número de normas eliminadas que condujo a una mayor satisfacción del cliente.
- Mayor número de unidades de negocios racionalizadas.
- Menor cantidad de tiempo gastado en reuniones/correos electrónicos, al mismo tiempo que se cumplen las metas.

Sin embargo, las recompensas y el reconocimiento constituyen tan solo un lado de la ecuación del compromiso. Si usted tiene un cargo de liderazgo, otra manera de mantener el compromiso de los empleados en torno a la simplificación (y de mantener su propio nivel de responsabilidad) consiste en preguntar a los empleados cómo van las cosas. Pida retroalimentación para hacerse una idea del progreso que, según la percepción de los colaboradores, están haciendo usted y su equipo para simplificar el trabajo. Puede hacer preguntas que se respondan con «falso» o «verdadero» o solicitar a sus empleados que califiquen sus esfuerzos de simplificación con una escala de 1 a 4. Asegúrese de que no haya una opción neutra en el medio. A continuación, presento algunas preguntas que pueden servir como ejemplo:

- ¿La gerencia apoya mi esfuerzo de simplificación?
- ¿Mis líderes plantean una visión claramente definida de lo que es la simplificación y los beneficios que producirá en la organización?

- ¿Me estimulan a identificar y eliminar las redundancias o las políticas y los informes innecesarios, siempre que sea posible? ¿Estimulo a mi equipo a que haga lo mismo?
- ¿Son claros y rápidos los procesos de toma de decisiones dentro de la organización? ¿Puedo decir con seguridad que estos no requieren de muchos niveles de aprobación?

Su meta es lograr que todos los miembros del personal asuman el talante de la simplificación. Todo debe estar en sintonía: los mensajes que provienen de la alta dirección, los incentivos que se obtienen en el trabajo y los ejemplos que se dan a los equipos que se tienen a cargo. El reto consiste en hacer de la simplificación un esfuerzo sostenido, y no una actividad de una sola vez. Convertirla en parte de las rutinas diarias, mensuales y anuales es una prioridad para sus colaboradores.

10. Estrategia #10. Comunicarse con claridad

En sus años de experiencia, Kelly Leonard, antiguo ejecutivo de la compañía de comedia de improvisación Second City, trabajó con personas como Stephen Colbert, Tina Fey y Steve Carell. En cierta ocasión, Leonard habló conmigo sobre la importancia de la simplicidad para la comedia y me explicó: «La mejor comedia es reductora. Cuando algo no funciona, quizá se deba a que metiste demasiadas cosas. Hay que llegar a un punto sustancial de la manera más rápida y fácil. Luego, se pasa a lo siguiente[25]». En cualquier organización y para cualquier propósito, es importante que sus mensajes sean claros y concisos. Sea un modelo de esta política para sus colegas y tome las medidas necesarias para que las comunicaciones sean más simples en toda la empresa.

Richard Branson, el exitoso fundador de Virgin Company, insiste en que cualquier propuesta que le presenten debe ser tan sucinta que un consumidor común y corriente la debe comprender. «Cuando alguien viene a proponerme una idea de negocios sobre cómo hacer algo mejor en una industria establecida, pregunto si el resumen de la idea cabe en la cara posterior de un sobre. Si es demasiado compleja y no se puede explicar en pocas palabras, lo más seguro es que los clientes no la entiendan, y mucho más seguro que no la compren[26]», dijo Branson.

Cuando Alan Siegel fundó su compañía Siegel+Gale en 1968, uno de sus primeros encargos fue rediseñar los formularios de transacciones del Citibank (los papeles que la compañía utilizaba para explicar y procesar los préstamos a plazos, las normas que regían las cuentas de ahorros, etc.). Estos documentos se habían vuelto tan complejos, que hasta los empleados del banco tenían dificultad para entenderlos y, sobre todo, para explicarlos a los clientes. En un año, Siegel y su equipo rediseñaron todo, comenzando con los documentos para las hipotecas. Los nuevos documentos explicaban, en un lenguaje claro y sencillo, cómo hacer los pagos y cuáles eran las penalidades en caso de que los clientes no los hicieran[27].

Por ejemplo, la cláusula de incumplimiento que recibió Siegel (es decir, la sección de cada contrato de hipoteca donde se detallaba, hasta más no poder, la explicación de cuándo un cliente podía considerarse en situación de incumplimiento), era una frase interminable, de unas 250 palabras, con muchas estipulaciones, gran cantidad de puntos y comas, y frases como esta: «En caso de incumplimiento en el pago de esta u otra obligación o en el desempeño u observancia de cualquier término o pacto contenido en este documento o en cualquier nota u otro contrato o acuerdo que evidencie o se relacione con cualquier obligación o cualquier fianza que el Prestatario deba realizar u observar; [...]». Después de un trabajo conjunto con el doctor Rudolf Flesch, científico de la bibliotecología, graduado en Columbia University y autor de *The Art of Readable Writing*, Siegel logró reducir este esperpento a unas pocas líneas: «Me hallaré en situación de incumplimiento si: (1) no pago una cuota a tiempo; o (2) cualquier otro acreedor intenta, mediante un proceso legal, tomar dinero mío que esté en posesión de ustedes[28]».

Piense en el impacto que tuvieron esos documentos simplificados. De un momento a otro, ser cliente del Citibank dejó de ser un misterio y se convirtió en un proceso fácil de entender. Los formularios ya no eran una maraña de enredos, sino una guía de lo que estaba ocurriendo y lo que podía ocurrir si el cliente actuaba de determinadas maneras. Así lo explicó Siegel: «Aprendimos una lección muy valiosa: es necesario cuestionar el contenido primero, antes de reescribir. En este caso, establecimos que el asunto más importante que producía la situación de incumplimiento era no pagar a tiempo. Nuestra reescritura enfatizaba ese punto de manera muy eficaz». Los banqueros ya no tenían que explicar los términos del documento, sino que podían concentrarse en atender las necesidades de los clientes. Ese es el tipo de experiencia que lleva a los empleados a celebrar la simplicidad. Ese es el tipo de historia que lleva a otros departamentos a asumir con entusiasmo el reto de la simplificación.

11. Estrategia #11. Entrenar a la siguiente generación de simplificadores

Otro paso en la multiplicación del talante de la simplicidad consiste en entrenar a otros para que divulguen la buena nueva. Los departamentos de Recursos Humanos de todas las compañías deberían enseñarles a los empleados una serie de herramientas y comportamientos diseñados para ahorrar tiempo y reducir la cantidad de correos electrónicos y reuniones. Comience por presentarles a los empleados las herramientas que se expusieron en el capítulo 6 (modos de iniciar el camino hacia la simplificación) y entrene a sus empleados para que aprendan a implementar las iniciativas relacionadas con la simplicidad. Enséñeles técnicas que permitan, tanto a los individuos como a los departamentos, simplificar más rápidamente. Entre esas técnicas se cuentan las siguientes:

- **Poner en práctica la tripleta ETR** —Eliminar, Tercerizar, Racionalizar— y conviértala en parte de su talante. En cada caso de complejidad que se proponga atacar, use esas tres acciones como guía. ¿El problema se puede eliminar? ¿Se puede tercerizar, es decir, la actividad puede hacerla alguien más, de tal manera que yo pueda usar mejor mi tiempo, sin que me cueste más? Si no se puede eliminar ni tercerizar, ¿se puede racionalizar? Algunas personas prefieren utilizar la palabra mejorar, pero yo prefiero racionalizar, porque implica una mentalidad de sustracción. Cuando se piensa en mejorar, lo que ocurre es que se añaden más pasos para arreglar algo. En ocasiones, la adición produce mejora, pero casi siempre falla en su propósito.

- **Usar criterios más extremos.** Piense en lo que ocurre cuando despejamos nuestro clóset utilizando un criterio laxo, como «esta prenda puedo usarla algún día». Con esta fórmula, el clóset se llena de ropa que ya no usa y que tal vez no vaya a usar jamás. Si usted aplica un criterio más estricto, como «sin duda me pondré esta prenda en los próximos seis meses», serán mayores las probabilidades de deshacerse de la ropa y abrir más espacio para algo mejor. La simplificación funciona mejor cuando usted usa criterios extremos para decir cómo hacer las cosas. Estos son algunos ejemplos:
    - Para resolver este problema, quiero soluciones que choquen a la gente.
    - Para resolver este problema, quiero una idea que cause mi despido.
    - Para resolver este problema, quiero una idea que elimine todo, o una buena cantidad, del asunto en cuestión. Ejemplo: un grupo de una compañía de telecomunicaciones quería reducir las reuniones. Con este plan en mente, le pidieron a cada unidad de negocio eliminar el 50 % de sus reuniones, a sabiendas de que este objetivo era casi imposible de alcanzar. Al final, los gerentes lograron eliminar el 15 % de sus reuniones, aunque su estimado inicial era poder eliminar solo el 5 %.
- **Dejar de ser tan amable.** Un patrón de comportamiento que causa o exacerba la complejidad es la tendencia a no manifestar la molestia cuando algo no marcha bien. A veces dudamos en cuestionar a nuestros jefes, si convocan a reuniones innecesariamente largas, asignan tareas confusas, envían correos electrónicos inútiles, exigen unos análisis que a nadie le sirven o perpetúan otros hábitos que complican las cosas. No obstante, esa tendencia a «ser amable» no debe impedirnos ser sinceros a la hora de dar retroalimentación[29].

12. Estrategia #12. Liderar con el ejemplo

Si usted tiene un cargo de liderazgo, no podrá evitar ser el centro de todas las miradas, los empleados seguirán su ejemplo. Por eso, además de poner en práctica las anteriores estrategias, usted deberá incorporar la simplicidad en la manera como vive y trabaja. Siendo usted el mayor abanderado de la simplificación, deberá practicar lo que predica. Haga visibles, para las demás personas, sus éxitos relacionados con la simplificación. Hágales sentir la misma responsabilidad que usted siente respecto a no complicar el trabajo. Contágieles su emoción frente a la posibilidad de eliminar cosas sin sentido o inútiles. A continuación, se resaltan algunas tácticas que le ayudarán a simplificar su propio trabajo.

- Lleve un registro de su uso del tiempo. ¿Cómo reparte usted su tiempo? Lleve un registro de su tiempo durante una semana o un mes. Escriba todas las cosas que hace, cuántas veces hace una tarea y cuánto tiempo le dedica. ¿Qué cambiaría o eliminaría? ¿Qué otra cosa podría hacer con ese tiempo?
- Elimine de sus listas a las personas tóxicas. No las tenga más en sus redes sociales, en sus listas de contactos ni en su teléfono. ¡Elimínelas ya mismo! Deje de frecuentar a personas que le roban la energía, son descorteses, no agregan valor o lo hacen sentir mal cuando interactúa con ellas. Despídase de los malos clientes, los malos socios o miembros de equipo. Estas son algunas guías que le permitirán saber a quién conviene eliminar de sus listas:
    - La persona lo distrae o le quita tiempo continuamente.
    - Es una relación de una sola vía, que favorece solo a la otra persona.
    - La persona no lo aprecia por ser usted quien es ni aprecia lo que tiene para ofrecer.
    - Usted no recuerda quién es esa persona o dónde la conoció.
    - La persona se comunica demasiado con usted o lo inunda de correos electrónicos.

- Aplique la regla de «dos al día». Piense en dos cosas que quiera hacer hoy. Empiece cada día fijando su mente en un punto claro. Esto le ayudará a tomar decisiones, evitar la distracción y controlar sus impulsos.

- Pregúntese: «¿Qué pasa si no lo hago?». Deje de cumplir obligaciones innecesarias. Mire su calendario o su lista de tareas pendientes. ¿Quiere eliminar algo? ¿Qué pasa si deja de hacer eso? ¿Qué es lo peor que podría ocurrir?
- Automatice y sistematice. Si hay algo que pueda automatizar (por ejemplo, una lista de supermercado en línea, que se puede guardar y convertir en un pedido uniforme y recurrente), hágalo. Ahora bien, no confunda la organización con la simplificación. Trate siempre de eliminar algo primero.
- Tire cosas a la basura. Ya mismo. Si usted tiene hijos o mascotas, o simplemente le gusta comprar cosas, sabrá que su casa puede quedar, de repente, en el mismo estado de esas que aparecen en la serie de televisión *Acumuladores*. Sea diligente en la tarea de deshacerse de lo que no usa. Tire las cosas que no tengan un significado emocional para usted o que se puedan conseguir en línea. Crear espacio físico contribuye a crear espacio mental.
- Cancele suscripciones. En el curso de una semana, cancele las suscripciones a todos los boletines informativos electrónicos que le lleguen al correo y que usted no lee.
- Limite el uso de redes sociales. El hecho de que pueda tener cuentas en todas las redes sociales (Facebook, Twitter, Skype, LinkedIn, Gmail, Instagram, WhatsApp, etc.) no significa que sea buena idea tenerlas. Las redes sociales nos hacen perder mucho tiempo. Deshágase de las plataformas que sean más un desperdicio de energía que otra cosa.
- Borre cuentas y correos viejos. Deshágase de las cuentas de correo electrónico que ya no use. Borre correos electrónicos que le quitan espacio. Si el material es importante, archívelo en la nube.
- Cree una declaración de simplicidad. ¿Cómo imagina que será su vida gracias a la simplicidad? Escríbalo. Las metas producen intención, y la intención produce acción.
- Experimente y elimine algo. ¿Recuerda el caso del empleado que elaboraba sus informes mensuales, pero no los enviaba? Gracias a esta estrategia, buscaba saber si alguien los echaría en falta. ¡Pasaron tres meses antes de que alguien preguntara por ellos! Así, quedó demostrado que esos informes, para cuya

> redacción era necesario gastar mucho tiempo, eran poco útiles. Trate de eliminar algo de su vida personal, simplemente para ver cuál es el impacto. Deshágase de un alimento, una posesión, un proceso, una reunión informativa, una aprobación, un informe, un compromiso... para ver qué ocurre. ¿Fueron visibles las repercusiones? ¿Echó algo de menos? ¿Puede eliminar por completo esa tarea ya mismo?

Cuando inicie el proceso de aplicación de algunas de estas tácticas —o de todas ellas— tal vez perciba que no dispone de tanto tiempo como querría para simplificar. No se preocupe. La simplificación es una maratón, no una carrera de velocidad. Haga lo que pueda y preste atención a la simplificación, de manera constante, proactiva y habitual, a largo plazo. Se sorprenderá de ver los cambios que se producen, y la gente a su alrededor lo notará también. En poco tiempo, también a ellos los picará el mosquito de la simplificación.

General Electric: una historia exitosa de simplificación

La compañía General Electric ha sido pionera, durante mucho tiempo, en sus esfuerzos globales por mejorar la forma como funciona el negocio. Esa tradición continúa con el reciente enfoque de GE hacia la simplificación. Nadie niega que los productos de GE son muy complejos (motores de avión, turbinas de vapor, computadores industriales, entre otros)[30]. Sin embargo, su presidente ejecutivo, Jeff Immelt, cree que el proceso de elaboración de esos productos debe ser lo más simple posible. Este ejecutivo ha hecho lo que propongo en el presente capítulo: ha declarado prioridad estratégica hacer todo en GE de una manera simple. Su meta es reducir los gastos fijos del 18,5 al 12 %, en un periodo de cinco años[31].

En un comienzo, eso suponía pedir a los líderes de GE eliminar niveles de gerencia y de aprobación innecesarios, a fin de realizar diversas tareas. A partir de ahí, la compañía desarrolló e implementó un programa llamado FastWorks, que involucra a los clientes en el proceso de producción, lo que les permite dar retroalimentación a lo largo del ciclo de vida de un producto. Pero GE no se detuvo ahí. A continuación, la compañía se dispuso a cambiar la cultura empresarial, estimulando a los empleados a reducir la complejidad siempre que fuera posible. Para ayudar a la gente a enfocarse, la compañía estableció un conjunto de «creencias de GE» claras y simples, y lo incorporó en diversos los niveles: desarrollo de liderazgo, contratación, gerencia, evaluación y programación. Entre estas creencias encontramos ideas como «los clientes determinan nuestro éxito», «ser ligeros nos permite avanzar rápido», «para ganar, hay que aprender y adaptarse» y «empoderar e inspirarse unos a otros».

Por último, GE incorporó su compromiso con la simplicidad en el proceso que usa para gestionar su desempeño. La compañía reemplazó el habitual rosario de metas por algunas prioridades claves, lo cual constituye un cambio que lleva a los empleados de la compañía a adaptar su trabajo conforme vayan evolucionando las necesidades de sus clientes. En lugar de indicarles a sus empleados «hacer más con menos», GE cree en «hacer menos cosas mejor». El proceso rebautizado como desarrollo del desempeño ha hecho de la simplicidad el elemento central en la manera como cada empleado aborda las tareas que tiene a su cargo[32].

Es posible que los esfuerzos de GE para que el talante de la simplicidad se arraigue en el negocio no funcionen para todas las organizaciones. No obstante, el caso de GE confirma que, en una era en que los avances tecnológicos, la interconexión global y el endurecimiento de los requisitos de cumplimiento han hecho más complejos casi todos los aspectos de nuestro trabajo, la simplicidad se ha convertido en un imperativo estratégico clave. Ninguna compañía puede darse el lujo de mantener un entorno laboral donde unos empleados poco comprometidos hacen un trabajo de regular calidad, no tienden a la innovación y dan un pésimo servicio al cliente. Eso es, precisamente, lo que ocurre en un entorno de trabajo donde impera la complicación[33].

Usted tiene ahora en sus manos las herramientas requeridas para hacer de la simplificación una norma del trabajo. Sin importar el número de personas que están bajo su supervisión, inicie el camino de la simplificación, anuncie sus ventajas y haga de ella un hábito. Luchar contra la complejidad nunca es fácil, pero cualquier barrera que les impida a sus empleados hacer un trabajo significativo, que de verdad importe, exige su atención constante. Alguien debe asumir el liderazgo de la simplificación, y esa persona bien puede ser usted. ¡Venza la complicación y conviértase en abanderado de la simplificación!

8. Simplificar de manera correcta

«La simplicidad es el logro final. Tras haber tocado una gran cantidad de notas y más notas, la simplicidad surge como recompensa suprema del arte».

Frederic Chopin[1]

Retomemos una observación que se hizo al comienzo de este libro: aunque muchas empresas han hablado sobre la simplificación, y algunas se han embarcado en iniciativas que apuntan hacia ese norte, muy pocas han logrado recoger los frutos que la simplificación puede aportar. Cualquier equipo u organización puede emplear las herramientas presentadas en el capítulo 6 y los consejos estructurales del capítulo 7, a fin de emprender el camino de la simplificación. Sin embargo, es importante tener claro que la simplificación (para una organización de cualquier tamaño) es un proceso continuo, que se desenvuelve orgánicamente en tiempo real. Por esta razón, suscitará temores comunes, hará surgir las típicas dinámicas políticas y, en general, revelará las fortalezas y las debilidades latentes en todas las organizaciones. Cuando los obstáculos surgen inesperadamente, los gerentes y los líderes deben tomar medidas más fuertes, haciendo acopio de toda su determinación, fuerza, visión y perseverancia para hacer frente a los desafíos.

Su capacidad para que la compañía trabaje en pro de los beneficios de la simplificación les hará tener éxito allí donde los otros fracasaron. Para cerrar este libro, examinaremos el caso de una organización que logró reinventarse y cambiar su cultura en algunos años, de forma tal que logró convertir la simplificación en una ventaja competitiva clave. Para que el ejercicio resulte de verdad interesante, no citaré las compañías habituales que se suelen mencionar para hablar de las últimas tendencias en pensamiento innovador —como Apple, Southwest, Virgin y demás—, sino que pondremos los ojos en una compañía que opera en un sector que no es tan atractivo, según los estándares convencionales. Analizaremos una compañía que debe hacer frente a una considerable cantidad de complejidad, producto de las regulaciones de la industria a la que pertenece. Veremos una compañía de tamaño mediano, que no cuenta con recursos ilimitados para poner en marcha la simplificación, pero cuyo negocio es lo suficientemente grande como para generar una complejidad importante. Nos fijaremos en una compañía ya establecida, no en una ágil empresa emergente dedicada a la innovación y con montones de energía creativa para gastar. En suma, nos detendremos a mirar una compañía que, por lo menos en la superficie, parecería tener pocas probabilidades de éxito en la simplificación. Si esta organización puede lograrlo, la suya también.

1. Fallar en el proceso de simplificación

La organización Vancity (Vancouver City Savings Credit Union) es la mayor cooperativa de crédito del Canadá, con más de medio millón de miembros, con activos por 19 800 millones de dólares canadienses, 59 sucursales y 2500 empleados. Aunque estas cifras parezcan gigantescas, en el 2015 Vancity era una pequeña fracción de un gigante como TD Bank, con 264 millones de dólares en activos y más de 26 000 empleados[2]. Por otra parte, Vancity no es una empresa emergente. A comienzos del siglo XX, los bancos tradicionales solían ser reacios a prestar dinero a los ciudadanos promedio. Para llenar ese vacío, los individuos empezaron a conformar cooperativas de crédito, con la idea de ayudar a sus miembros a invertir en el futuro. En 1946, 14 residentes de Vancouver establecieron una cooperativa de crédito a la que le dieron el nombre de Vancouver City Savings Credit Union. Abrieron la primera sucursal en un antiguo taller mecánico, en la esquina de las calles Broadway y Quebec, en el centro de Vancouver[3]. Desde un principio, la compañía se propuso ayudar a desarrollar unas comunidades sanas, mediante la oferta de productos atractivos y equilibrados a los individuos y las familias que querían convertirse en miembros de la cooperativa[4].

Como muchas otras instituciones financieras, Vancity vio cómo la complejidad iba aumentando de manera lenta pero segura, y este avance ocurrió a lo largo de un período de algunas décadas. Conforme pasaba el tiempo, con las consabidas fusiones y adquisiciones, el desarrollo de los productos, los cambios de gerencia y estrategia, etc., los procesos y sistemas centrales de la organización se iban alterando. Cada vez se añadían más funciones, y muy pocas se eliminaban. En años recientes, por consejo de un asesor externo, la organización se embarcó en un mejoramiento de procesos, con la meta de aumentar la eficiencia. El objetivo no se cumplió, en buena parte debido a una falta de coordinación organizacional y de compromiso por parte de los empleados. Los mejoramientos de los procesos ocurrieron en una parte de la organización, mientras que en otras se tomó la decisión de cambiar los sistemas. Los empleados de atención al cliente no tenían más remedio que adaptarse a una mayor complejidad.

En el 2013, se hizo evidente que el rediseño de las tecnologías de la información no estaba funcionando como la organización esperaba. En opinión de los ejecutivos, Vancity estaba gastando demasiado dinero y los beneficios obtenidos a cambio eran relativamente superficiales.

La organización habría podido darse por vencida y conformarse pensando que «la simplificación es difícil», que los sistemas bancarios son notablemente complejos y que muchos otros pasan por situaciones similares; sin embargo, los líderes sabían que no podían entregarse así no más. La organización debía racionalizar las experiencias de los clientes y minimizar los procesos internos, pues, de lo contrario, sería superada por la competencia. Los líderes se detuvieron a pensar y se plantearon preguntas más profundas: ¿Qué era lo que Vancity quería, en realidad, obtener al efectuar el esfuerzo de actualizar sus procesos centrales? ¿Qué podían hacer los líderes para que este reto le aportara beneficios a la compañía? ¿Cómo lograr que el compromiso de Vancity de dar a sus miembros una experiencia verdaderamente única se tradujera en mejoras para su gente, sus procesos y sus sistemas?

Para responder estas preguntas, los ejecutivos de la compañía crearon una estrategia para definir qué podía un nuevo sistema central hacer de manera más simple y eficaz. Así, optaron por definir, en primer lugar, qué se necesitaba para lograr la conexión adecuada entre la gente, los procesos y el cambio tecnológico.

2. Acumuladores a nivel corporativo

Jay-Ann Gilfoy, vicepresidente senior para la renovación de aplicaciones bancarias en Vancity, fue unida a la organización después de comprometerse a usar la tecnología donde fuera necesario y a concentrarse tanto en la gente como en los procesos para mejorar la experiencia de sus miembros. En nuestra conversación, fue muy directa al relatar por qué el anterior esfuerzo de Vancity por mejorar sus procesos centrales no había funcionado. Los problemas se debían a «tantos aportes de expertos y especialistas [...]. El problema que surge cada vez que uno acude a un nuevo grupo de expertos, en el área que sea (técnica, o de procesos, o de personal), es la falta de coordinación y de comunicación, así como los malentendidos. Trajimos expertos para que ellos pensaran el problema por nosotros, pero no con nosotros». Vancity no es la única entidad que lucha con su uso de los expertos. He visto muchos casos en los que los expertos llegan con un gran conocimiento en un área específica (como la tecnología), pero no saben casi nada sobre las perspectivas vitales de los empleados y los clientes. En consecuencia, los esfuerzos de rediseño causan tantos problemas como los que resuelven. Los esfuerzos por simplificar la organización y por mejorar se echan a perder en la mitad del camino.

Al preguntarse qué querían lograr, los miembros del equipo ejecutivo llegaron a una conclusión inesperada: no querían que la tecnología hiciera las tareas que realizan mejor las personas. A su modo de ver, las reformas corporativas muchas veces fallaban cuando, con el fin de recortar costos, los líderes trataban de automatizar demasiadas cosas. El interés principal de Gilfoy y de sus colegas no era recortar costos. Querían, más bien, mejorar la manera como la cooperativa servía a sus miembros. Eso equivalía a usar la tecnología no con el propósito de reemplazar a los empleados, sino de empoderarlos para tener más tiempo de hacer aquello que hacían muy bien en lo relacionado con el servicio a los miembros. Así lo explicó Gilfoy: «Queríamos que nuestros empleados pasaran mucho más tiempo en las conversaciones con nuestros clientes, en su calidad de asesores de confianza, para ayudarles a obtener una mejor salud financiera, para ayudarles a nuestras comunidades a progresar, gracias al tiempo que podemos dedicar a los pequeños negocios, a las organizaciones comunitarias y al bienestar de nuestros miembros».

Gilfoy y sus colegas del equipo de liderazgo ejecutivo asumieron una nueva manera de proceder, a fin de empoderar a los empleados. En lugar de buscar solo la eficiencia mediante la tecnología o los procesos, reformularían las «políticas y procedimientos» generales de la cooperativa e invitarían a los empleados de toda la organización a cuestionar el «porqué» de la forma de hacer su trabajo. Según lo que habían observado, los dos intentos pasados de reforma habían fallado porque habían pasado por alto el problema más fundamental de todos: la complejidad. De manera similar a otras compañías que operan en industrias muy reguladas, Vancity tendía a abordar los problemas añadiendo nuevos procedimientos, políticas y formularios, sin pensar demasiado en cómo esos nuevos procedimientos, políticas y formularios afectarían a la organización y, sobre todo, qué impacto tendrían en la experiencia de los miembros. Desde luego, nunca se habían tomado la molestia de eliminar los procesos obsoletos o innecesarios, y el sistema operacional tenía dificultad para moverse, por culpa de su propio peso.

Una vez los altos ejecutivos identificaron que el exceso de políticas y procedimientos era una parte importante del problema de complejidad, la bruma empezó a disiparse y todo se volvió más claro. El equipo de liderazgo estaba totalmente convencido y se comprometió no solo a asumir una iniciativa de simplificación de corto plazo, sino a hacer de la simplicidad una de las prioridades estratégicas clave de la compañía. Con el apoyo del presidente ejecutivo, Gilfoy y su equipo obtuvieron el aval de la junta directiva. En ese momento, Golfoy redefinió su misión y empezó a trabajar por contrarrestar el exceso de confianza de Vancity en la complejidad tecnológica, para resolver los problemas relacionados con los procesos y el personal. El remedio indicado para ese diagnóstico (un remedio llamado *simplificación)* no era ni esotérico ni altamente tecnológico. Todo el mundo podía entender intuitivamente lo que significaba eliminar pasos y procesos innecesarios, y todo el mundo podía hacerlo. La estrategia de Vancity consistió en comenzar por los niveles básicos y llevar la simplicidad a la totalidad de la organización, reformando áreas operativas específicas, al mismo tiempo que creaba una cultura de la simplicidad. «Es como un episodio de [el programa de televisión] *Acumuladores*», me explicó Golfoy, con toda sencillez. Y añadió: «Hay que empezar por deshacerse de cosas. Y eso fue lo que hicimos». Gilfoy decidió enfocarse en las áreas que nadie había tocado en años, áreas que causaban frustración a los empleados, pero que los líderes corporativos consideraban menos importantes.

3. La estructura de la simplicidad

En la siguiente fase, Gilfoy y su equipo debían desarrollar un plan específico que les permitiera propagar el talante de la simplicidad en toda la organización. Gilfoy estaba decidida a no establecer un «departamento de la simplicidad» permanente, que fuera el «dueño» de la simplicidad y la impusiera a toda la organización de manera vertical. Lo que quería era desarrollar un proceso que estimulara a todos en Vancity a usar su propia capacidad para simplificar su trabajo de manera cotidiana. Para ese fin, ella y su equipo crearon una nueva oportunidad para implementar la simplificación, una metodología llamada ciclos rápidos. En talleres de dos días, pequeños grupos multidisciplinarios de empleados y gerentes se reunirían para identificar pequeñas complicaciones innecesarias, y luego se darían a la tarea de solucionarlas. De hecho, estos grupos de empleados y gerentes hacían el trabajo que el grupo se proponía simplificar. Conocían íntimamente los problemas en cuestión y se habían comprometido a arreglarlos. Al final de cada ciclo, tras obtener la autorización de un grupo de altos líderes operacionales, el grupo implementaba las soluciones simples que había creado en esa tarea conjunta. Cada dos semanas un nuevo ciclo volvía a empezar.

Los talleres eran altamente estructurados, y cada uno era dirigido por un facilitador cuyo trabajo no consistía en dirigir o dominar la discusión, sino en ayudar a los empleados y a los gerentes a hacer el verdadero trabajo de simplificación. Gilfoy explica: «Dado que nuestra gente es la más apta para simplificar y cambiar cada proceso, pues es la que más cerca está de él, aportar la información correcta les permitirá resolver los problemas y encontrar la mejor solución, siempre y cuando se les den las condiciones para que tengan éxito».

En el primer día del taller de ciclo rápido, los participantes dedicaron un tiempo a generar ideas muy generales de simplificación. Luego afinaron la lista y pusieron a prueba las ideas, llamando telefónicamente a otros empleados, cuyo trabajo se vería afectado por los cambios, y les preguntaron si consideraban que esos cambios podrían funcionar. Los miembros del equipo pidieron retroalimentación. Según me contó Gilfoy, esas llamadas telefónicas les ayudaban a los miembros del equipo a identificar problemas potenciales, antes de implementar la solución. Por otra parte, ese contacto les permitía a los grupos participantes convencer a los empleados más escépticos frente al proceso. Poner a prueba las ideas era la demostración de que el proceso de simplificación era una realidad y no una iniciativa más, un propósito bien intencionado pero ineficaz.

En el segundo día del taller, los participantes se concentraron en simplificar cierta cantidad de áreas seleccionadas y en registrar detalles sobre esos asuntos. Entre los ejemplos de complejidad mencionados por los empleados, había algunos como: «Si no necesitáramos una firma en este documento, nos ahorraríamos diez minutos», «si todos tuviéramos acceso al mismo *software* de programación de horarios, podríamos ser más eficientes para programar la transferencia de un miembro de la cooperativa de un empleado a otro» o «¿no sería fantástico si pudiéramos enviar electrónicamente nuestros formularios a los miembros, y que hubiera una forma segura de hacerlo?». Los altos líderes llegaban al final del día para obtener la información sobre el trabajo de los grupos y escuchar las soluciones propuestas. Luego las implementaban de inmediato. En muchos casos, las soluciones se implementaban a nivel de toda la organización en una o dos semanas.

METODOLOGÍA
Innovación en ciclos rápidos

Esta era la explicación que daba el equipo de Gilfoy a los empleados de Vancity al comienzo del programa: «El principal propósito al que apuntamos con la simplicidad en los procesos es implementar una metodología simple, repetible y ágil, con equipos multidisciplinarios, que se convierta en una práctica clave en nuestra forma de hacer el trabajo[5]». Ciertos elementos de las metodologías Kaizen y Agile fueron tomados en consideración y asimilados en el proceso, pero con un toque personalizado para Vancity, de manera que los empleados se concentraran en aprender en tiempo real, y no de manera teórica. El objetivo de la metodología de los ciclos rápidos era «resolver los problemas partiendo de la causa y desarrollar soluciones para cerrar las brechas y obtener beneficios». La organización evaluaría el éxito del método sobre la base de tres metas: hacer de la simplicidad una parte de cultura de la organización, limitar a un máximo de cinco el número de transacciones bancarias para los empleados (para que puedan dedicar más tiempo para enfocarse en los miembros mismos) y aportar una energía positiva a la organización en general.

Para monitorear el avance, el equipo de Gilfoy instaló un riguroso sistema de generación de datos cuantitativos. Vancity ya tenía claridad sobre la importancia de la responsabilidad y el logro de los resultados, y los empleados, desde los altos directivos hasta los empleados de atención al cliente, se ceñían a unas mediciones específicas. Los informes sobre el progreso eran elementos destacados en las reuniones de gerencia, en las asambleas y en el sitio web de Vancity. En este contexto, el equipo de Gilfoy necesitaba las mediciones como prueba de su éxito, pues, de lo contrario, la simplificación perdería impulso y apoyo. Al describir la importancia que tenía medir el progreso, Gilfoy preguntaba: «¿Cómo garantizamos que las cosas que vemos desde una perspectiva cualitativa o anecdótica se traduzcan en un aumento de nuestra capacidad? y ¿cómo redirigimos, los miembros de la alta dirección, esa capacidad hacia la labor de hacer un mayor número de cosas significativas?».

El equipo finalmente se puso de acuerdo sobre una serie de mediciones, que incluían la cantidad de procesos y procedimientos simplificados o eliminados, el número de formularios simplificados o eliminados y el número de pasos simplificados o eliminados. El equipo pospondría las mediciones sobre el impacto en el negocio hasta que las reformas en los procesos sistematizados estuvieran mejor implementadas.

A fin de administrar el proceso de ciclos rápidos, Gilfoy creó una pequeña oficina manejada por Seema Dhanoa, directora de simplicidad. Esta gerente dirigía un equipo de tres personas compuesto por una consultora senior, Christina Fai, cuyo trabajo consistía en facilitar el proceso y llevar a los empleados de Vancity a asumir y liderar la metodología, y una consultora, Ali Anderson, encargada de coordinar los talleres, captar ideas, administrar los detalles y trabajar en la implementación de los ciclos rápidos. En lugar de asignar al equipo siempre a los mismos empleados, que sin duda se adueñarían de la simplicidad, rotaba a los empleados en el equipo, les asignaba tareas temporales para facilitar los talleres. Los miembros de los equipos eran voluntarios, escogidos sobre la base de su experiencia multidisciplinaria, su capacidad para facilitar las discusiones, su habilidad para aprender nuevos procesos y su curiosidad general. Cuando se iban del grupo y asumían otras tareas, estas personas se llevaban consigo sus experiencias de simplificación y contribuían a forjar una mentalidad, una competencia y una cultura de la simplificación dentro de la organización.

La meta de Gilfoy respecto al equipo de simplificación era muy clara: con el tiempo, este debía desaparecer. Si la iniciativa tenía éxito, la simplicidad entraría a formar parte del ADN de la compañía, de tal manera que la facilitación del equipo dejaría de ser necesaria. El equipo funcionaría simplemente como un mecanismo para desencadenar el proceso. La simplificación era el proceso que el equipo ayudaba a enseñar, así como la mentalidad que iba de la mano de esta.

4. Simplificar ciclo por ciclo

Gilfoy y su equipo creían en el poder de la simplicidad y tenían puestas sus esperanzas en el modelo de los ciclos rápidos. No obstante, sabían que los empleados debían experimentarlo, así es que pusieron manos a la obra. ¿Para qué esperar? ¿Qué las detenía? El equipo de simplificación priorizó la lista de temas posibles para trabajar en los diversos talleres, tomando en consideración dos factores clave: si el proceso examinado tenía un impacto directo en los miembros de Vancity y si el proceso atendía alguna de las grandes necesidades de la compañía.

Una vez se establecieron las prioridades, se inició la metodología de los ciclos rápidos. Los primeros ciclos fueron exitosos. Al cabo de algunos meses se fueron acumulando evidencias anecdóticas que señalaban que los cambios se estaban extendiendo por toda la organización. Por ejemplo, algunos gerentes observaron una reducción de la aceptación del funcionamiento en compartimientos estancos y un aumento del compromiso por parte de los empleados, así como una aceptación del cambio. Los procesos del negocio se estaban volviendo más claros y constantes, y los empleados estaban comenzando a aplicar, por iniciativa propia, métodos de simplificación en áreas de trabajo que no se habían incluido en los talleres de ciclos rápidos. Al ver los progresos que se estaban haciendo, ciertos departamentos que no habían hecho talleres de ciclos rápidos quisieron saber cómo hacer esos talleres por su propia cuenta. Fai, la facilitadora líder, afirmó: «Supimos que las cosas estaban dando buen resultado cuando la pregunta que nos hacía la gente ya no era: "¿Para qué hacemos esto?", sino: "¿Cuándo van a hacer esto con mi equipo?"».

Gracias a esos ciclos rápidos, Vancity también comenzó a cultivar a un grupo de personas que sabían cómo simplificar el trabajo y podían replicar la experiencia en otros lugares de la organización. Entre tanto, la cooperativa comenzó a mirar cómo otras instituciones financieras hacían negocios, para ver si esas experiencias podían contribuir a mejorar su esfuerzo de simplificación. Como ocurre con un músculo que se empieza a ejercitar, Vancity empezó a fortalecer su capacidad para progresar, gracias a los ciclos rápidos. A medida que un mayor número de gente experimentaba de manera directa la metodología de los ciclos rápidos, otros empleados se subían en el tren de la simplificación. Así lo explica Gilfoy: «Si no lo experimentas, estás menos dispuesto a inclinarte a favor de algo y a defenderlo».

Gilfoy observó que los empleados de atención al público eran, en muchas ocasiones, quienes proponían las mejores ideas, lo cual no es de sorprender. En efecto, tener una experiencia de primera mano en una complicación dada, nos permite tener una perspectiva única sobre la mejor manera de eliminarla. El aporte de buenas ideas por parte del personal de atención al público fue una inspiración para todos. Cuando los miembros más jóvenes del personal comenzaron a hacer aportes significativos sobre la manera como funcionaba la compañía, su entusiasmo aumentó, y ese entusiasmo contagió a los líderes. Por otra parte, los primeros éxitos obtenidos convencieron a los líderes de que la iniciativa de simplificación valía la pena. El impacto era visible y patente. Aunque algunos tenían sus dudas en un comienzo, se hizo obvio que un modelo sistemático basado en pasos pequeños dentro de una organización podía crecer y convertirse en algo más útil y sostenible. Los cambios rápidos, generados por los aportes de las personas que habían experimentado la complejidad de primera mano, podían marcar una diferencia enorme.

Al principio, los miembros del equipo de la simplicidad no tenían claro cuál era el impacto que estaban produciendo. Algunos esperaban que los ciclos rápidos produjeran resultados mágicos desde un comienzo, quc transformaran la organización en un abrir y cerrar de ojos. El equipo se decepcionó un poco al ver que eso no ocurría, pero no por ello se dejó desanimar. Conforme fue cobrando fuerza la implementación, sus beneficios se fueron manifestando con mayor claridad. Los resultados anecdóticos eran constantes, y también impresionantes. Mediante dos encuestas, el equipo de simplicidad pudo establecer que el efecto más importante era que había más tiempo para atender las necesidades financieras de los miembros de la cooperativa.

Esto no quiere decir que no hubiera nada que mejorar en los talleres. Cuando el proceso empezó a tomar impulso, Gilfoy y sus colegas detectaron una barrera importante para su éxito en el largo plazo: el temor. Al presentar la iniciativa en toda la compañía, se propusieron explicar a los empleados que el equipo de la simplicidad no tenía la intención de implantar un programa que eliminara puestos. De hecho, buscaban todo lo contrario.

En el proceso, Gilfoy descubrió que la manera más eficaz para superar el temor inherente de los empleados frente a la simplicidad era explicar el vínculo entre la simplificación de los procesos y la expansión de las capacidades de la compañía. La simplificación era la manera de lograr que los empleados se liberaran de las tareas administrativas y dirigieran su atención a las prioridades estratégicas de la compañía y, para el caso de Vancity, a la experiencia de sus miembros. Menos tiempo dedicado a las políticas y los procesos haría más eficiente a la compañía, pero solo como beneficio adicional. La verdadera esperanza era que los ciclos rápidos empoderaran a cada empleado para volver a hacer el trabajo que de verdad importa. Como explicaba Gilfoy, si Vancity no le prestaba atención al temor que tenía la gente de ser despedida al final del proceso, «no obtendríamos el mismo nivel de participación ni el mismo nivel de producción de ideas. Y, por supuesto, tampoco obtendríamos el mismo nivel de desempeño».

Además de expresar sus preocupaciones, los participantes de los talleres en ocasiones reaccionaban a la defensiva porque los procesos que se iban a racionalizar habían sido concebidos por algunos de ellos. Cuando alguien proponía una alternativa más simple, la reacción de otro podía ser: «¿Qué quieres decir con 'cambiar la manera como hacemos las cosas'? ¿Quién eres tú para venir a tratar de arreglar...?». Para hacer frente a este reto de una manera eficaz, el equipo de simplificación insistió en la presencia de los altos líderes al final de cada sesión. Esto representaba una carga adicional para algunos de los directivos, pues sus agendas eran bastante apretadas. Sin embargo, era importante que los altos líderes apoyaran el programa, pues, de lo contrario, los empleados verían al equipo de Gilfoy como un grupo de consultores ajenos a la compañía, con poca autoridad para efectuar cambios. Cuando uno de los altos líderes le pidió a Gilfoy simplificar los procesos sin convocar a un grupo, ella se negó. «No. Es necesario trabajar con el grupo», dijo. «Necesitamos que todo el mundo se comprometa en el propósito que queremos alcanzar y que todos participemos juntos», añadió.

Con el apoyo de los líderes, aquellos que en un comienzo eran escépticos frente al programa se convirtieron en sus participantes más efectivos. Los que habían implantado las normas en cuestión, por lo general no se ofrecían en un comienzo a participar en los talleres. Sin embargo, el proceso de poner a prueba los cambios, en el que los participantes de los talleres llamaban por teléfono a sus colegas para obtener retroalimentación sobre diversas ideas, sirvió para motivar a muchos escépticos. En rondas posteriores, sí se ofrecieron como voluntarios, aunque solo fuera para tener voz en la siguiente etapa del proceso de reformas. Seema Dhanoa, la directora inicial de la iniciativa de simplicidad, sabía que, en principio, sería difícil que la gente fuera receptiva frente al cambio. Para convencer a los incrédulos, continuamente demostraba a sus colegas y a los líderes que buscar soluciones más simples a los problemas contribuiría a obtener resultados significativos, tanto para los empleados como para los miembros. Un buen ejemplo del poder de convicción sobre los líderes, respecto a la simplicidad como principio operativo, lo representa Dhanoa, una líder talentosa que fue ascendida al cargo de vicepresidenta, en parte gracias a su trabajo en esta área.

En un periodo de un año, Vancity ejecutó 25 ciclos rápidos, gracias a los cuales se simplificaron y eliminaron pasos, formularios, políticas y procedimientos que llevaban mucho tiempo obstaculizando procesos tan diversos como los pagos preautorizados y la programación de citas.

Por ejemplo, cuando un empleado del *call center* de Vancity, o un empleado del canal de ventas móviles, quería ayudar a alguien a abrir una cuenta nueva, no podía simplemente concertar una cita entre el miembro potencial y un gerente de cuenta en una sucursal. En lugar de eso, el empleado tenía que llamar o escribir un correo electrónico a la sucursal más conveniente para el posible nuevo miembro de Vancity y preguntar cuándo estaría disponible un gerente de cuenta. Este proceso suponía muchos pasos, e implicaba que el miembro esperara al otro lado de la línea, mientras el empleado de la sucursal y el empleado del *call center* identificaban potenciales horarios de atención.

En un ciclo rápido se identificó este problema y se propuso una solución: ¿Qué tal si los empleados de los *call centers* y de atención móvil tienen acceso a los calendarios de Outlook de todos los gerentes de cuenta, para, así, concertar las citas directamente? En un trabajo conjunto con el departamento de Tecnologías de la Información, Vancity creó esta funcionalidad y ahora los empleados pueden trabajar rápida y directamente con los miembros potenciales, para identificar el mejor horario y lugar para la apertura de una cuenta.

Ya podrá imaginar el impacto de 25 ciclos: cada uno produjo cambios como este. Eliminar o racionalizar procesos excesivamente complejos, que se fueron acumulando con el tiempo, dio tiempo a los empleados de atención al público para hacer más trabajo significativo. Tomados en su conjunto, los resultados de estos talleres son admirables:

- Cantidad de procesos y procedimientos simplificados: 133
- Cantidad de procesos y procedimientos eliminados: 134
- Cantidad de formatos simplificados: 41
- Cantidad de formatos eliminados: 53
- Cantidad de pasos simplificados: 80
- Cantidad de pasos eliminados: 35

Los efectos emocionales fueron aun más profundos. La disminución de tareas llevó a los empleados a sentirse empoderados, y eso fue beneficioso para todos, pues, tal como lo explicaba Gilfoy, así, Vancity pudo «dirigir la energía mental colectiva de la empresa hacia las cosas que todo el mundo quería que los empleados hicieran», por ejemplo, atender mejor a los miembros. Un análisis arrojó el siguiente resultado: «Gracias a la disminución de aprobaciones y firmas, el tiempo de procesamiento se redujo casi en un 50 % en algunas transacciones. Racionalizar los procesos y eliminar restricciones les permitirá a los empleados llegar más fácilmente a los miembros y tener con ellos conversaciones más significativas[6]».

5. Claves del éxito

No existe una fórmula mágica para el éxito, y así lo atestigua Gilfoy en el caso de Vancity. La simplificación requiere liderazgo, resiliencia, tenacidad, flexibilidad y trabajo duro. No obstante, la experiencia de Vancity nos permite aprender ciertas lecciones que propiciarán el éxito de sus esfuerzos de simplificación. Veamos algunas:

1. **Establezca la simplicidad como prioridad estratégica clave para la organización.** La simplicidad no puede ser un elemento adicional cualquiera. La simplicidad debe ser el lente a través del cual usted debe ver cualquier problema, desde ya.
2. **Defina claramente cómo será el proceso, y comuníquelo a los empleados, para que se acostumbren.** La simplicidad puede suscitar temores en los empleados promedio, sobre todo si se la percibe como un ejercicio de reducción de costos. Eso quiere decir que las personas que lideran el ejercicio deben hacer un esfuerzo significativo para disipar las preocupaciones. Cuanto mejor comprendan los empleados lo que va a ocurrir con la iniciativa de simplificación, más se comprometerán con la tarea de obtener buenos resultados. Cualquier empleado que valga la pena querrá hacer un trabajo significativo. Si se da a cada uno de ellos una idea clara de lo que va a ocurrir, cómo y por qué, participarán con mayor entusiasmo en el largo plazo.
3. **Mantenga un equipo central muy pequeño, encargado de facilitar la simplificación.** Ningún esfuerzo de simplificación puede sobrevivir sin ayuda, y se necesita que alguien lo lleve a buen puerto. No obstante, el trabajo de simplificar no lo puede hacer un grupo de consultores internos (o externos). Los empleados deben sentir que están dando la pelea por ellos mismos. En organizaciones grandes, un grupo pequeño debe facilitar el proceso, sin dar la sensación de ser el único dueño del proyecto.
4. **Enfóquese en unas cuantas cosas, no en todo.** Muchas veces es difícil determinar cuáles son las áreas que más necesitan simplificación, y las compañías tienden a abordarlas todas al tiempo. No caiga en ese error. La forma más eficiente de proceder consiste en abordar cada problema uno después del otro. A medida que la simplificación empieza a producir una diferencia marginal, los empleados empiezan a sentirla y se va creando un impulso.
5. **Cuando aborde los problemas relacionados con la complejidad, mantenga una mezcla de especialistas y generalistas.** En la mayoría de los casos, la complicación sale a relucir en conversaciones entre las personas que comprenden el panorama general y las que trabajan en el detalle del asunto. Muchas

veces ocurre que los generalistas no entienden la perspectiva de los especialistas, y viceversa, y asumen que las complicaciones son necesarias dada su falta mutua de familiaridad. Si se los pone juntos, todos verán que las complicaciones se pueden eliminar.

6. **Entrene a los líderes para que se conviertan en facilitadores.** La simplificación no siempre es una habilidad innata. Tal como lo expuse en capítulos anteriores, la gente escoge la complejidad por muchas razones. Ahora bien, las iniciativas de simplificación se vuelven contagiosas una vez empiezan a funcionar. Los éxitos rápidos se transforman en una fuerza motivadora para toda la empresa. En este caso, entrenar a la siguiente generación de facilitadores es clave para mantener el impulso.
7. **Empiece de una vez.** La mejor manera de comenzar es, sencillamente, empezar. Deshágase de los obstáculos y ponga manos a la obra, ya mismo.

La tarea de Gilfoy distaba mucho de ser fácil. Debía ser la impulsora del cambio, pero también tenía la responsabilidad de impedir que los procesos centrales de la organización fallaran. David Perri, quien asumió el cargo de director de procesos de simplificación cuando Seema Dhanoa fue ascendida, explica que la misión del grupo era comparable a conducir un vehículo a 80 kilómetros por hora y cambiarle las llantas al mismo tiempo. En la actualidad, Vancity (gracias a la racionalización de sus procesos centrales y al florecimiento de una nueva cultura de la simplificación) puede conducir más rápido que antes. La metodología de la organización le enseña a la gente a resolver los problemas entre divisiones de una manera rápida y efectiva, sin añadir la complejidad que suele conllevar la ayuda de asesores externos. Así lo explica Perri: «Cuando entré a formar parte del equipo, ya llevaban unos meses trabajando, y eran visibles los avances que habían hecho. Sabía que mi función consistía en obtener mejores resultados con el proceso que habían puesto en marcha. El potencial para producir unos cambios y un impacto positivo era enorme[7]».

6. No bajar la guardia en el largo plazo

Vancity sigue cambiado las llantas del vehículo. La simplificación es un proceso en constante profundización (podemos considerarlo como una habilidad para la innovación), que siempre puede aplicarse de nuevas formas y en nuevas áreas del negocio. En el momento de escribir esas líneas, Vancity todavía estaba efectuando su primera ronda de ciclos rápidos, pero ya Gilfoy y su equipo estaban pensando en la siguiente etapa. Habían aplicado la simplificación a los procesos centrales de Vancity y, una vez terminada la tarea, tenían la intención de usar la misma tecnología para simplificar otras partes del negocio, como, por ejemplo, la forma en que la compañía monitoreaba y cobraba las cuentas por pagar. Así mismo, buscaban la manera de aplicar la simplificación en el desarrollo de nuevos productos y servicios, y en el diseño de los procesos y las tecnologías que les darían a estos el apoyo necesario.

A pesar de que estos cambios serían muy útiles, Golfy tenía ambiciones aún mayores. Su aspiración era que los empleados de Vancity se sintieran tan empoderados con los esfuerzos de simplificación de la empresa, como para cultivar los principios de la simplificación en su trabajo cotidiano, sin que la organización tuviera que insistir. Desde un comienzo hubo indicios de que esto ya había comenzado a suceder. Algunos grupos de áreas como las de finanzas y la de manejo de riesgo habían pedido formar parte del proceso y estaban comenzando a racionalizar por su propia cuenta. Cuando Gilfoy y sus colegas del equipo de simplicidad le preguntaban al personal lo que pensaban del proceso, transcurridos algunos meses, recibían una respuesta bastante entusiasta. Eso llevó a muchos ejecutivos de Vancity a pensar que existía una enorme oportunidad para que los empleados mismos se preguntaran, en todas las situaciones, cómo pueden simplificar su trabajo.

Las formas estándar de proceder en lo relacionado con la mejora de los procesos no funcionan para todas las organizaciones ni para todas las situaciones. Los procesos de cambio tradicionales, como Lean Six Sigma, tienen un lugar importante en cualquier negocio, si se los adelanta de forma correcta. Sin embargo, esos procesos pueden fallar en la fase de ejecución (por ejemplo, cuando el mejoramiento de los procesos trata de abarcar más de lo planeado en un comienzo o cuando las personas que lideran la iniciativa de mejoramiento pasan por alto los aportes de los empleados de atención al público). En ocasiones, es mejor hacer a un lado el mejoramiento de los procesos y enfocarse en la simplificación de los procesos del trabajo diario. Tal como dijo Gilfoy, la simplificación en el caso de Vancity «no tenía que ver con mejorar las cosas, sino con hacerlas más simples. La meta era eliminar [...] [es, decir, llegar a la] simplicidad a través de la sustracción». Desde luego, la simplificación servía precisamente para mejorar las operaciones de la cooperativa, porque la complejidad las estaba entorpeciendo. También servía para dar ánimos a la fuerza de trabajo. «Tiene que ver con el compromiso de los empleados y con un cambio en el liderazgo», anota Gilfoy, «así como con los resultados mismos de la simplicidad. Hemos visto cómo algunas de las primeras cohortes de empleados obtuvieron la confianza necesaria para postularse a cargos más altos en la organización. Eso es tan importante como el proceso mismo».

Gilfoy puede dar fe del poder de la estrategia de simplificación, que además de poderosa es barata y accesible, para mejorar espectacularmente los resultados de cualquier compañía, así como la complejidad puede acelerar la muerte de una compañía. No espere más: empiece a simplificar ya mismo. No siga permitiendo que otros le hagan perder el tiempo. Vuelva a hacer el trabajo significativo que le dará verdaderas satisfacciones. Ya sea como como individuos o como empresa, la inversión que hacemos para simplificar nuestra vida vale la pena. Así resume Gilfoy su aprendizaje: «Los empleados se sienten empoderados y la organización se beneficia, porque podemos orientar nuestra energía mental hacia las cosas que queremos que hagan los empleados». Si el trabajo mejora, mejora la cultura empresarial. La conjunción de esas dos fuerzas hará que la organización avance, para bien de todos.

Anexo
50 preguntas para simplificar

A continuación, se expone una exhaustiva lista de preguntas que podrá utilizar para sus ejercicios de simplificación.

¿Es valioso?

Utilice estas preguntas para determinar qué es necesario o en qué vale la pena invertir tiempo.

1. ¿Cuáles son las actividades o tareas en mi trabajo diario que más valor añaden a las partes interesadas (clientes, socios, etc.)?
2. Si un desastre natural destruyera esta noche la sede de la empresa, ¿cuál es el asunto más crucial al que debería dedicarse el personal al día siguiente?
3. ¿Cuáles actividades o tareas me hacen sentir bien con mi trabajo y me dan la sensación de contribuir de verdad a la misión de la organización?
4. Cuando voy de camino al trabajo y pienso en lo que debo hacer, ¿qué es lo que más me hace ilusión hacer y por qué?

5. ¿Cuál es el producto o servicio que más entusiasmo, emoción y ventas genera entre los clientes actuales y potenciales?
6. ¿Cuál es la actividad que más efectivamente mantiene a los empleados comprometidos y entusiasmados?
7. Tomando como referencia la regla del 80/20 (según la cual los empleados pasan el 80 % del tiempo haciendo el 20 % del trabajo), ¿cómo puedo cambiar esta proporción, de tal forma que pase la mayor parte del tiempo haciendo un trabajo más valioso?
8. Me acabo de ganar un viaje que inicia dentro de 24 horas. ¿Cuáles son las cosas más importantes que debo dejar hechas antes de irme?
    1.
    2.
    3.
    4.
    5.
9. Durante el tiempo que dure ese viaje, ¿qué cosas delegaría a mis colegas para que les hicieran seguimiento y por qué? ¿Clasificaría esas tareas como valiosas, o como requeridas/rutinarias/relevantes según el momento?

   Valiosas
    1.
    2.
    3.

   Requeridas/Rutinarias/Relevantes según el momento
    1.
    2.
    3.
    4.
    5.
10. Si dividiera en dos columnas las reuniones a las que asisto (las que valen mi tiempo y aquellas sobre las que bastaría un

breve informe por correo electrónico, ¿qué cambios haría ahora mismo?

Reuniones que valen mi tiempo

1.
2.
3.

Reuniones que pueden ser correos electrónicos

1.
2.
3.
4.
5.

¿Cuáles de las anteriores reuniones podrían —y deberían— convertirse en un correo electrónico de inmediato?

Si dividiera mi trabajo en tareas que me encantan y tareas que me parecen detestables, ¿cuáles eliminaría, cambiaría o llevaría a cabo de maneras menos detestables?

Tareas que me encantan

1.
2.
3.

Tareas detestables

1.
2.
3.
4.
5.

¿Qué cambios se les pueden hacer a las tareas detestables para hacerlas pasar a la columna de las tareas que me encantan?

12. ¿Cuáles tareas me quitan tiempo o energía para alcanzar mis metas fundamentales?

13. Si pudiera clonarme hoy, ¿cuál es la primera tarea que le asignaría a mi clon? ¿Qué me impide delegarla a alguien hoy mismo?
14. ¿Qué haría (una sola cosa) para ahorrarle 10 000 dólares a esta compañía mañana?
15. ¿Qué porcentaje de mi día puedo dedicar al trabajo que realmente importa? ¿Qué cambiaría para aumentar esa proporción?
16. Si hago una lista de mis tareas semanales (incluyendo llamadas, reuniones y correos electrónicos), ¿cuáles representan en realidad un beneficio para mis clientes?

    Representan beneficio para los clientes

    1.
    2.
    3.

    No representan beneficio para los clientes

    1.
    2.
    3.
    4.
    5.

    ¿Cuáles de las anteriores tareas pueden eliminarse para dejar más tiempo a las tareas que sí benefician a los clientes?
17. ¿De qué forma contribuyen los miembros de mi equipo a la complejidad? ¿Qué consejo puedo darles para cambiar esos comportamientos?
18. Si dejamos de ofrecer ________________ (producto/servicio/proceso), ¿estaríamos dispuestos a pagar por él? ¿Cuánto?

    Una pregunta adaptada a mi caso particular: ________________
    ____

    Una pregunta adaptada a mi caso particular: ________________
    ____

    Una pregunta adaptada a mi caso particular: ________________
    ____

¿Es mínimo?

(Utilice estas preguntas para determinar si algo ha sido racionalizado o reducido a su mínima forma posible).

19. ¿Qué debo dejar de hacer?
20. ¿A qué le puedo decir «no»?
21. Si pudiera eliminar alguna regla o norma en el trabajo que me impide ser más eficiente o productivo, ¿cuál eliminaría?
22. Si un nuevo director ejecutivo empezara a dirigir nuestra compañía mañana, ¿cuáles procesos le parecerían de inmediato una pérdida de tiempo?
23. Por cada cosa nueva que añadimos a nuestras líneas de producto, ¿qué podríamos eliminar? (¿Cuál proceso, reunión, llamada?).
24. ¿Qué ocurriría si esta regla/proceso/etc. no existiera?
25. Si tuviera que eliminar el 25 % de las cosas que hago cada día, ¿qué eliminaría y por qué?
26. ¿En cuáles situaciones requiere la compañía múltiples aprobaciones para una acción o gasto, cuando una sola aprobación (o autoaprobación) bastaría, dentro de ciertos límites?
27. Si las propuestas para mejoramiento de productos/servicios/procesos deben pasar por varios niveles de revisión, ¿de qué manera podríamos reducir esos niveles y acelerar el proceso?
28. Si pudiera limitar el trabajo que les hago a otros equipos o dependencias, ¿qué actividad me gustaría dejar de hacer de inmediato?
29. ¿Podría otro empleado (interno o externo) hacer parte del trabajo que hago? En caso afirmativo, hacer la lista a continuación:
    1.
    2.
    3.

    ¿Qué me impide delegar al menos una de esas tareas hoy?

30. ¿Cómo podríamos acortar este documento/propuesta/contrato/presentación a una página?

31. ¿Cuáles son los aspectos más complejos de mi trabajo?

    1.

    2.

    3.

32. ¿Cuáles redundancias se pueden eliminar de mi trabajo ya mismo?

    1.

    2.

    3.

¿Qué me impide eliminar por lo menos una de estas redundancias hoy?

33. ¿Cuál es la cantidad mínima de información que necesitamos para cumplir nuestro objetivo? Si estamos aportando más que eso, ¿podemos ponernos de acuerdo en dejar de hacerlo hoy mismo?

34. Si tuviera que hacer el mismo trabajo en la mitad del tiempo, ¿qué haría de manera diferente?

34. ¿Cuál pequeño cambio podría hacer que tuviera un gran impacto? ¿Hay algo que me impida proponer o implementar ese cambio?

    Una pregunta adaptada a mi caso particular: ______________

    ____

    Una pregunta adaptada a mi caso particular: ______________

    ____

    Una pregunta adaptada a mi caso particular: ______________

    ____

¿Es comprensible?

Utilice estas preguntas para determinar si la comunicación sobre un tema es lo más clara posible.

36. ¿Podría explicar esto claramente a cualquier persona externa a mi grupo?
37. ¿Qué jerga se puede eliminar de este documento o mensaje?
38. ¿Cómo se puede expresar este mensaje en una oración?
39. ¿Cómo se puede simplificar esta comunicación, de manera que la gente de verdad la lea y emprenda las acciones deseadas?
40. ¿Hemos establecido claramente quién es la persona o el equipo responsable de este entregable, y cuáles son los plazos correspondientes?

Una pregunta adaptada a mi caso particular: ____________
____

Una pregunta adaptada a mi caso particular: ____________
____

Una pregunta adaptada a mi caso particular: ____________
____

¿Es repetible?

Utilice estas preguntas para determinar si una tarea o proceso se ha automatizado o escalado cuanto sea posible.

41. Si automatizáramos parte o la totalidad de este proceso/tarea, ¿quién se beneficiaría?
42. ¿Puede este proceso replicarse fácilmente para otros equipos/mercados?
43. ¿Qué lo haría fácilmente repetible, para que lo usen otras personas?
44. Si se requiere un entrenamiento significativo para aprender este proceso, ¿qué podríamos modificar para que se necesite menos entrenamiento?
45. ¿Es posible crear una plantilla para este proceso o tarea, de tal forma que otras personas puedan usarla?
46. ¿Cuánto tiempo o dinero podemos ahorrar al año si automatizamos el proceso?

Una pregunta adaptada a mi caso particular: ______________

____

Una pregunta adaptada a mi caso particular: ______________

____

Una pregunta adaptada a mi caso particular: ______________

____

¿Es accesible?

Utilice estas preguntas para determinar si una fuente de información es tan accesible a su público como sea posible.

47. ¿Pueden los empleados tener acceso, en tiempo real, a la información que necesitan? En caso negativo, ¿cómo podemos mejorar el acceso?
48. ¿De qué manera pueden los clientes hacer negocios más fácilmente con nosotros?
49. ¿Se beneficiarían otros departamentos u otras divisiones si tienen acceso a nuestros sistemas o a nuestra información? ¿Sería ventajoso para nosotros si los empoderamos y les permitimos hacer más trabajo por sí mismos?
50. ¿Se produce valor o un aumento de la eficiencia si permitimos que este producto/servicio/información esté disponible para más empleados o clientes? En caso afirmativo, ¿cómo podemos lograrlo?

Una pregunta adaptada a mi caso particular: ______________

____

Una pregunta adaptada a mi caso particular: ______________

____

Una pregunta adaptada a mi caso particular: ______________

____

Notas

Capítulo 1

1 Cita atribuida a Confucio. Véase *Life is Really Simple, but We Insist on Making It Complicated—Confucius*, habitsforwellbeing.com, consultado el 31 de mayo del 2016, http://www.habitsforwellneing.com/life-is-really-simple-but-we-insist-on-making-it-complicated-confucius/.

2 Tony Schwartz y Christine Porath, «Why You Hate to Work», *The The New York Times*, consultado el 31 de mayo del 2016, http://www.nytimes.com/2014/06/01/opinion/sunday/why-you-hate-work.html.

3 Todd Wasserman, «Email Takes Up 28 % of Workers' Time» *Mashable*, consultado el 31 de mayo del 2016, http://mashable.com/2012/08/01/email-workers-time/#07W4SSjmGGqI.

4 Natalie Walters, «Here's What Happened When the Founders of a $100 Million Company Stopped Using Email Entirely», *Business Insider*, consultado el 31 de mayo del 2016, http://www.businessinsider.com/founders-of-life-is-good-stopped-using-email-2015-12.

5 Sue Shellenbarger, «Stop Wasting Everyones's Time», *The Wall Street Journal*, consultado el 31 de mayo del 2016, http://www.wsj.com/articles/how-to-stop-wasting-colleagues-time-1417562658.

6 Michael C. Mankins, «Is Technology Really Helping Us Get More Done?», *Harvard Business Review*, consultado el 31 de mayo del 2016, https://habr.org/2016/02/is-technology-really-helping-us-get-more-done?utm_source=twitter&utm_medium=social&utm_campaign=harvardbiz.

7 Tim Harford, «Multi-Tasking: How to Survive in the 21st Century», *FT Magazine*, consultado el 31 de mayo del 2016, http://www.ft.com/cms/s/2/bbf1f84a-51c2-11e5-8642-453585f2cfcd.html.

8 Adam Flomenbaum, «Accenture Report: 87 % of Consumers Use Second Screen Device While Watching TV», *LostRemote*, consultado el 31 de mayo del 2016,

http://www.adweek.com/lostremote/accenture-report-87-of-consumers-use-second-screen-device-while-watching-tv/51698.

9 Elizabeth Grace Saunder, «Do You Really Need to Hold That Meeting?», *Harvard Business Review*, consultado el 31 de mayo del 2016, https://hbr.org/2015/03/do-you-really-need-to-hols-that-meeting.

10 Shellenbarger, «Stop Wasting Everyone's Time»; Rajesh Jha, «Microsoft to Acquire VoloMetrix to Empower Individuals and Drive Organizational Productivity», blog oficial de Microsoft, consultado el 31 de mayo del 2016, http:/blogs.microsoft.com/blog/2015/09/03/microsoft-to-acquire-volometrix-to-empower-individuals-and-drive-organizational-productivity/.

11 Shellenbarger, «Stop Wasting Everyone's Time».

12 Mankins, «Is Technology Really Helping Us?».

13 «And So We Meet Again: Why the Workday Is So Filled with Meetings», *Morning Edition, National Public Radio*, 29 de enero del 2015, consultado el 31 de mayo del 2016, http://www.npr.org/2015/01/29/382162271/and-so-we-meet-again-why-the-workday-is-so-filled-with-meetings.

14 Rob Cross, Reb Rebele y Adam Grant, «Collaborative Overload», *Harvard Business Review*, consultado el 31 de mayo del 2016, https://hbr.org/2016/01/collaborative-overload.

15 «Decluttering the Company», *The Economist*, consultado el 18 de mayo del 2016, http://www.economist.com/news/business/21610237-business-must-fight-relentless-battle-against-bureaucracy-decluttering-company.

16 Michael C. Mankins, «This Weekly Meeting Took Up 300 000 Hours a Year», *Harvard Business Review*, consultado el 31 de mayo del 2016, https://hbr.org/2014/04/how-a-weekly-meeting-took-up-300000-hours-a-year/.

17 Eric D. Beinhocker y Sarah Kaplan, «Tired of Strategic Planning» *McKinsey Quarterly*, junio del 2002, consultado el 18 de mayo del 2016, http://mckinsey.com/business-functions/strategy-and-corporate-finance/our-insights/tired-of-strategic-planning.

18 *Wikipedia*, s.v. «William H. Starbuck», consultado el 20 de mayo del 2016, https://en.wikipedia.org/wiki/William_H._Starbuck.

19 «Behold the Entrenched—and Reviled—Annual Review», *Morning Edition, National Public Radio.* 28 de octubre del 2014, consultado en 31 de mayo del 2016, http://www.npr.org/2014/10/28/358636126/behold-the-entrenched-and-reviled-annual-review.

20 Ray Williams, «Why Performance Appraisals Don't Improve Performance»,

21 Anni Layne Rodgers, «Why Performance Reviews Don't Work–and What to Do Instead», Inc., consultado el 31 de mayo del 2016, http://www.inc.com/the-build-network/why-performance-reviews-dont-work-and-what-to-do-instead.htmal.

22 «Behold the Annual Review».

23 Dimple Agarwal, Burt Rea y Ardie Van Berkel, «Simplification of Work: The Coming Revolution», *Deloitte University Press*, consultado el 31 de mayo del 2016, http://dupress.com/articles/work-simplification-human-capital-trends-2015/.

24 Clyde Wayne Crews Jr., «Hairball: The Cost of Federal Regulation to the U.S. Economy», *Forbes*, consultado el 31 de mayo del 2016, http://www.forbes.com/sites/waynecrews/2014/09/10/hairball-the-cos-of-federal-regulation-to-the-u-s-economy/.

25 Joseph Lawler, «Manufacturers: Regulations Cost Economy $2 Trillion Annually», *Washington Examiner*, consultado el 31 de mayo dle 2016, http://www.washingtonexaminer.com/manufacturers-regulations-cost-economy-2-trillion-annually/article/2553174.

26 Brittany Hackett, «Study: Regulatory Compliance Costs Higher Ed $27B Per Year», National Association of Student Financial Aid Administrators, consultado el 31 de mayo del 2016, http://www.nasfaa.org/news-item/6352/Study_Regulatory_Compliance_Costs_Higher_Ed_27B_Per _Year.

27 Dimple Agarwal *et al.*, «Simplification of Work».

28 Bill Jensen, *Simplicity: The New Competitive Advantage in a World of More, Better and Faster* (Cambridge, MA: Perseus Books, 2000), 19-33.

29 Yves Morieus, «Smart Rules: Six Ways to Get People to Solve Problems Without Your», *Harvard Business Review*, consultado el 31 de mayo del 2016, https://hbr.org/2011/09/smart-rules-six-ways-to-get-people-to-solve-problems-without-you.

30 Morieux, «Smart Rules».

31 Timo Elliott, «What is the Biggest Barrier to Business Innovation? The Answer is Simple» *SlideShare Business*, consultado el 31 de mayo del 2016, http:/slideshare.net/timoelliott/whats-the-biggest-barrier-to-business-innovation-the-answer-is-simple.

32 Steve Crabtree, «Worldwide, 13 % of Employees Are Engaged at Work», Gallup, consultado el 31 de mayo del 2016, http://www.gallup.com/poll/165269/worldwide-employee-engaged-work.aspx.

33 Victor Lipman, «Surprising, Disturbing Facts from the Mother of All Employee Engagement Surveys», *Forbes*, consultado el 31 de mayo del 2016, http://www.forbes.com/sites/victorlipman/2013/09/23/surprising-disurbing-facts-from-the-mother-of-all-employee-engagement-surveys/.

34 Dimple Agarwal *et al.*, «Simplification of Work».

35 «Simplifying the Future of Work Study», Knowledge@Wharton, patrocinado por SAP, 2014.

36 Louis Doré, «The Italian Company Banning Emails to Reduce Stress», *Independent*, consultado el 31 de mayo del 2016, http:/i100.independent.co.uk/article/the-italian-company-banning-e-mails-to-reduce-stress--Zkms4rg7tg.

37 «Decluttering the Company».

38 Dimple Agarwal et al., «Simplification of Work».

39 Morieux, «Smart Rules».

40 «Decluttering the Company».

41 «Decluttering the Company».

42 «Our Story», Staples.com, consultado el 31 de mayo del 2016, http://staples.com/sbd/cre/marketing/about_us/our-story.html.

43 Patrick Spenner, «Why Simplicity Should Be at the Heart of Your Small Business Marketing Strategy», *The Washington Post*, consultado el 31 de mayo del 2016, https://www.washingtonpost.com/blogs/on small-business/post/why-simplicity-should-be-at-the-heart-of-your-small-business-marketing-strategy/2012/09/05/79058bfc-f769-11e1-8b93-c4f4ab1c8d13_blog.html.

44 «Staples Tests 'Easy' Virtual Button Desktop Application—Results Atypical», *MarketingSherpa*, consultado el 31 de mayo del 2016, https://www.marketingsherpa.com/article/case-study/staples-tests-easy-virtual-button#.

45 Sarah Mahoney, «That Was Easy: Staples Ditches 10-Year-Old Tagline», *Marketing Daily*, consultado el 31 de mayo del 2016, http://www.mediapost.com/publications/article/216503/that-was-easy-staples-ditches-10-year-old-tagline.html.

Capítulo 2

1 Anita Bruzzese, «On the Job: How to Tame the Meetings Beast», *USA Today*, consultado el 31 de mayo del 2016, http://www.usatoday.com/story/money/columnist/bruzzese/2013/04/14/on-the-job-too-many-meetings/2076173/.

2 Vincent Canby, «Review/Film; Steve Martin's Paean to Los Angeles», *The New York Times*, consultado el 31 de mayo del 2016, http://www.nytimes.com/movie/review?res=9D0CEFDB1E3AF93BA35751C0A967958260.

3 «L. A. Story, Quotes», imbd.com, consultado el 31 de mayo del 2016, http://www.imdb.com/title/tt0102250/quotes.

4 Brad Katsuyama (IEX), entrevista con el autor, 6 de agosto del 2015.

5 «Everything Should Be Made As Simple As Possible, but Not Simpler», *Quote Investigator*, consultado el 31 de mayo del 2016, http://quoteinvestigator.com/2011/05/13/einstein-simple/.

6 Wikipedia, *The Free Encyclopedia*, s.v. «IEX», consultado el 28 de julio del 2016, https://en.wikipedia.org/wiki/IEX.

7 James B. Stewart, «Gone in 0.001 Seconds», reseña de *Flash Boys: A Wall Street Revolt* de Michael Lewis, *The New York Times*, consultado el 31 de mayo del 2016, http://www.nytimes.com/2014/04/20/books/review/flash-boys-by-michael-lewis.html?_r0=.

8 Michael Lewis, «The Wolf Hunters of Wall Street», *The New York Times*, consultado el 31 de mayo del 2016, http://www.nytimes.com/2014/04/06/magazine/flash-boys-michael-lewis.html?_r=0.

9 Stewart, «Gone in 0.001 Seconds».

10 Para mayor información, véase apptus.com, barternewsweekly.com, https://conversation.which.co.uk, http://www.doingbusiness.org/data, www.dummies.com, http://www.britannica.com, pgo.gov, http://library.duke.edu, http://www.livescience.com, https://www.mint.com/.

11 Mike Masnick, «To read All of the Privacy Policies You Encounter, You'd Need to Take a Month Off from Work Each Year», *Techdirt*, consultado el 31 de mayo del 2016, https://www.techdirt.com/articles/20120420/10560418585/to-read-all-privacy-policies-you-encounter-youd-need-to-take-mont-off-work-each-year.shtml.

12 Ronald Vogl, entrevista con el autor, 5 de agosto del 2015.

13 Jim Daly, mensaje de correo electrónico a la autora, 25 de enero del 2016.

14 Drake Baer, «Quick: End Decision Fatigue Before It Drains Your Productivity Reservoir», *Fast Company*, consultado el 31 de mayo del 2016, http://www.fastcompany.com/30009641/leadership-now/quick-end-decision-fatigue-before-it-drains-your-productivity-reservoir.

15 Victoria Clayton, «The Needless Complexity of Academic Writing», *Atlantic*, consultado el 31 de mayo del 2016, http://www.theatlantic.com/education/archive/2015/10/complex-academic-writing/412255/.

16 Greg McKeown, *Essentialism: The Disciplined Pursuit of Less* (Nueva York: Crown Business, 2014).

17 Noel Tichy y Ram Charan, «Speed, Simplicity, Self-Confidence: An Interview with Jack Welch», *Harvard Business Review*, consultado el 31 de mayo del 2016, https://hbr.org/1989/09/speed-simplicity-self-confidence-an-interview-with-jack-welch.

18 Dave Moniz, «B-52 Still 'BUFF' at 50», USA Today, consultado el 31 de mayo del 2016, http://usatoday30.usatoday.com/news/nation/2002/04/24/b-52.htm.

19 Dave Phillipps, «After 60 Years, B-52s Still Dominate U.S. Fleet», *The New York Times*, consultado el 31 de mayo del 2016 2016, http://www.nytimes.com/2015/12/06/us/b-52s-us- air - force- bombers.html?_r=1.

20 Tim Weiner, «The $2 Billion Stealth Bomber Can't Go Out in the Rain, *The New York Times*, consultado el 31 de mayo del 2016, http://www.nytimes.com/1997/08/23/world/the-2-billion-stealth-bomber-can-t-go-out-in-the-rain.html

Capítulo 3

1 «Johann Wolfgang Von Goethe Quotes», Thinkexist.com, consultado el 22 de mayo del 2016, http://thinkexist.com/quotation/things_which_matter_most_must_never_be _at_the/180010.html

2 AnnaLee Saxenian. *Regional Advantage: Culture and Competition in Silicon Valley and Route 128* (Cambridge, MA: Harvard University Press, 1994), 59-82 *passim.*

Capítulo 4

1 León Tolstoi, *Guerra y paz* (libro 14, capítulo 18), cita tomada de Goodreads, consultado el 31 de mayo del 2016, http://goodreads.com/quotes/74099-there-is-no-greatness-where-there-is-not-simplicity-goodness.

2 Adam Smiley Poswolsky, «What Millennial Empoyees Really Want», *Fast Company*, consultado el 31 de mayo del 2016, http://www.fastocompany.com/3046989/what-millenial-employees-really-want.

3 Poswolsky, «What Millennial Empoyees Really Want».

4 Bobbi Rebell, «Why Millenials Want to Quit Their Jobs», *Money*, consultado el 31 de mayo del 2016, http://time.com/money/41999776/why-millenials-want-to-quit-their-jobs/.

5 Olga Khazan y Paul Rosenfelf, «Why We Work», vídeo que destaca el trabajo de Dan Ariely, Daniel Pink y Teresa Amabile, *Atlantic*, consultado el 31 de mayo del 2016, http://www.theatlantic.com/video/index/414627/why-we-work/.

6 Andrew McAfee y Erik Brynjolfsson, «Investing in the IT That Makes a Competitive Difference», *Harvard Business Review*, consultado el 31 de mayo del 2016, https://hbr.org/2008/07/investing-in-the-it-that-makes -a-competitive-difference.

7 Noel Tichy y Ram Charan, «Speed, Simplicity, Self-Confidence: An Interview with Jack Welch», *Harvard Business Review*, consultado el 31 de mayo del 2016, https://hbr.org/1989/09/speed-simplicity-self-confidence-an-interview-with-jack-welch.

8 Jacquelyn Smith, «72 % of People Get Their Best Ideas in the Shower—Here's Why», *Business Insider*, consultado el 31 de mayo del 2016, http://www.businessinsider.com/why-people-get-their-best-ideas-in-the-shower-2016-1?utm_source=linkedin-bipage&utm_medium=referral.

9 Ronald S. Burt, «Structural Holes and Good Ideas», *American Journal of Sociology* 110 (2004): 349-350.

10 Chris Baréz-Brown, «Simplicity is the Key to Creativity», *The Guardian*, consultado el 31 de mayo del 2016, http:// www.theguardian.com/media-network/2015/nov/17/creative-simple-business-management-leadership-tips.

11 Dr. Lynn K. Jones, «Simplify by Saying 'No'», http://www.lynnkjones.com/, consultado el 31 de mayo del 2016, http://lynnkjones.com/appreciative-coaching-blog/simplyfy-by-saying-no/#sthash.ahoEe4eB.dpu

12 Spencer Althouse, «18 of the Best Ron Swanson Quotes», consultado el 31 de mayo del 2016, http://www.buzzfeed.com/spenceralthouse/18-of-the-best-ron-swanson-quotes-a078#.dm7wmaYbo3.

13 Michael Blanding, «Workplace Stress Responsible for up to $190B in Annual U.S. Healthcare Costs», *Forbes*, consultado el 31 de mayo del 2016, http://www.forbes.com/sites/hbsworkingknowledge/2015/01/26/workplace-stress-responsible-for-up-to-190-billion-in-annual-u-s-healthcare-costs/#74e1b7124333

14 Blanding, «Workplace Stress Responsible».

15 «Stress in the Workplace: Meeting the Challenge», Healthadvocate.com, consultado el 31 de mayo del 2016, http://healthadvocate.com/downloads/webinars/stress-workplace.pdf.

16 Kathryn Hayward, «The Toxic Effects of Workplace Stress», *Breakfast Television*, consultado el 31 de mayo del 2016, http://bttoronto.ca/2015/11/19/the-toxic-effects-of-workplace-stress/.

17 Michael L. George y Stephen A. Wilson, *Conquering Complexity in Your Business: How Wal-Mart, Toyota, and Other Top Companies Are Breaking Through the Ceiling on Profits and Growth* (New York: McGraw-Hill, 2004), 6-9-.

18 Seth Stevenson, «The Southwest Secret», Slate.com, consultado el 31 de mayo del 2016, http://www.slate.com/articles/business/operations/2012/06/southwest_airlines_profitability_how_the_company_uses_operations_theory_to_fuel_its_success_.html.

19 George and Wilson, *Conquering Complexity in Your Business*, 6.

20 Gregory Karp, «Southwest's On-Time Rates: Better but Not Best», *Chicago Tribune*, consultado el 31 de mayo del 2016, http://www.chicagotribune.com/business/ct-southwest-ontime-0110-biz20150108-story.html.

21 Steve Parker, «Pontiac, Hummer, Saab, Saturn Officially Dead; GM Dealers, Workers Slashed», *Huffington Post*, consultado el 31 de mayo del 2016, http:/www.huffingtonpost.com/steve-parker/Pontiac-hummer-saab-satur_b_191799.html.

22 Steve Strelsin, «Simplify: The Most Important Leadership Skill», Axiom Consulting Partners, consultado el 31 del 2016, http://www.axiomcp.com/simplify-the-most-important-leadership-skill-2/.

23 «The Biggest Business Comebacks of the Past 20 Years», *Fast Company*, consultado el 31 de mayo del 2016, http://www.fastcompany.com/3042431/meme/the-biggest-business-comebacks-of-the-past-20-years.

24 Katie Rogers, «LinkedIn, Notorious for Sending Too Many Emails, Cuts Back», *The New York Times*, consultado el 31 de mayo del 2016, http://www.nytimes.com/2015/07/29/business/linkedin-notorious-for-sending-too-many-emails-cuts-back.html.

25 Jeff Russell, «LinkedIn Stock: This Is Why the Bears Are Wrong on LinkedIn Corp», Profit Confidential, consultado el 31 de mayo del 2016, http://www.profitconfidential.com/stock/linkedin-stock-this-is-why-the-bears-are-wrong-on-linkedin-corp/.

26 Margaret Molloy, «Simplifying Google: A Conversation with CMO Lorraine Twohill», *Huffington Post*, consultado el 31 de mayo del 2016, http://www.huffingtonpost.com/margaret-molloy/simplifying-google-a-conv_b_8569662.html

27 «Capital One Rewards Barometer Reveals Consumers Might Miss Out This Holiday Season», Capital One, consultado el 20 de mayo del 2016, http://press.capitalone.com/phoenix.zhtml?c=251626&p=irol-newsArticle&ID=1858715.

28 Jack Preston, «Richard Branson: Three Rules of Simplicity That Every Business Should Follow», Virgin, consultado el 31 de mayo del 2016, https://www.virgin.com/entrepreneur/richard-branson-three-rules-of-simplicity-that-every-business-should-follow.

29 «Global Brand Simplicity Index: Siegel + Gale, consultado el 19 de mayo del 2016, http://www.siegelgale.com/wp-content/uploads/2012/02/Global_Brand_Simplicity_Index_2011_010612_v2.pdf.

30 Margaret Molloy, «Why Simple Brands Win», *Harvard Business Review*, consultado el 31 de mayo del 2016, https://hbr.org/2015/11/why-simple-brands-win.

31 Molloy, «Why Simple Brands Win».

32 Vince Bond Jr. «New Car Technologies Often Unused By Drivers, J. D. Power Finds», AutomotiveNews, consultado el 19 de mayo del 2016, http://www.autonews.com/article/20150825/OEM06/150829939/new-car-technologies-often-unused-by-drivers-j.d.-powers-finds.

33 Jim Daiy, mensaje de correo electrónico a la autora, 25 de enero del 2016.

Capítulo 5

1 Margaret Molloy, «Simplifying Google: A Conversation with CMO Lorraine Twohill», *Huffington Post*, consultado el 31 de mayo del 2016, http://huffintonpost.com/margaret-molloy/simplifying-google-a-conv_b_8569662.html.

2 Entrevista con Roger Servison, presidente del grupo New Business Development de Fidelity.

3 Noel Trichy y Ram Charan, «Speed, Simplicity, Self-Confidence: An Interview with Jack Welch», *Harvard Business Review*, consultado el 31 de mayo del 2016, https://hbr.org/1989/09/speed-simplicity-self-confidence-an-interview-with-jack-welch.

4 Sue Shellenbarger, «Stop Wasting Everyone's Time», *The Wall Street Journal*, consultado el 31 de mayo del 2016, http://www.wsj.com/articles/how-to-stop-wasting-colleagues-time-1417562658.

5 Graeme Whitfield, «The Decline of Tesco: How Did the World Beater End Up in Crisis?», *The Journal*, consultado el 31 de mayo del 2016, http://www.thejournal.co.uk/north-east-analysis/analysis-news/decline-tesco-how-world-beater-8407620.

6 Jenny Anderson, «Tesco Accounting Scandal Draws Scrutiny of Serious Fraud Office in Britain», *The New York Times*, consultado el 31 de mayo del 2016, http://www.nytimes.com/2014/10/30/business/international/another-british-watchdog-opens-inquiry-into-tesco-accounting-scandal.html?_r=0.

7 Zoe Wood y Sarah Butler, «Tesco Cuts Range by 30 % to Simplify Shopping», *The Guardian*, consultado el 31 de mayo del 2016, http://theguardian.com/business/2015/jan/30/tesco-cuts-range-products.

8 Anderson, «Tesco Accounting Scandal».

9 Nathalie Walters, «Here's What Happened When the Founders of a $100 Million Company Stopped Using Email Entirely», *Business Insider*, consultado el 31 de mayo del 2016, http://www.businessinsider.com/founders-of-life-is-good-stopped-using-email-2015-12.

10 Jeff Spencer, mensaje de correo electrónico a la autora, 25 de enero del 2016.

11 Roman Yako, «The Dollar Shave Club Strategy—Marketing with Relationships», Kinshipology, consultado el 31 de mayo del 2016, http://www.kinshipology.com/engage/dollar-shave-club-strategy-marketing-with-relationships/.

12 Citado en Jillian D'Onfro, «Steve Jobs Used to Ask Jony Ive the Same Question Almost Every Day», *Business Insider*, consultado el 31 de mayo

Capítulo 6

1 «Elbert Hubbard, Quotes», *Goodreads*, consultado el 31 de mayo del 2016, http://www.goodreads.co/quotes/40708-the-sculptor-produces-the-beautiful-statue-by-chipping-away-such.

2 Una versión de este lenguaje apareció en: Lisa Bodell, «Doing Away with Stupid Rules», *The Wall Street Journal*, 31 de julio del 2012, consultado el 28 de julio del 2016, http://www.wsj.com/articles/SB1000872396390444860104577559560237866648.

3 Liz Tinkham (Accenture), entrevista con la autora, 2 de enero del 2016.

Capítulo 7

1 «Hans Hofmann, Quotes», Goodreads, consultado el 31 de mayo del 2016, http://www.goodreads.com/quotes/70138-the-ability-to-simplify-means-to-eliminate-the-unnecesary-so.

2 Steve Strelsin, «Simplify: The Most Important Leadership Skill», Axiom Consulting Partners, consultado el 31 de mayo del 2016, http://www.axiomcp.com/simplify-the-most-important-leadership-skill-2/.

3 Véase https://www.iextrading.com/

4 Brad Katsuyama (IEX), entrevista con la autora, 6 de agosto del 2015.

5 Andrew McDougall, «P&G to Become a 'Simpler' Business with Beauty Refocus 'Essentially Done'», IFF Lucas Meyer Cosmetics, consultado el 19 de mayo del 2016, http://www.cosmeticsdesign-europe.com/Brand-Innovation/P-G-to-become-a-simpler-business-with-beauty-refocus-essentially-done.

6 Ron Ashkenas, entrevista con la autora, 9 de julio del 2015.

7 Dmitry, «Steve Jobs: Innovation Is Saying 'No' to 1,000 Things», Zurb Blog, consultado el 31 de mayo del 2016, http://zurb.com/article/744/steve-jobs-innovation-is-saying-no-to-1-0.

8 Jack Preston, «Richard Branson: Three Rules of Simplicity That Every Business Should Follow», Virgin, consultado el 31 de mayo del 2016, https://www.virgin.

com/entrepreneur/richard-branson-three-rules-of-simplicity-that-every-business-should-follow.

9 Ron Ashkenas, entrevista con la autora, 9 de julio del 2015.

10 Una versión de este artículo apareció en la entrega de mayo del 2014 de *Harvard Business Review*.

11 Jeff Spencer, entrevista con la autora, 5 de noviembre del 2015.

12 Individuo no identificado, comunicación personal con la autora durante la conferencia Provocateur Program Conference, agosto del 2011.

13 Jeff Woods (SAP), entrevista con la autora, 6 de agosto del 2015.

14 Ron Ashkenas, correo a la autora, 26 de enero del 2016.

15 Dimple Agarwal, Burt Rea y Ardie van Berkel, «Simplification of Work: The Coming Revolution», *Deloitte University Press*, consultado el 31 de mayo del 2016, http://dupress.com/articles/work-simplification-human-capital-trends-2015/.

16 Michael Bungay-Steiner, entrevista con la autora, 10 de julio del 2015.

17 Jim Daly, mensaje de correo electrónico intercambiado con la autora, 25 de enero del 2016.

18 Rochael Soper Adranly, entrevista con la autora, 21 de agosto del 2015.

19 Jeff Spencer, entrevista con la autora, 15 de noviembre del 2015.

20 Jeff Spencer, entrevista con la autora, 15 de noviembre del 2015.

21 Jeff Spencer, entrevista con la autora, 15 de noviembre del 2015.

22 Chetan Chandavarkar, mensaje de correo electrónico a la autora, 11 de febrero del 2016.

23 Liz Tinkham (Accenture), entrevista con la autora, 2 de enero del 2016.

24 Agnelo Fernandes, entrevista con la autora, 5 de agosto del 2015.

25 Kelly Leonard, entrevista con la autora, 5 de agosto del 2015.

26 Preston, «Richard Branson».

27 Alan Siegel, entrevista con la autora, 4 de agosto del 2015.

28 Alan M. Siegel e Irene Etzkorn, *Simple: Conquering the Crisis of Complexity* (Nueva York: Twelve, 2013), ix-xi

29 Lisa Bodell, «Stop Being Nice at Work», *strategy+business*, consultado el 31 de mayo del 2016, http://www.strategy-business.com/blog/Stop-Being-Nice-at-Work?gko=ebfce.

30 Se puede consultar la lista de productos en https://www.ge.com/products.

31 «Decluttering the Company», *The Economist*, consultado el 31 de mayo del 2016, http://www.economist.com/news/business/21610237-businesses-must-fight-relentless-battle-against-bureaucracy-decluttering-company.

32 Dimple Agarwal et al., «Simplification of Work».

33 Tom Hodson et al., *The Overwhelmed Employee: Simplify the Work Environment* (Westlake, TX: Deloitte University Press: 2014), 97-104.

Capítulo 8

1 «Quote': Simplicity is the Final Achievement», Acoustic Guitar Forum, consultado el 31 de mayo del 2016, http://www.acousticguitarforum.com/forums/showthread.php?t=229179.

2 «Business Profile», TD Bank, consultado el 31 de mayo del 2016, https://www.tdbank.com/exc/pdf/company_fact_sheet.pdf

3 «Highlights», Vancity, consultado el 31 de mayo del 2016, https://www.vancity.com/AboutVancity/VisionAndValues/Glance/Highlights.

4 «Vancity at a Glance», Vancity, consultado el 31 de mayo del 2016, https://www.vancity.com/AboutVancity/VisionAndValues/Glance/.

5 Vancity Rapid Cycle Innovation Package.

6 Vancity (P. 8, Rapid Cycle # 17: Manage Banking Services workshop mandate).

7 Jay-Ann Gilfoy, entrevista telefónica con la autora, abril del 2016.